发现课
课程整合教学技术研究

潘春波 / 编著

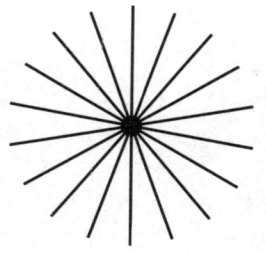

广西师范大学出版社
·桂林·

图书在版编目（CIP）数据

发现课：课程整合教学技术研究／潘春波编著. —桂林：
广西师范大学出版社，2024.1
ISBN 978 - 7 - 5598 - 6415 - 4

Ⅰ.①发… Ⅱ.①潘… Ⅲ.①中小学 - 教学研究
Ⅳ.①G632.0

中国国家版本馆 CIP 数据核字（2023）第 184792 号

发现课：课程整合教学技术研究
FAXIAN KE：KECHENG ZHENGHE JIAOXUE JISHU YANJIU

出 品 人：刘广汉
责任编辑：刘孝霞　吕解颐
装帧设计：李婷婷
广西师范大学出版社出版发行

（广西桂林市五里店路 9 号　　　　邮政编码：541004）
（网址：http://www.bbtpress.com　　　　　　　　　　　）
出版人：黄轩庄
全国新华书店经销
销售热线：021 - 65200318　021 - 31260822 - 898
山东韵杰文化科技有限公司印刷
（山东省淄博市桓台县桓台大道西首　邮政编码：256401）
开本：690 mm ×960 mm　　1/16
印张：15.5　　　　　　　字数：245 千
2024 年 1 月第 1 版　　　2024 年 1 月第 1 次印刷
定价：68.00 元

目　录

序　言
向宽而行：让视野更宽，与世界更近

一、审视：偏向知识忽略素养的课程路径

教育部《关于全面深化课程改革　落实立德树人根本任务的意见》（教基二〔2014〕4号）提出"研究制订学生发展核心素养体系"，"明确学生应具备的适应终身发展和社会发展需要的必备品格和关键能力"。随后教育部对普通高中课程和义务教育课程进行了修订，基础教育课程改革进入了核心素养导向时代。

2016年9月16日，"中国学生发展核心素养"正式出炉，从"文化基础、自主发展、社会参与"3个方面，综合表现为"人文底蕴、科学精神、学会学习、健康生活、责任担当、实践创新"6大素养，具体细化为"人文积淀、人文情怀、审美情趣、理性思维、批判质疑、勇于探究、乐学善学、勤于反思、信息意识、珍爱生命、健全人格、自我管理、社会责任、国家认同、国际理解、劳动意识、问题解决、技术运用"等18个基本要点。

2017年9月24日，中共中央办公厅、国务院办公厅印发的《关于深化教育体制机制改革的意见》明确提出"要注重培养支撑终身发展、适应时代要求的关键能力。在培养学生基础知识和基本技能的过程中，强化学生关键能力培养"，并进一步指出要培养四种关键能力即认知能力、合作能力、创新能

力、职业能力。这四种关键能力是针对所有学生的。

《义务教育课程方案和课程标准（2022 版）》的发布，引来了全社会的关注。《义务教育语文课程标准（2022 版）》中，"核心素养"出现 34 次，"语文素养"不再出现，仅仅使用了 10 年的"语文素养"一词被"核心素养"取代。另外"关键能力"出现 3 次，以前的课程标准没有出现这个词。

二、 思考：指向核心素养的课程体系

我们知道，义务教育课程性质中的基础性，指的就是核心素养。核心素养体系不仅是一个课程体系，而且是一门课程的终极目标体系。对于这样一个目标体系，除了要把核心素养界定清楚，还需要考虑一些与保持目标体系结构性有关的条件，其中最重要的是目标的完备性和独立性。

完备性是指这个目标体系中的目标能延伸到该课程的每一个方面，无一遗漏，即该课程的所有内容，无论巨细，都能成为达成课程目标的载体。一个具有完备性的目标体系在功能上表现为齐全够用。

独立性是指这个目标体系中的目标缺一不可，没有多余的目标，或目标的个数已经减到最低程度。一个具有独立性的目标体系在功能上表现为具体、清晰和明确，目标之间可以有交叉，但不能重叠。

除完备性和独立性之外，保持体系自身的合理性还会涉及其他的条件，如相容性等。

三、 选择：指向学生生命成长的"发现课"

"发现课"是浙江省温州市瓯海区外国语学校（以下简称"瓯外"，也称"榉园"）对各科课程进行个性化、创造性处理的结果。它是着重于教师本身视野发展和智慧地从事教学活动，以拓宽学生的视野为核心的一种课堂教学形态，是师生教学活动系统生成整合的充满教学智慧的课堂实践过程。

北京师范大学肖川教授曾经在一次报告中提到："从学科角度讲，为素养而教（用学科教人），学科及其教学是为学生素养服务的，而不是为学科而

教，把教学局限于狭隘的学科本位之中，过分地注重本学科的知识与内容、任务和要求，这样将十分不利于培养视野开阔、才思敏捷，并具有丰富文化素养和哲学气质的人才。"

在教师的引领下，学生围绕着具有挑战性的学习主题，全身心参与，体验能获得成功并让自身得到发展的有意义的学习过程。在此过程中，学生掌握学科的核心知识，理解学习的过程，把握学科的本质及思想方法，形成积极的内在学习动机、高级的社会性情感、积极的态度、正确的价值观，成为既具独立性、批判性、创造性，又有合作精神，且基础扎实的优秀学习者，成为未来社会的主人。

教学绝不是把书本上的知识转移到学生的头脑里再储存起来，而是要把外在于学习的、和学生没有关系的知识，在教学中转化为学生主动活动的对象，从而与学生建立起相关意义的关联，并通过学生个体的主动学习转变成学生成长的养分。

以课程内容结构化来引领教学实践变革，让学生在主动活动中生成素养。新课标修订的一项重要变革，是以结构化的方式（如主题、项目、任务等）来组织课程内容。课程内容结构化，意在改变知识、技能的简单线性排列方式，强化知识间的内在关联，凸显学科本质、思想方法以及内在逻辑。课程内容结构化，既强调学科知识结构，又强调在这样的结构中所隐含着的学生的活动及活动方式的结构化，为课程内容的活化、动态化，教学活动的综合性、实践性提供内容基础。结构化的内容组织方式，凸显出不同的知识技能在学科知识结构中所处的不同地位，所承载的不同教育价值，提示着教学实践以整体有序、多样综合的方式来挖掘知识的育人价值。课程内容结构化，有利于克服教学中知识点的逐点解析、技能的单项训练等弊端，引导教师主动变革教学实践，从关注知识技能的"点状""传输"自觉变革为关注学生对知识技能的主动学习和思考，关注教学的关联性、整体性，关注学生在主动活动中所形成的知识、技能、过程、方法、态度、品格、境界的综合效应，关注学生核心素养的养成。

需要指出的是，课程内容结构化，并不意味着可以忽视或无视知识点，而是要在知识结构中去重新认识和定位知识点的意义与价值，要在学生的主动活动中实现知识点的教育价值。在《义务教育语文课程标准（2022版）》的"课程内容"一章，有"内容要求""学业要求""教学提示"三个部分。这三个部分缺一不可，又内在关联。"内容要求"指向"学什么"——强调在结构中的、扎实的基础知识学习的重要性，防止知识虚化；"学业要求"指向"学得怎样"——结合教学内容要求，提出素养发展目标；"教学提示"指向"怎么学"——学习这样的内容、达到这样的要求，学生必须经历哪些基本的、典型的活动，让课程"活"起来、"动"起来，让学生进入课程，让课程内容变为学生主动学习的活动。

第一章　发现课概述

第一节　发现课的性质与基本理念

发现课是以学业质量为基础、以育人模式为核心、以专业活动有效性为保证、以师生发现学习幸福感为终极目标，通过创设真实、具体的问题情境，引导学生以"目标诊学、沟通助学、运用创学"的方式解决问题，从而提高学生的学习力，培养学生的核心素养，最终实现"让视野更宽，与世界更近"的目标的教育主张。

发现课立足于美国著名教育家布鲁纳的"认知—发现学习理论"，他认为学习的实质就是主动形成认知结构，学生作为一个积极的探究者，自主地发现知识，并把新获得的知识和已有的认知结构联系起来，积极地建构其知识体系。

教学过程实际上是学生在教师的引导下自我发现的过程。《浙江省教育厅关于深化义务教育课程改革的指导意见》明确提出，在体现义务教育基础性、全面性和公平性的基础上，强化选择性教育思想。应进一步完善课程体系，加强课程建设，创新教学方法，改进教育评价，积极推进差异化、个性化教育，促进学生全面而有个性的发展。

发现课是学校课程的一种样态，基于学校发展实际灵活生成，是学校拓展课程体系的重要组成部分。如何应对九年一贯制学校的新型管理挑战，如何破解学生年龄跨度大带来的教育难题，如何丰富九年制校园的成长文化，如何实现课程九年一体化设计，这些问题都成为发现课实施的空间与生长点。因此，发现课适合九年一贯制学校开发与应用。

一、 发现课的性质

翻阅 40 年来中国课程改革的历史，我们会看到课程知识壁垒逐渐消除，从教师认真教、学生静静听的时代到跨章节的试题命制导向教学，再到生活化教学与考试，学校内部学科互通越来越频繁，过于强调学科体系的课程结构开始被打破，学科整合越来越多。

（一） 发现课关注视野的拓展

发现课着力于让学生经历丰富的学校生活，以学校课程为载体，满足学生个性化的发展需要，凸显每一位学生的发展优势。它以实现全体师生基于文本、勤于实践、勇于探索的教与学价值观的转变为目标，从而推进学习方式的真正变革。

（二） 发现课关注课程的统整

发现课倡导全球视野下多元的、开放的、尊重文化差异和个体差异的、重视实践效果的智能观，关注学生在不同领域的发展差异性，进行以跨学科学习为特征的课程统整的实践；关注学生问题解决、协同合作、创新实践等关键学习能力的培养。

（三） 发现课关注资源的共享

发现课以家校社协同互联为改革方向，从学生的实际生活出发，又回归到学生的生活情境中去，遵循学生成长的年龄特征与学习状态，实现家校社教育的资源共享、融合。因此，发现课不是理论工作者的衍生品，而是基于学校的办学哲学，结合九年一贯制学校的一体化课程设计，基于乔哈里课程，立足课堂实际的"草根"研究，是教学行动中的研究，是一个螺旋式逐步行进的过程，是通过校本研修而形成的课程，是基于基础课程的拓展性的全新课程。

发现课深化"DIT"模式（即双师〔Double Teacher Class〕、互联网〔Internet〕、团队〔Team〕几个要素共同作用），实现城乡同步课堂，利用互联网技术，对本校学生和结对帮扶学校学生开展视频直播互动教学；基于网络教研平台开展集体备课、教学诊断和主题研修活动，促进教师的专业发展，提升城乡教师的教学水平。

（四）发现课探寻协同机制

发现课通过云备课，共研学情、教研互助，在主辅型的双师课堂模式基础上，探索双师"发现"课堂的持色模式，形成"共同合作""一主一辅""同伴协作"等多种课堂模式。云阅卷提供的数据分析成为学情分析的来源，通过有效的数据分析，发现问题，分析问题，解决问题，从而为学科教学助力。

二、发现课的基本理念

发现课是一种独立的课程类型，同时它也是方法论，是学生学习方式的变革。发现课属于学习元认知层面，从学生的真实生活和发展需要出发，从生活学习情境中发现问题。它有独立的单元设计、独立的课程目的、独特的内容体系、独特的组织与实施方式，通过生活与学习体验，培养学生综合素养的无边界、拓展性课程。

（一）课程目标指向学生的综合学习与实践体验

发现课是基于乔哈里课程的拓展性领域的进一步研究，课程目标是问题解决、责任担当、创意物化、价值体认。乔哈里课程是基于乔哈里窗的新型课程模型，从师生教学互动的公开区出发，打开交流中各自的盲区，消除隐蔽区，实现信息对等，从而走向最大化的沟通，破解学习与实践中的封闭点，促进知识的优化与重构，最终转化为更多的创造。

（二）课程开发面向学生的个体生活与社会生活

我们倡导"向宽而行"的校训，寄希望于通过培育每一个学生个体的发展，引导学生积极参与校内外的学习生活，主动探索自然、社会，同时与自己的生活建立关联。通过理念建构、课程落地，致力于培养大格局、宽视野的社会主义建设者与接班人。

（三）课程实施注重学生主动实践与资源建设

发现课鼓励学生从自身出发，选择活动内容，并能积极参与实践体验和努力践行当前时代所倡导的核心价值。在实施过程中，教师根据现有课程资源进行整合，最大限度地发挥教学的功能，在学生亲历活动与实践的过程中，对活动目标、步骤、课程资源重组等做出一定的建设性调整，使活动更加鲜活。

发现课是建立在学校、家庭、社会三位一体基础上的合作性拓展课程，以学校为主体，但是必须得到家长、专家、社会各界的帮助与指导，特别是社区的支持。所以，发现课的实施就是建立一个以学校为主导的、家校社协作互动的、助力学生成长的发展共同体。共同体的成员都是发现课的课程资源。

（四）课程发展更加关注教师的专业发展

任何时候教师都是教育的关键要素，发现课的实施更是如此。课程资源的开发对教师来说是职业发展的新阶段与新要求，它不是通过一次或几次的培训来完成的，而是一个持续发展修炼的过程。

发现课是课程改革基于学校与教师的新设计，其在一定程度上能促进教师对大概念、素养导向、单元整体教学的深度理解，提升教师的教学理念。另外，发现课还致力于探索单元教学的目标设计策略和大概念统整下的各类学科项目式学习活动设计，形成借鉴性强的经验。

在发现课设计与开发的过程中，教师既是课程的引导者、开发者，也是实施者、评价者。所以，教师在一定程度上决定着课程资源的鉴别、开发、积累和利用的实效性，是发现课资源开发的重要主体，在发现课的发展中扮演着重要角色。

第二节　发现课教学的一般原则

发现课教学的一般原则指教师在课程开发过程中，需要遵循的基本准则。

一、主体性原则

发现课是基于学校实际与学生成长需求而开发的一种课程，它与其他课程一样具备课程要素。因此，它应该遵循主体性原则，而且是多元主体。

（一）学生为主体

课程学习是学生在校生活的重要组成部分，一所学校是否能够站在课程角度看待学生的日常学习与活动已经成为新时代衡量学校教育发展水平的一个关键标准。发现课源于学生的常态活动与成长过程，发展于学生的宽视野生成，归宿于学生的人生幸福。每一位学生都是学校和教师关注的对象，每一位学生都应该成为教育教学评价的主要目标。

（二）教师为主体

发现课是教师在研究日常教学时取得的成果，任何一项课程活动没有教师的积极参与都无法达到预期效果。教师既是发现课的课程资源，也是发现课的设计者与实施者。教师不仅是学校资源的共享者，也是学校资源的创造者和传递者。当然，每一位教师也有成就梦想的空间与机会。

（三）家长为主体

发现课虽然是在校内实施，但家长也是我们课程实施不可缺少的主体，这是发现课区别于其他课程的重要方面。家长的知识与技能，情感、态度与价值观都是发现课需要吸收的重要元素，以追求"学在学校、拓展在家庭、活动在课堂、演绎在社会"的发展脉络。

二、 协调性原则

发现课会触发学校课程重大的变革，需要学校对原本的办学哲学做出明确的判断，以便能适时协调学校原有的基础性课程与拓展性课程的整体设计。这个原则具体包含以下两层含义：

（一）课程门类的调整

自新一轮课程改革之后，国家原有的三级课程已经改为两类课程，即基础性课程与拓展性课程。而实际上，发现课是基础性课程之外，与拓展性课程并行的课程，可以与拓展性课程共享课时、相互补充。

（二）资源的均衡协调

发现课不是社团课程，但它可以整合社团课程、家长课程等选修课程，在时间上可以随机安排；同时也可以融入拓展性课程，在拓展性课程的课时中开展。为此，学校在场地安排、资源利用、时间保障、人员投入等方面都需要做出整体的规划。

三、 整合性原则

发现课采用横向与纵向同时进行的课程组织。这就需要教师从自己所教的学科出发，熟悉同年段其他学科的特征，以做出整体性的布局。

（一）课堂内外的整合

发现课的实践过程是一个校内外全员发动的过程，对学校来说它既是一种课程样态，同时也是一种管理方式。对教师来说它既是课堂里的实践，也是教学理念从校内到校外的延伸。发现课需要硬件的支撑、活动的支撑。比如学校有了水塘，学生可以体验与水亲密接触的乐趣；有了菜园，学生可以种菜，观察记录植物生长的过程，实现校内外知识的融通。校园动物未来社区、桑树林养蚕等活动都需要在设计时与其他活动做好衔接，不断递进、深入，实现活动安排的序列化。

（二）跨学科的整合

发现课是跨学科的整合性课程，目的是让学生对各学科知识得以融会贯通，获得综合实践性的经验，避免碎片化、僵化、窄化及脱离生活实际的学习任务的出现。以一年级科学上册《比较与测量》单元为例，学生先用手测量物体，发现测量结果不一致，因为每个人手的长度不一样；然后改为用小棒、橡皮等固定长度的物体，测量结果一致了。测量中，学生又发现了小方块各个方向都一样，使用起来方便；再后来又发现，把十个小方块连成一条，用起来方便，数方块也更快。可是十个一条，虽然测量速度快，但是不能弯曲。于是把格子画在纸上，就发明了测量纸带。科学学科教学中，还可以再引入与数学学习、技术呈现、工程化实践、人文情境等不同学科相关的比较与测量的内容，将会促进学生在这一单元中的深入学习和多元体验。学生在这样的过程中不断经历各种场景与思维的整合，拓宽了对学科的认识，丰富了思考角度。

第三节　发现课的内容特性与类型

发现课以校内为主要实施场所，课程形态多样，日常教学中以讲义、活页、活动手册、活动方案等形式呈现。

一、发现课的内容特性

发现课强调尊重学生，同时，重视拓宽学生的视野，善于发现每一个学生的优点，从学生兴趣出发，经过学生多轮自我体验与选择，最终形成比较固定的特长培养点。好奇是中小学生的天性，学生在自己不断发现的过程中走向未知世界，走向成熟。

发现课学习的内容不是"预定的菜单"，而是"自助菜谱"。发现课需要学校提供不同主题的资源，但又不是课本或校本教材之类的素材；能基本满足学生不同的实践需求，但又留有很大空间供学生选择，增强学生主动学习的意识。

在实践中，发现课也可以成为师生互动的一种方式。发现课以乔哈里窗为基础，促使师生通过多元沟通实现学习盲区的突破。

二、 发现课的内容类型

发现课课程的内容具有开放性、差异性，可满足学生多样性的选择，但又不是漫无边际的随意选择。笔者按照九年一贯制学校的发展特点，对发现课做了如下分类：

（一） 按照发现课的内容结构分类

1. 学习习惯类

学习习惯类课程与学生的学习活动密切相关，是学生最能感同身受的内容。内容主题包括发现书包的秘密、课堂123、好好吃饭、对你很礼貌、休息了、这样上厕所、我能帮助你、整理学习思维、时间是可以收放的、选择很重要、面向全科的学习、知识的整合与拓展、有效学法千千万等，涉及学生学习过程中不同年龄阶段的重要事件。通过这些课程的学习，让学生养成好习惯。

2. 科技发现类

科技发现类课程的主题包括榉园毛毛虫、一片落叶、瓜果飘香的观察记录，综合实践基地种植、欣赏大自然百花争艳，航模制作、无线电控制、软件开发，气象观测、地理探险、环境资源保护、生命科学与生活科技探索等。

3. 人文发现类

人文发现类课程主题主要包括体会全科阅读的美、古典文学作品欣赏、讲好社会主义核心价值观的故事、美学初探、生活与法制、开心写心理、演讲与答辩、说说家乡的民俗、学校的经典与学习生活，以及校园故事一百、网络叙事与文学梦等。

4. 健康发现类

学生对自己的身体有无穷的兴趣，小学生会以天真无邪的态度看待自己的身体，初中生在青春期来临时更会关注自己的身体。因此，了解自己身体的秘密，能更好地促进学生的身心健康。除此之外还包括游泳、跑步、球类、棋类等运动类技能的学习，心理奥秘、价值取向等话题的探究，医院运行的规则、疾病的预防等涉及健康的社会话题的了解等。

5. 艺术发现类

艺术能带给学生不一样的思维和感知体验。艺术发现类课程主要包括文学、电影、微视频、校歌、班本剧、涂鸦、绘画、阅读、舞蹈、器乐、书法、编织、地方艺术的欣赏及传承等。这类课程既是欣赏性课程，也是学生喜闻乐见的艺术修养的培育课程。

6. 生活发现类

该类课程主要包括饮食、家政、服装、礼仪、摄影、急救等各种模拟，主要指向社会上的各种职业，让学生从模拟中初步感知生活的千姿百态，同时发现自己的兴趣，更好地迎接未来生活的挑战。

7. 学科发现类

这里的学科指的是目前中小学开设的基础性课程。学科发现类课程主要是对基础性课程进行学法指导，帮助学生理解各学科的知识结构与教学模式，化解学生在单一学科学习中的困扰，真正实现学科整合、知识融通，走向生活化学习。

（二）按照发现课的内容功能分类

1. 基础性课程的发现课

基础性课程是中小学生必须学习掌握的基本内容。由于教师教学方式的单一，基础性课程在很长时间里站在记忆与考试的角度，学科的魅力没能被大部分学生发现。

（1）学科知识的发现课。在小学阶段，很多知识点可以与学生的日常生活结合，所以我们利用校内场馆资源、家长特长资源、师生研究成果资源等帮助学生理解现有学科课程中的知识点；在初中阶段，我们建议利用分层教学、走班选课等方式让课堂教学目标分层，以适应不同基础学生的学习需求。

（2）学习方法的发现课。建立不同学科的知识结构图，根据学生个体的学习习惯实施学习指导。

2. 拓展性课程的发现课

拓展性课程是基础性课程的补充与发展，发现课作为拓展性课程的一种样态，更重视课程的创造性、体验性，更接近学生的学习生活。

第四节　发现课的基本模式

发现课是近几年来开发的新的课程类型，在实践与研究过程中通常以目标模式与过程模式为主。

一、目标模式

目标模式理论的代表人物是泰勒。1949 年，泰勒在他的《课程与教学的基本原理》一书中阐述了目标模式的基本原理。目标模式围绕目标的确定、实现、评价而进行课程开发。泰勒将课程开发过程分解为确定目标、选择学习经验、组织学习经验、评价四个阶段。

发现课的目标即构建一种新型的课程形态，实现对国家课程的校本化实施，并进行课程整合。在这个过程中，完成发现课与校训、办学哲学的融合，同时培育一批课程开发意识强的教师，激发学生的学习内驱力。

在选择学习经验的过程中，强调发现不同年级段学生的需求侧重点，建构了一年级及二年级"135 模式"，即每一个学期一次职业体验、三次设计制作、五次考察探究，实现习惯养成与家校沟通的最大化；三年级与四年级为"135 高阶模式"，即每一个学期一次深度的职业体验、三次原创性的设计与创意、五次自行设定目标的考察探究；五年级与六年级为"41 平衡模式"，即每一个学期一次有质量的考察探究、一次有效果的社会服务、一次有品位的设计制作、一次有核心价值观的职业体验。

组织学习经验是目标模式的关键环节。发现课实施之初，班级可以通过家长会、班级微信群及时向家长介绍发现课。每一次发现课实施前，通过这些媒介向家长发布通知，积极组织家长报名共同参与。因为发现课的实施不仅是给孩子们提供展示自我、发现未知、提升能力的机会，也为家长走进孩子的学习生活、陪伴孩子的成长创设了有效的平台。在这个过程中有些学生的优势不能通过现场活动展示出来，因此，我们还发放学生发现课活动记录单。

表 1-1　瓯海区外国语学校一（1）班"发现之旅"学生记录单

日　期	2018.1.29	主　题	学期整理	学生姓名	×××
我的发现					
亲爱的孩子们，在瓯外的第一个学期即将结束。这学期你有哪些收获呢？来和我们分享一下吧。请在下面的空白处列出 3—5 点。					
在新的学期，你希望自己在哪些方面做得更棒？赶快来写一写吧。					
（温馨提示：不会写的字用拼音书写。也可以孩子口述，家长书写，下周一班级内分享）					

由于参与发现课现场表达的时间有限，因此"活动记录单"为发现课提供了过程记录与活动表达的空间，让更多的孩子有机会分享自己的发现、感受、体验，并以写或绘的方式表达出来，符合一年级学生的年龄特征。教师将学生的活动记录单展示在班级"发现墙"上，以供学生交流、学习，这样就慢慢形成了学生的成长记录。有时也可以用班级微信公众号来推送，设置"发现之旅"专栏，实现线上与线下同步。

发现课的评价采取多元的评价制度，将学生自我评价与教师评价、家长评价相结合，将阶段性评价与学期总结性评价相结合，充分调动学生的参与热情和积极性，不断加强家校联系，促进孩子更好地成长。发现课上，老师组织丰富的课程活动，为积极参与的学生发放表扬信，这有助于培养学生的进取心，营造班级良性的竞争氛围。

　　每次课程活动结束后，需要对学生在发现课中的表现进行一次综合评价。评价形式包括学生自评、家长评价、班主任寄语。结合教师、家长、学生三方评价，学生能够检验自己在发现课课程活动中是否达到既定目标。同时，教师、家长能够给予学生积极、正向的引导，为学生的成长提供帮助。

表 1-2　瓯海区外国语学校一（1）班发现课课程评价表

一（1）班发现课课程评价表	
活动主题	
参与形式	
学生自评	
家长评价	
班主任寄语	
发现空间	

二、过程模式

　　过程模式理论的代表人物是英国的斯腾豪斯（Stenhouse）。1975 年，他出版了名著《课程研究与开发导论》，全面探讨了过程模式的理论。他主张在课程开发中应该详细说明学习的内容。过程模式注重的是过程，而不是预先确定期望达到的目标。

　　过程模式培养学生的批判性思维、发散性思维和创造性思维，能提高讨论问题、阐述问题、理解问题、分析问题和解决问题的能力，从而养成虚心听取他人意见的习惯。

　　在实践中我们认为过程模式适合初中阶段的发现课课程，通过建立"333课程模型"，从而达成过程化的学习目标。"333 课程模型"就是发现课在初中实施的三个维度：第一维度是提升学生的思维品质，第二维度是激发学生的学习内驱力，第三维度是创新学生的学习文化。

通过发现课课程提升学生的思维品质，包括让学生在课程学习过程中，充分利用教师提供的支持方式来体验学习的渐进过程；让学生将独立思考与协作交流等进行整合；设计符合学生个体的主体性实践活动，以促进学生个体对知识的再创造。思维有多种分类，例如聚合性思维与发散性思维，前者聚焦问题的解决，后者聚焦问题的多视角突破。发现课让学生通过案例，通过各种实践性活动来拓展思维，形成解决问题的路径。

在激发学生的学习内驱力方面，一开始，教师通过简单的督促，包括一日一清、一周一结、一月一调整，实现学生个体对学习方式的掌握，及时调整学习节奏，养成良好的学习习惯。随后，教师结合发现课提供给学习者的有趣味、有挑战的学习内容设计，让学生主动学习，逐步养成爱提问题、爱交流、爱思考、爱协作的习惯，进而激发学生的学习内驱力。

创新学生的学习文化包括促进教师改进教与学的理念，做到目标梳理、预习统整、重点展示、要点归纳、目标检测、拓展提升。具体表现为关注师生视野的拓宽，关注课程的整合，关注师生的互动。现实与未来的谋划是学习文化维度的核心，对于初中生来说，知识积累不是一件困难的事情，价值观的形成也趋于正向。因此，发现课的模式建构旨在强化价值体验、推动社会实践，增强责任担当、倡导法治意识，能从社会现象中发现问题、形成主题、生成观点，做出基于数据的解释，学会用科学方法进行研究。

第二章　发现课课程体系的设计

第一节　课程哲学

一、逻辑性，办学哲学的课程思考

作为学校的顶层设计，课程的系统化、逻辑性、校本性是其能否落地的关键。我们倡导"宽教育"的办学哲学，意在培养大格局、宽视野的新时代学子。因此，我校秉承"向宽而行"的校训，坚守"让视野更宽、与世界更近"的办学理念，从而实现"让每个孩子经历一百个世界"的课程实践承诺。

课程是学校办学哲学落地的支撑，办学哲学是课程实施的引领。因此，我们立足国家育人本源，从校本、生情出发，以科学的要求、系统的思维、人文的启发来构建学校发现课的课程框架。

从办学哲学到校训、办学理念、育人目标、办学宗旨，这本身就是一个逻辑连接的过程。

二、系统化，九年一贯制课程的体系设计

从九年一贯制的办学实际出发，结合立德树人这一根本任务，学校将育人目标确定为：树正气、透大气、露朝气、展才气、有志气、显灵气。通过

丰富教学资源、扶持改革实践、推广研究成果等多种手段，为学校教师的研究与实践提供咨询、服务及专业支撑。

表 2-1　瓯海区外国语学校九年一贯育人目标细目表

育人目标	核心素养	关键评价项目
树正气	责任担当	遵守规则，具备社会美德；积极锻炼，拥有健康身心
透大气	学会学习	学会学习，激发求知欲望；理性思维，掌握学习方法
露朝气	健康生活	热爱生活，养成良好习惯；乐观向上，诚心关爱他人
展才气	人文底蕴	发展才艺，形成审美品位；学会欣赏，形成高雅情趣
有志气	科学精神	家国情怀，散发书香气质；善于合作，学会与人分享
显灵气	实践创新	乐于探究，具有创新精神；勇于实践，能够独立创造

第二节　课程目标

一、基础性，确保核心素养落地

发现课是国家课程在我们学校的个性化、创造性的呈现。它着重于教师本身的视野发展，让教师智慧地从事教学活动，以拓宽学生的视野为核心，是师生教学活动系统整合的充满教学智慧的课堂实践过程。

发现课在学科教学中的重大意义在于确保基础性课程的优化落地。发现课的实践目标表现在六个方面：一是教学目标实行分层，二是教学内容追求饱满，三是教学过程走向立体，四是教学方法关注灵动，五是教学评价实现多元，六是教学文化形成宽容。

二、创造性，基于学习方式与文化的课程重构

用心智把握概念，并在心理和物理上操作这些概念，这其实就是生物学、认知科学与教育学联结的学习革命。发现课即在践行这种学习革命，它让师生主动打开思想和观念的大门，让学生在真实的社会生活中进行社会化学习，

在价值观碰撞中凝聚价值共识。

发现课体现了学校九年一贯制课程一体化设计的创新与匠心，全体教师与家长紧紧依托乔哈里课程理论与布鲁纳发现式学习理论，引导孩子利用"发现学习单"，将每一次课堂学习演变为一场有深度的发现之旅，探索更多的未知。

如今，瓯海区外国语学校以"发现课课程"为设计方向，启动"问题速学、目标导学、沟通助学、运用创学"四步骤课堂实践，综合培养学生解决问题、协同合作、创新实践等方面的能力。"问题速学"即利用网络线上学习，在课前预习过程中发现问题并反馈给教师，为教师设计教学目标提供重要参照。"目标导学"即设计"学习单"，"学习单"的主要特点是针对课堂教学目标而设计的。而"沟通助学"即教师制作"教学单"，"教学单"依据乔哈里窗的结构，分析"问题速学"环节的数据，在设计"教学单"时落实课堂教学目标。"运用创学"即师生的课堂生成。发现课课程教学四环节直观地建立起教学的数据模型，让教育研究成为教师日常教育活动的一部分，从而科学地提高学习与教学质量。

教师发现课的学习单、教学单的应用，实现了师生学习盲区的扫除、问题隐蔽区的流畅打开，师生共同追求学习知识未知区的突破，从而实现学习公开区的最大化，获得更多的互通知识，朝高效课堂的教与学迈进。

2018 年，发现课被温州市政府授予教育改革创新典型案例，在 2018 年中芬创新教育北京峰会与 2019 年长三角城市群教育科研协作大会上得到专家的一致肯定，并获得指导与提升。同时我校代表以发现课为主题，在全国第四届"品质课程"大会（郑州）、全国 2019 未来教育大会（北京）上做专场发言，发现课成为学术界关注的创新学校课程文化新样态。

第三节　课程结构

规范课程架构，明确育人方向。学校始终围绕"树正气、透大气、露朝气、展才气、有志气、显灵气"的育人目标，以"宽教育"哲学为引领，依托九年一贯制办学体制优势，融入"让每个孩子经历一百个世界"的课程设计理念，扎实推动"宽课程"体系开发。

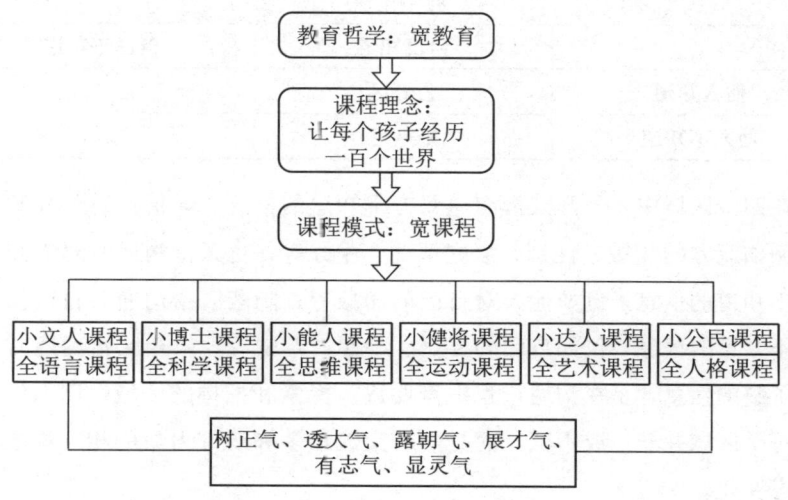

图 2-1　　"宽课程"结构图

　　在小学阶段，以"小文人、小博士、小能人、小健将、小达人、小公民"等课程为依托，实现学生综合素质全面发展。而进入初中后，通过一对一相匹配的课程升级，让学生得到高阶的思维发展。同时，同步推进以校为本的课程实施与质量保障体系建设，通过制定课程标准、注重教学环节、关注学生需求，校本化、创造性地实施课程，既注重基础性课程的落地，也注重拓展性课程的实施，并在此基础上不断完善自我评价、分析、改进等质量保障机制，真正形成"课程开发、课程实施、课程评价"的全链条周期。

第四节　课程理论基础

　　发现课的课程理论基础为乔哈里窗理论。乔哈里窗，又名乔哈里资讯窗，也被称为"自我意识的发现反馈模型"，是由美国心理学家乔瑟夫·勒夫和哈里·英厄姆在 20 世纪 50 年代提出的有关沟通的技巧和理论。这一理论将人的沟通信息看作窗口，并依据双方对内容的熟悉程度划分成四个区域：公开区、隐蔽区、盲区、未知区。人的有效沟通就是这四个区域的有机融合。

表 2-2   乔哈里窗的四个区域划分

乔哈里窗		
	自己知道	自己不知道
他人知道	公开区	盲　区
他人不知道	隐蔽区	未知区

　　在四个区域中，公开区指沟通双方都知道的信息，通俗描述为我知你也知，例如双方的相貌、性别、家庭情况、爱好等；盲区指沟通时对方知道而自己不知道的信息，例如他人对自己的印象等；隐蔽区指沟通时自己知道而对方不知道的信息，例如自己的秘密、心愿、希望等；未知区指沟通时双方都不了解的信息，是在沟通过程中需要逐步探索和挖掘的区域，比如你的潜能。每个区域并非一成不变，而是随着交流增多和双方力量的相互影响，呈现动态变化。

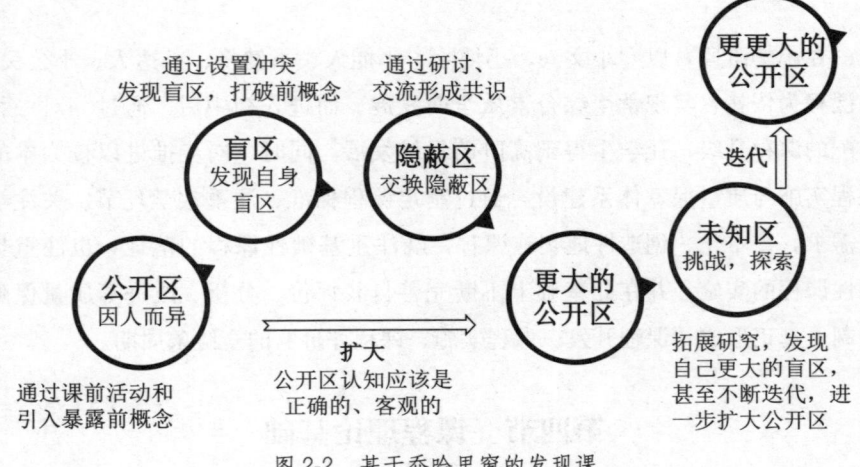

图 2-2   基于乔哈里窗的发现课

一、乔哈里窗理论的基本内涵

　　根据乔哈里窗理论，真正有效的沟通只存在于公开区，双方对信息都有足够的了解，此时所有的问题、思想都可以进行充分的讨论，因此为了获得沟通效果的最大化，需要将双方的盲区和隐蔽区向公开区转化。一旦信息落入盲区或隐蔽区而没有成功向公开区转化，信息掌握得不对等就会影响沟通的效果。

那么如何扩大公开区，减小另外三个区域呢？这就要求沟通双方提高自己的信息曝光度，主动去了解自己未知的信息，倾听反馈，积极回应，并分享隐蔽区信息，让同伴了解更多信息，当双方掌握的信息通过主动曝光和了解的过程达到平衡时，就可以将盲区和隐蔽区转化为公开区。而对于双方都不知道的未知区，则需要采取更广的策略，如通过上网搜索、寻求专家的帮助或不断尝试来延展双方的思维触角等来逐步减小。课堂教学的本质也是一种人际沟通，师生之间、学生之间在这个时间和空间内进行着信息互换与共享，积极提供完整准确的信息有助于扩大交流各方的公开区，提高沟通效果。

二、 乔哈里窗理论的延伸

笔者将乔哈里窗理论运用在学校综合实践活动课程中，从四个区域出发寻找教学方法，该理论对综合实践活动课程的开发提供了强大的助力。让沟通伙伴感到愉悦是一门有效的交流技术，不管是教师向学生传输知识，还是学生之间互相的交流都需要营造一种和谐的氛围；热情的分享能够有效叩击隐蔽区，教学中教师的主动传授以及学生的及时反馈都尤为重要；坦诚的内心接纳为盲区的扫除锦上添花，除了一味地自我表达，聆听和接受也是达成信息对称的重要举措；好奇的探索为未知区的开发提供可能性，这种未知区可能是学生之间未知的，也有可能是学生和教师都未知的，这就需要长足的探索以及外界的帮助。

从综合实践活动课程的延伸可以看出，乔哈里窗理论在拓展教学甚至一般教学中都有可借鉴之处。拓展性课程重在培养学生的学习兴趣以及逻辑思维能力。传统的教学设计很难帮助学生有更好的提升，因此，笔者尝试将乔哈里窗理论引入学校教学中，希望能够构建符合本土特色的学校发展和课程创新变革的实践路径。

第三章　发现课课程资源建设的必要因素

第一节　内涵及特点

"宽教育"的"宽"，是指视野的宽，不管是教师还是学生，要站得高、看得远，发挥出各自的优势。发现课是践行"宽教育"的载体，既是方法论，又是独立的课程。狭义的发现课是以学科结构去统领学习活动，是一种独立的课程类型，从学生的真实生活和发展需要出发，从生活和学习情境中发现问题。它有独立的时间单元、独立的课程目的、独特的内容体系、独特的组织与实施方式；通过生活与学习体验，学生的综合素养得以无边界地拓展。

笔者前期对乔哈里窗理论开展过相关研究，并出版了《乔哈里课程：综

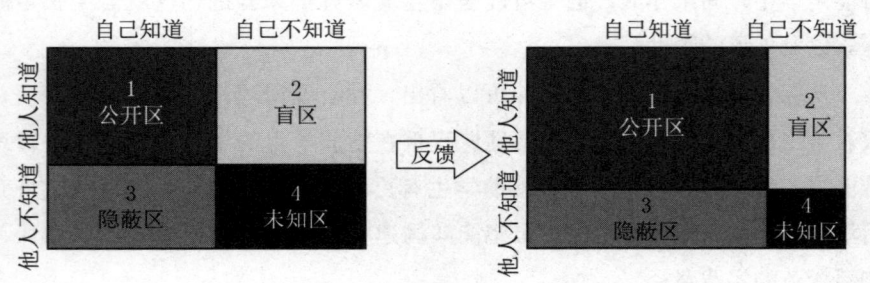

图 3-1　乔哈里窗衍生图

合实践活动的一个另类视角》①。发现课的最终目的，即通过乔哈里窗的视野打开更多的未知区。针对每个年龄段的不同，发现课也应该有不同侧重。

第二节　要求及原则

发现课实现了学习方式的变革。在小学阶段，发现课以综合实践为依托，让学生从活动中体验创造，从关注身边的事情到关注身边的环境乃至关注温州市的起源历史，由点及面，逐步延伸，进行研究性学习、职业体验、设计制作，从而实现学生的责任担当，促进创意物化的能力，注重视野拓宽。在初中阶段，发现课从学科出发，依托学科知识创新、学科技能创新、学科活动创新、学科思想创新、学科文化创新、学科生活创新，进行全学科的发现，旨在培育学生的知、能、行、心、根、活，从而让学生发现自己思维的特征，了解生活中的科学，研究学习，从而培养学生科学探究的精神，注重思维跃迁。

因此，发现课课程资源建设应遵循以下原则：

一、整合性，关注综合运用

发现课以综合实践为依托，这决定了它的整合性原则。发现课试图打破学科和文化的界限、时间和空间的界限，整合各方资源，融入各科知识，多领域共联动，倡导学科育人、课程育人、方法育人、活动育人、文化育人、环境育人，通过生活与学习体验，培养学生的综合素养。在初中阶段，发现课的课堂注重真实情境创设，以项目推进，强调设计思维和对核心知识的理解，在做事中理解概念，形成专家思维，引发跨情境的迁移；引导学生将当下的读书与做事、做人建立关联，将学校学习与未来个人生活、校外社会实践建立关联。

二、过程性，关注成长体验

发现课从学生真实生活和发展需要出发，从生活学习情境中发现问题，

---

① 潘春波：《乔哈里课程：综合实践活动的一个另类视角》，华东师范大学出版社，2012 年。

通过生活与学习体验，培养学生的综合素养。发现课的课堂经历了沉淀和有效整合。发现课致力于构建开放的课堂，将在整合各方资源的基础上，以灵动的方式创设多彩的学习经历：让孩子在陶泥的塑形中感受中华古老文化的魅力，在龙舟的设计制作中感受匠心精神，在异国的土地上感受中外文化的差异，在书林中自由漫步，在田地间挥汗如雨……发现课更是一种生命的独特体验，教师充分开展多样化的教学活动，以吸引孩子们去感受、去触摸、去品尝、去经历、去体验，让孩子们的视野得以拓宽，生命认识得以深化，情感体验得以不断升华。

三、 差异性，关注个性发展

九年一贯制的课程设计应关注不同学段的差异和培养重点，认识到学生的个体差异，因材施教，使每个学生都在原有的基础上有所发展。因此，学校建立发现课课程资源库，集中表现在"发现之旅"的精心设计上。结合日常教学与德育活动设计，教师设置了分层式的课内同步练习与课外练习作业，在假期设计全科整合式的体验式作业，从而真正达成学科育人、活动育人、全面育人。

四、 创造性，关注能力发展

小学生重在从实践中尝试创造，初中生重在从学科中探究创新。"互联网＋"发现课堂注重学生能力培养，学生以设计制作或者融合创新的方式进行模仿、设计、制作，拓宽视野，丰富课外知识，整合学习经验，重构知识网络。此学习方式重视学生学习能力的提升和创新精神的培养。

第三节　学校策略

一、 课程建设方向定位

学校在项目初始阶段组建课题组，同时将发现课定位为丰富学生校园生活的家校合作的拓展性课程；着重开展发现校园、发现自我、发现自然、发现社会等系列活动。一年级的孩子刚刚从幼儿园升入小学，对于小学的各项常规的认识还远远不够，因此，课题组应秉承"儿童的主体性、整体性与生活性的学习能力多元发展"原则，制定"一个中心""三个主题"的发现课思路，即以孩子的"自我"为中心，围绕"我"来进行分散处理的"135 模式"，设计了"发现自我""发现伙伴""发现节日"三大主题，旨在培养学生的三类智慧——规整智慧、发现智慧、创新智慧。

2018 年年初，学校向全区呈现了瓯海区外国语学校宽视野"乔哈里发现课"活动。"榉园里的发现课"主题报告引起轰动，朱蕾、曹曼凌、陈作亨等老师分别作了"传递宽理念，读懂发现课""发现之旅，向着明亮那方""基于发现课的小学科学实践探索"的分享报告。这一系列报告支撑了发现课的架构，体现了理论与实践的结合。

低年级班主任开展"135 模式"的系列课程，弥补了一年级新生常规意识的不足及幼小衔接教育的空白，形成了系列活动案例。这些案例虽然称不上是发现课完美的、成熟的案例，但至少拉开了学校开展发现课的序幕。

二、　发现课作为方法论进入学科课堂

在项目发展阶段，课题组深入研究"发现单"在课堂教学中的应用。发现单是指以乔哈里窗理论为依据，为扩大公开区，缩小隐蔽区和盲区，叩击未知区而设计的系列学习活动，也是学生学习的支架。发现单一般包含课前预学、课中助学、课后拓学三部分。以龙头课题"发现课的课程开发实践研究"为主课题，分设林利岳的"小学中段数学与科学学科整合的行动研究"、林珍建的"基于发现课理念下小学低年级体育教学中的策略研究"、徐一琰的"线上线下相结合的绘本阅读新模式的实践研究"、叶怡姐的"小学美术'综合·探索'学习领域教学目标达成策略的研究"课题并组成课题群，以群组为抓手，进行发现课的课堂变革。随着发现课的实施，发现课的愿景逐渐深化，逐渐走向活动与学科教学的有效整合，改变了学生的学习方式。

这一阶段，全国各地前来我校交流学习发现课的队伍陆续不断。徐雪婵

等老师和孩子们共同合作的发现课课程"未来的我"等，包括走进未来、预见未来、未来已来、助力未来等主题，旨在引导孩子们发现自己成长的优势。所有活动与课堂教学在之江汇教育广场全场直播。

这一阶段，教师结合"发现单"开展课堂教学研究。初中以七年级（1）班、（2）班作为实验班级，语文、数学、英语、科学四个学科同步推进；小学以拓展性课程"三小家"率先推进。实验班级每周开设一节发现课，实验教师每月组织一次交流会以互动交流。

这一阶段，发现课研究的阶段成果"让视野更宽，与世界更近"在《新教育时代》发表。学校代表在第三届全国品质课程研讨会上以"发现课让学科课程高品质实施"为主题发言。

三、 发现课作为学与教方式来完善课程建设

在进阶阶段，发现课的开展遇到了障碍，那就是参加实验的教师研究开展得轰轰烈烈，而其他非实验的教师及新入职的教师对发现课一知半解，无法统一步调实现齐步走。为此，学校决定开展"发现单"在课堂教学中的有效应用的校本研修活动，主要表现在以下几个方面：一是创制了以乔哈里窗为导向的供学生使用的各学科发现学习单和教师备课发现单来推进学科教研组全面实施发现课的研究与应用；二是发现课的应用做到了全学科覆盖、全校共行，为发现课走向跨学科整合性课程做了充分的准备；三是践行多元智能理论，实现了不同学生的个性化发展。

这一阶段，以全员全课题参与为突破，实现发现课从单一活动走向学科育人的教学方式的改变。

表 3-1　瓯海区外国语学校发现课系列研究课题表

教 师	学段与学科	课题名称	备 注
李胜双	小学语文	基于发现课理念的可视化思维模式识字教学研究	区规划
胡接惠	小学音乐	基于发现课理念的小学音乐活动设计与实施	区规划
吴忠秋	小学数学	基于发现课理念的小学低年级数学发现单设计	市规划

（续表）

教　师	学段与学科	课题名称	备　注
林安典	小学信息	基于发现课理念的儿童编程实践与研究	区规划
徐雪婵	小学综合	基于发现课的低年级儿童剧校本课程的研究	市规划
周春燕	小学数学	基于发现课的小学低年级数学拓展性实践作业探索	市规划
卞　磊	小学语文	基于发现课的小学低年级评价方式探究	区规划
林珍建	小学体育	基于发现课的小学体育限学篮球教材应用与实践	市规划
胡　亨	初中数学	基于发现课理念的数学思维拓展课程开发与实践	市规划
李　律	初中科学	基于发现课理念的初中科学习题讲评课模式探究	区规划
徐琦环	初中社会	基于发现课理念的乡土文化校本课程开发与实践	市规划

四、 发现课课程的实施推广

发现课从笔者提出到全体教师理解、设计、实施，短短三年已经生成了"135 模式"、跨学科整合问题发现教研模式、跨场域校园文化发现模式，真正走上了"让视野更宽，与世界更近"的教学改革之路。发现课体现了学校九年一贯制课程一体化设计的创新与匠心，全体教师与家长紧紧依托"乔哈里课程"理论，引导孩子利用"发现学习单"，将每一次课堂学习演变为一场有深度的发现之旅，探索更多的未知。

表 3-2　发现课的阶段辐射与展示

主旨观点	范围及受众面	作　者	时　间
发现课：基于乔哈里课程的探索与实践	长三角城市群教育科研协作大会	潘春波	2019.04
开启学生的发现之旅	《学生时代》	研究团队	2019.06
发现课起暖一座城	《上海教育科研》封底整版	研究团队	2019.07
发现课的创新与路径	北师大首届中芬创新教育峰会	潘春波	2019.11
发现课，学校课程文化的重构	《科教论坛》	潘春波	2020.03
再思"以学生为中心"，重构教育新生态	《新教育时代》	潘春波等	2020.06
发现课与课堂变革	温岭市等参观考察团	研究团队	2020—2021

在这个阶段，课题组将发现课视为一个完整的课程体系，运用了课程论的方法框架，对发现课进行了系统的总结，形成了发现课学习任务群，从发现活动的意义层面、学科学习方式发现与思辨性发现发展层面到跨学科发现式学习拓展层面，让学习立体起来。

第四节　师资建设

温州市瓯海区外国语学校创办于 2016 年 9 月，是九年一贯制公办学校，也是一所向未来、智能化、花园式的集团学校；现有专职教师 269 人，各类骨干教师占全体教师总数的 80%。学校以"择高而立"为核心价值观，致力于"更高的追求，更远的志向，更美的未来"；以"向宽而行"为校训，以"更宽的视野，更大的气魄，更广的胸怀"办学。学校坚守"宽教育"哲学，宽教育需要一支宽视野、高格局的教师队伍，需要教师在终身学习的路径上不断研究实践。

基于这样的校情及顶层设计，学校以发现课撬动课堂变革，在实施中完成发现课与校训、办学哲学融合的目标构建。围绕发现课，学校开展了系列化的校本研修活动，2019 学年开展"立足发现课，提升学生学习力"的项目研修；2020 学年开展"基于发现课的学习活动设计"的项目研修；2021 学年结合"双减"，开展"'双减'视野下的发现课实践"项目研修。三年的研修活动，从理念层面的引领到实践探索，再到与当下背景的融合，发现课实现了实践与理论相结合，走出了校本研修的特色之路。

一、基于发现式的分层设计培养

（一）构建阶梯式的教师成长体系

在发现课推进的过程中，实行全员共进，分层拔节。教师的分层培养与成长是关键，我们将教师发展阶段定义为"发现成长 1 + 3"。"1"是指职前期，特指校园招聘的教师在大学时的发展期。"3"是指 3 个发展阶段，即"榉园新生代、榉园中生代、榉园原生代"。榉园新生代指的是教龄 5 年内的教师（包括职前教师）；榉园中生代指的是教龄 5 年以上，年龄在 45 周岁及以下的教师；榉园原生代指的是年龄在 45 周岁以上的教师。

"我的人生我做主，我的成长我规划"，我们通过督促教师完成"三年规划"，提供专家一对一的点评与修改，建立教师成长档案，把握教师的"最近发展区"，使新教师通过两年时间站稳讲台，青年教师做到"三年见成效，五年脱颖而出"，逐步形成自己的教学风格。

以"榉园新生代"的成长为例。所谓年轻学校不仅表现在办学时间短，也表现在教师群体年轻化。学校为新教师精心设计成长路径，基于乔哈里课程提出了《新教师入职前十条沄则》（简称《十条法则》），刊发于《名师在线》，并被全国众多教研部门采用。《十条法则》为新入职的教师成长提供了理念导引与实践路径。

表 3-3 瓯海区外国语学校《新教师入职前十条法则》

1	必须成为视野宽阔的人
2	必须成为熟悉育人环境的人
3	必须成为有规矩的人
4	必须成为能够自我规划的人
5	必须成为教学基本功扎实的人
6	必须成为学会管理的人
7	必须成为具有课程意识的人
8	必须成为具备研究基本功的人
9	必须成为满满正能量的人
10	必须成为有发现创意的人

具体说明如下：

1. 必须成为视野宽阔的人

社会发展到以大数据为核心的今天，拓宽视野成为教育工作者教书育人的首要任务。学校应通过建构自身文化系统，让学生在宽松的环境、宽广的课程中拥有宽容的个性、宽阔的思路。同时，全体教师应努力实践修炼，成为课程设计的高手、教学的能手、育德的巧手、科研的推手、教育的强手。因此，每位新教师都需要进行大量的阅读，包括阅读学科专业、心理学、教育学、班级管理、科学研究、礼仪和家校沟通等方面的书籍，并将阅读书单及时汇总上交，通过撰写读书笔记，内化吸收阅读的书籍，从而获得自身能力的提升。除此之外，新教师还要学习相关法律规定，如《未成年人保护法》《温州市中小学教师教学常规》《浙江省教育厅关于深化义务教育课程改革的指导意见》《中小学综合实践活动课程指导纲要（2017版）》等，以及所教学科的课程标准等相关规范性文件。学校教学科研处应定期收录新教师的读书笔记、教学随笔、教学设计和反思等，整理成册。阅读，让教育更有宽度，让心灵更有空间。

2. 必须成为熟悉育人环境的人

大学毕业生走出大学校园后，会进入全新的职场环境。因此，新教师要学会适应新环境，融入新环境，了解学校的办学理念和各项规章制度，积极参加学校的会议和重要活动，成为集体的一分子。此外，新教师应尽快熟悉新同事，学会与新同事沟通，建立新的人际交往圈和和谐友善的人际交流关系。新教师在跟岗学习期间必须参加学校每周一的教师会议，并认真做好会议笔记。

3. 必须成为有规矩的人

无规矩不成方圆。任何一个群体，大到国家，小到家庭，都有自己的规矩，规矩是为人处世的基本原则。教师要懂得遵守规矩，通过言传身教，让学生耳濡目染，感受规则意识的重要性。每位新教师都必须了解学校的各项规章制度。例如，考勤制度，我校采用手机定位打卡或指纹打卡的方式。每位新入职的教师都会收到来自学校办公室的入职手册——考勤篇，需要新教师仔细阅读其中的细则，了解考勤打卡的规则，日常请假或会议请假、公出、调代课等情况都需要提前申请。学校所有教师都应遵守这一制度。通过校园招聘的新教师还需要提前安排大四学业和在校跟岗实习的时间，做好详细的规划，在规定时间内将规划安排交至学校办公室。遵守规矩，也是一名教师良好素质的体现。

4. 必须成为能够自我规划的人

人生充满了不可预见的事件，我们无法掌控自己的人生，却可以规划自己的人生。戴尔·卡耐基曾说："朝着一定目标走去是志，一鼓作气中途绝不停止是气，两者合起来就是志气。一切事业的成败都取决于此。"作为一名刚刚踏入职场的新教师，设定目标很重要，它决定了我们的未来生活和工作的方向。近三年来，每一位进入我校的新教师都需要制订属于自己的个人三年发展规划。在新教师制订规划的同时，学校还特别聘请专家为他们指导和修改个人三年发展规划。从新教师初定规划，到专家指导三次修改，再到最后提交，新教师需要持续跟进一个月。凡事预则立，不预则废。作为一名初出茅庐的新教师，只有学会合理规划，结合自身的具体情况做好计划，预设未来三年内的目标、达成策略和预期成果，才能使自己的工作和学习有的放矢、从容不迫。

5. 必须成为教学基本功扎实的人

一名具有专业基础知识的师范生，往往缺乏课堂实践经验，所以新教师特别需要优秀的学科教学指导教师的指导。为了让新教师快速具备扎实的教学基本功，学校借助自身优质师资力量，为新教师选择合适的指导教师，让新教师快速地成长起来。在教学工作方面，我们要求新教师"领着走、跟着学、理念落地"，要求"六会"，即会备课、会上课、会批阅作业、会对学生进行辅导、会命试题、会运用多媒体开展教学。

6. 必须成为学会管理的人

新教师不仅要掌握学科教学的专业知识，还要具备班级管理能力。新教师在提升教学基本功的同时，还要参与班级管理工作，学会管理，为成为一名班主任做好准备。在参与班级管理方面，学校要求新教师跟随班主任的工作，全程跟班参与班级管理，熟悉班级规则的制订，学习班级文化建设、家校沟通和班务管理等内容，并将实践成果通过撰写班级管理随笔的形式呈现出来。新教师应做到"熟悉、协助、学习"班主任工作内容，协助指导教师完成班级常规管理，做到全程参与其中，学习如何与家长沟通，积极参加各类德育学习会，并在跟岗学习期间开展一节主题班会课。学会管理，是成为一名教师的必修课。

7. 必须成为具有课程意识的人

课程改革的不断推进，对教师专业化发展提出了更高的要求，依靠课程、推进课程是师生共同成长的有效载体。学校基于"让视野更宽，与世界更近"的办学理念，确立了"让每个孩子经历一百个世界"的课程理念。课程即丰富的学习经历，课程即浓缩的世界图景，课程即活跃的生命旅程。每位学生都有自己的特点，不同的学生需要不一样的课程来支持和促进其发展。因此，学校课程要为学生指明发展方向，对不同学生采取不同的方法，进行不同的引导与启迪。学校根据加德纳的多元智能理论，围绕语言、逻辑、视觉、音乐、自然观测、运动、人际交往、内省等方面建构了六大课程体系，为学生的多方面发展提供了课程指南。我校将基于学生智慧发展的校本课程体系简称"宽课程"，要求每位教师提交一份自己的拓展课程纲要，新教师也必须具备这种课程意识，根据"宽课程"结构图（见图 2-1），结合学校的课程资源情况，认真思考自己的课程研究方向，撰写拓展课程纲要，为今后开展课程教学做好准备。

8. 必须成为具备研究基本功的人

一名教师想要在教学上有所提升，就必须学会课题研究。近年来，我校致力于探索课题管理的新思路和新方法，进一步强化省、市、区立项课题的管理力度，新教师必须参与课题研究，把在教学中遇到的难题作为研究对象，通过研究思考教育方式，提高自身的科研能力，争取每学期撰写一篇教育教学研究论文。

9. 必须成为满满正能量的人

当前，随着生活和工作节奏的加快，有些新教师还没有掌握合理调节生活和工作节奏的有效方法，在教学工作中会带有一些消极情绪。学生需要的是充满激情、积极向上，随时传播正能量的教师。新教师要成为充满正能量的教师，必须做到以下两点：首先，新教师要热爱学生和校园。热爱学生，意味着对学生负责，用真诚的心对待每位学生；热爱学校，意味着对学校尽职，用认真的态度对待每天的工作。其次，新教师要会自我调节，保持开朗和自信，努力营造良好的教育氛围。每位进入我校的新教师都要认真研读教育部印发的《新时代中小学教师职业行为十项准则》，努力成为充满正能量的新时代教师。

10. 必须成为有发现创意的人

生活中从不缺少美，而是缺少发现美的眼睛。我校致力于为学生提供更多样的教育、更丰富的图书、更多的实践机会和探究活动，努力让学生的视野更宽阔。这要求教师有一双善于发现的眼睛，新教师也是如此。

发现课是我校的特色课程，基于探索各学科、各学段特点的"乔哈里发现课"在全校范围内开展，旨在让学生发现更好的自己，发现更美的生活，发现更大的世界。发现课采用"135 模式"，分别为一次职业体验、三次设计制作、五次考察探究。课程内容的设置有层次、有梯度，符合学生年龄特点和认知水平，有利于学生形成完善的人格。因此，新教师要善于发现、有创意、能创新，这样才能引领学生向着更好的方向发展。

（二）创设多样化教师研究机制

教学水平是一所学校的命脉，教师的专业水平决定一所学校的未来。学校以课题化、课程化、项目化的思路来开展科研，从而创新教研路径，助推教师面临新时代的积极发展。

1. 课题化引领发现课研究

学校以"发现课的课程开发实践研究"大课题为指引，实行课题群机制。围绕发现课申报了 41 个省、市、区级课题，从发现数学概念、发现体育技能、发现信息创意、发现校本课程的特色、发现评价的维度等角度对发现课分解实施。利用课题进行发现课的推进，主要关注点不在课题数量的多少，而在于师生体验了多少不同的人与事；这就要求走出为了课题而"画地为牢"的思维，看到问题、分解目标、打破焦虑，从研究碎片中抽取发现课的脉络，并应用于课堂教学。这样的研究才能真实地培养抽象思维能力，才是深度的思考性研究。经过这个阶段，师生通过教学与学习变得更加温和、谦卑，有力量、有内涵。

2. 课程化推动教研组建设

为了丰富学校课程，聚焦"体育与健康"这一国家基础性课程，将学科知识点和学科素养课程化，我们围绕"体育与健康"这一核心课程，建设一系列的拓展性课程，以课内拓展与课外拓展的形式，形成多元创生课程，完成"体育 X 计划"课程群建设，从而满足学生多样化、个性化的课程选择需求。开设项目有一年级棋类、二年级健美操、三年级羽毛球、四年级游泳、五年级篮球、六年级排球。

"艺术小点心"由中小学美术组、中小学音乐组联合负责。以教师特长为基础，合理整合学科教学内容，尊重学生实际，找准切入时机，有计划地推进课程建设，实现"让每个孩子会一门乐器，每个孩子掌握一项美术技能"的课程目标。

3. 项目化助推教师新发展

以"爱阅读""读写绘""龙舟 STEAM"等项目为抓手，推动教师团队抱团研究；邀请专家团队进行课程引领，指导教师团队的专业发展；学科项目之间相互学习，彼此互动，营造探究氛围；学校层面统筹管理，促进教师队伍有效发展。目前，我校有多个校本培训精品项目（课程）获奖，见表 3-4。

表 3-4　瓯海区外国语学校发现式学习重大项目成果

获奖时间	项　目　名　称	负责人	奖　次
2019 年	初中科学试卷讲评课模式探究校本研修课程	李　律	市级
2020 年	基于"宽教育理念"的 STEAM 学习活动设计	陈　苑	市级
2021 年	基于数据驱动的教师命题素养提升	林珍建	市级
2022 年	校园动物未来社区的建构	郭　浩	市级

（三）提供多元性的教师研修路径

1. 建立名师群，以发挥聚焦效应

根据师资力量，我校建立了四级名师工作室，聚集了各学科教科研优质资源，充分发挥团队聚焦效应，创建专业发展资源共享工程，带动学校其他教师的专业发展。

表 3-5　瓯海区外国语学校四级名师工作室一览表

类　　别	工作室名称	主持人	学　　科
省名师工作室	潘春波名师工作室	潘春波（省特级教师）	中小学综合实践
市名师工作站	阙银杏名师工作室	阙银杏（省特级教师）	初中语文
	黄鹏飞名师工作室	黄鹏飞（省特级教师）	初中科学
	项雅丽名师工作室	项雅丽（市名师）	音乐
	李海华名师工作室	李海华（市名师）	小学语文
	黄笑蕾名师工作室	黄笑蕾（市名班主任）	小学德育
区名师工作室	伍阔伦名师工作室	伍阔伦（区名师）	初中科学
	庄蓉蓉名师工作室	庄蓉蓉（省教坛新秀）	初中英语
	黄赵勇名师工作室	黄赵勇（市名师）	小学数学
	何优优名师工作室	何优优（省教坛新秀）	小学道德与法治
	陈展华名师工作室	陈展华（区名师）	小学体育
	朱蕾名师工作室	朱蕾（省教坛新秀）	信息技术
	徐向晔名师工作室	徐向晔（区名师）	初中音乐
	徐琦环名师工作室	徐琦环（市教坛新秀）	初中道德与法治
	翁进迁名师工作室	翁进迁（区名班主任）	初中德育
	金乐环名师工作室	金乐环（区名校长）	行政管理
	邵圆圆名师工作室	邵圆圆（区名师）	小学道德与法治
校名师工作室	卞磊名师工作室	卞磊（省骨干教师）	小学语文

2. 运用混合式，拓展泛在学习空间

作为浙江省数字资源基地校，在建设过程中，我们找到了新途径，借助互动平台开展混合式研修，破解教研组活动主题不明确、过程呈现不清晰、主题研讨不深入的问题。基于数字资源基地校的"研修活动"模块，通过活动模块的设置，将线上线下很好地结合起来，线下的精彩片段在线上呈现，结合线下的主题式评析，参与者能随时回看，重温课堂内容，回看点能具体到秒。教师在参加完教研组活动后，能够在网络上进行评价。同时，教师还能对文字进行梳理，让组员们对问题的理解更加清晰、更加脉络化。

3.定制专项式，提升教师素养

为拓宽培训范围，提升培训层次，我们与高校合作，采用"专家请进来""教师走出去"的培训模式，开展长期的教师培训合作项目。我校与浙江丽水学院合作，开展《基于核心素养的课程整合与课堂教学改革》《基于核心素养的小学语文命题能力提升》《国学经典拓展和教育实施能力提升培训》《课程开发与地方文化资源的运用能力提升研修》《初中科学实验技能提升培训》等项目研修；与温州大学合作，开展《基于简约教学理念的中小学数学大单元教学设计的实践与思考》《九年一贯制学校"德育拓展性课程"建设培训项目》《九年制学校教师命题常规技术通识培训》等项目培训。未来，我们将继续借力高校，寻找更高更宽的培训平台，提升教师的专业素养。

4.微项目，活力激发

允许一部分人先"富"起来，让先进带动后进。我校以"宽阅读""发现龙舟""榉园农场·东篱下"等项目为抓手，推动教师团队抱团研究；邀请专家团队进行课程引领，指导教师团队的专业发展；学科项目之间相互学习、彼此互动，营造探究氛围；学校层面统筹管理，促进教师队伍的有效发展；在"双减"政策落实的过程中，践行劳动教育，激发学生的活力，为成长赋能。

5.教共体，教研共富

2022年，瓯海区外国语学校教育共同体（简称"教共体"）成立，实现与山水居校区的资源共享、教研共进，从而实现教育共富。根据校区办学实际，我们多次现场问诊指导，推进山水居校区在办学哲学、育人目标等方面与上河乡校区的融合，积极发展有艺术特色的"宽教育"。

（四）开辟融合式活动室，打造教师研修空间

为创设良好的研修氛围，学校行政楼五楼8个功能室特开辟为教研组专用活动室，活动室内配备书架、吧台、桌椅、一体机等，保证活动正常开展。除硬件设施外，活动室布置由组内老师自行设计，不同的学科组有不同的风格，设立活动墙、荣誉墙、采风墙等，使活动室温馨又时尚，成为教师在学校最爱去的地方。教师可三五成群地在这里研讨，利用碎片化时间进行高效率的非正式学习，真正实现同伴互助、异质互补、共同成长，让研修成为一

种生活方式、工作方式和共处方式。

二、基于借力的多维资源整合

（一）转变一个方式：协商式

学校以"向宽而行"为校训，"宽教育"需要一支宽视野、高格局的教师队伍，需要教师队伍在终身学习的路径上不断研究实践。

校本研修活动在本质上也是一种人际沟通，基于此，我们进行协商式研修，找到亟待解决的问题。这里的协商具有下面三层含义：

一是通过协商，确定研究重心。研究以学为主，为学服务，打开共同的公开区，让研修成为教师专业发展的自发需求。

二是通过协商，确立研究方式。通过碰撞激发，开展基于实践和数据的教学研究，从而打开盲区，发现无限可能。

三是通过协商，形成研究目标。注重个性化的服务，将未知区与盲区最大程度地转化为公开区。

以最近开展的校本研修活动为例，学校通过组织"发现智库"的专家进行研讨，结合目前的需求，确定学校研修主题"基于发现课的学习力提升"，体现了校本研修2.0中"以学为主，为学服务"的研究重心要素。同时以"假期发现之旅的设计与优化"为切入点，做好学段衔接、学科整合、学法创新，期待达成学评一致，实现素养提升。

各教研组随之确定了具有学科特质的个性化方向，如小学数学的主题为"小学数学发现式作业设计"、小学科学的主题为"指向素养的《发现之旅》设计"。

（二）激活两个基因：敏捷基因与创新基因

敏捷是一种高效、轻量化的方法论，创新是一种打破常规、打破思维定式的方法论。我们将敏捷基因与创新基因植入我们的校本研修流程，促进研究取向、研究方式、研究模式等要素的改变。

我们将教研组分解为自组织，便于其以敏捷的思维来开展行动，以创新的行动来提升校本研修的实效。在"基于发现课的学习力提升"的研修活动中，学校开展了四次集中联动研修活动，每一次都包含校长的理念引领、教研组长的规划、项目组的实践等。小学语文组聚焦阅读，形成了"发现场景：美好阅读环境、发现策略：阅读发现手册、发现活动：主题阅读活动、发现课程：假期阅读之旅"等"发现之旅"的作业设计及成果。中小学综合实践组深入解读乔哈里窗，在劳动教育中加以联结与迁移，形成了独具特色的劳动发现课。在研修活动推进中，我们遵循敏捷原则，既充分发挥教师团队自行组织的能动性，又发挥我们独有的课程研究中心作为组织结构中"中台"的积极响应作用，承上启下，促进机构的发展。

我们建立了教研中台与数据中台。通过教研中台，响应创新、指导活动、赋能教研。通过数据中台，采集数据、挖掘数据、分析数据，从而开展高质量的研修活动。

（三）促成三方携手：教师、家长及学生

为了让公开区尽可能地扩大，我们拓展了校本研修的参与群体，让家长、学生都参与其中。在"发现之旅"第四次研修会中，我们将主动权交给学生，选聘学生评价员，组建家长导师团，与年段项目组一起，以"发现之旅"为载体，开展思辨与教研。在展示环节，我们以云端研修的方式开展了一次师生共同参与的校本研修活动。

（四）引领四方共进：省、市、区与高校

我校作为浙江省教师发展学校，除承担高校毕业生的培训任务外，每年承办的省、市、区级各类教研活动达二十余场，在活动中结合学校的办学理念，全方位展示发现课，掀起一股区域课堂变革新浪潮。如2018年3月29日，发现课在长三角城市群教育科研协作大会上做专场展示，金山区教育学院特级教师丁永章认为"发现课"项目研究扎实，在哲学思想上重系统性，在框架设计上重逻辑性，在课程教学上重过程性。学区、学科、学校三个层面关联紧密，体现了区域指引坚实、专家指导厚实、校本指南务实的特色。2019年11月26日，受"GES 2019未来教育"大会邀请，笔者应邀出席GES

2019 大会"科技创新能力与未来教育"主题圆桌会议。会上，笔者应邀就具有科技创新能力的人才应当具备的品质和能力、中国的科学教育承担的科技创新人才的体系和框架、未来教育的培养模式以及 2030 年的教育呈现等三个问题，结合瓯海区外国语学校的育人课程与体系作了发言。笔者认为，具有科技创新能力的人才应当具有强烈的社会责任感及深层的职业情怀。关于如何培养这样的人才，瓯海区外国语学校的课程及育人体系进行了相应的探索，发现课实现了相应学习方式的变革。在发现课的研究与各层级的示范引领中，2020 年 12 月，发现课专项课题"发现课课程开发实践研究"获浙江省教育科学研究优秀成果评选二等奖，这将更加坚定我校深入研究发现课的步伐。

2021 年学校与温州大学研究生院、温州大学外国语学院签约，成为温州大学教育硕士专业学位研究生联合培养基地。高质量育人背景下发现课的特性更加纯化，成为学校课程的资源。发现课由师生的活动构成，它所走的方向，就是素养、技术与设计的未来。所以，它绝不是简单的技术处理，隐含在其中的是解决师生在学习过程中共同感受到的价值观或精神，从而引发学习的感动，实现学习是一场"魅力旅行"的"造型"。

第四章 发现课课程实施方式

第一节 基于发现课的全方位活动

通过发现课的实施，实现对国家课程的校本化，同时对重复性知识进行整合，缓解学生的学习疲劳。在这个过程中，全方位开展相关活动，提升师生对社会主义核心价值观的认识。

一、课程活动模式的构建

职业体验立足于人的整体性，融合多学科知识，对人、社会和自然进行整合，对学生健全人格的发展起重要的作用，是新劳动教育的落实表现。

【案例1】"135"课程模式

随着发现课的实施，发现课的课程愿景也逐渐发展与深化。我们充分利用校内的课程基地、家长与社区资源以及校外实践基地等，将课程内容与学生的经历、经验紧密结合起来，探索各学习领域的整体设计，实现课程内容的有效整合，从"小我课程"迈向"全科课程"。

图 1 所呈现的一年级上册发现课 1.0 版本中，学生通过"发现自我"主题，发现自身的闪光点，学会自爱；了解身体的秘密，学会自护；体会父母陪伴的可贵，学会自觉。通过"发现伙伴"主题，体验小伙伴的协作，学会互助；感受伙伴的可贵，学会互爱。通过"发现节日"主题，发现节日的乐趣，学会爱生活；体验成长的收获，学会爱学习。

$$
\text{发现自我}
\begin{cases}
\text{才艺展示} \\
\text{身体的秘密} \\
\text{爸妈陪我玩} \\
\text{感恩教育}
\end{cases}
$$

$$
\text{发现伙伴}
\begin{cases}
\text{整理竞赛} \\
\text{合作小搭档} \\
\text{年段活动：团团圆圆享快乐} \\
\text{特色手工}
\end{cases}
$$

$$
\text{发现节日}
\begin{cases}
\text{绘本阅读《年的故事》} \\
\text{手工《快快乐乐中国结》} \\
\text{元旦活动} \\
\text{学期整理}
\end{cases}
$$

图 1 一年级上册发现课的 1.0 版本

图 2 所呈现的一年级下册发现课 2.0 版本则是通过五个主题式考察探究，从"关注儿童、关注生活、关注学科、关注素养"的角度，为学生提供了多样化、可选择的课程，满足学生的个体发展需要，促进学生整体性、主体性与生活性的多元能力的整合发展。

发现课的实施不仅是给孩子们提供展示自我、发现未知、提升能力的丰富机会，也为孩子体验成长创设了有效的平台。

一、一次职业体验

一次职业体验，即每个学期让学生体验一次不同的职业。学生或许了解许多职业的名称，但并不清楚该职业是做什么的，职业体验可以让学生开阔眼界，初步了解不同职业的工作内容，感受工匠精神，学会尊重每一种职业。在此基础上，启发孩子的职业兴趣，增强孩子的学习兴趣与动力。

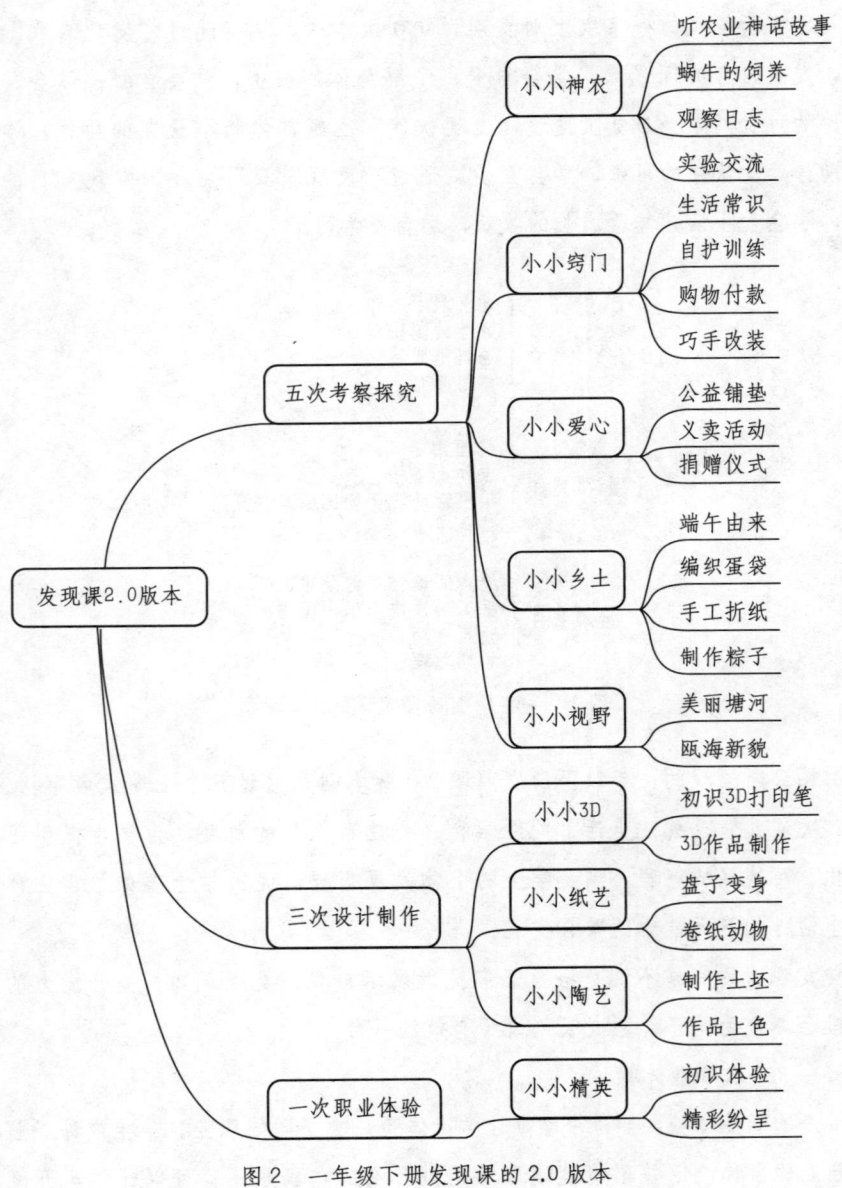

图 2　一年级下册发现课的 2.0 版本

　　为此，我校 2017 级学生两年以来开展了四次体验活动，分别是：发现自我、小小精英、工匠精神、职业 T 台秀，具体内容见表 1。

表 1　职业体验活动主题与内容

阶　　段	主　　题	体验内容
一年级第一学期	发现自我	才艺展示、爸妈陪我一起玩
一年级第二学期	小小精英	服装师、医生、消防员、技术员、押运员、赛车手、牧牛师、仪仗员、飞行员、邮递员、特种兵、抗台风员、魔法师、鞋匠、农民、销售员、图书管理员、瑜伽教练、眼镜厂工人、护士、牙医、空姐、法官、广播员、警察、美食家、站务员等
二年级第一学期	工匠精神	造纸术、墨拓技艺、活字印刷、探寻神秘 S1 线
二年级第二学期	职业 T 台秀	职业形象走秀、歌颂、小品……

　　由表 1 可知，职业体验主题分四个：第一，发现自我。认识自己的优势与特点，让学生对自己有个初步定位。第二，小小精英。通过多种方式的学习，让学生认识身边常见的如医生、消防员等相关的职业知识。据统计，我校发现课的职业体验活动总共带领学生体验至少 28 种职业类型，体验内容和形式丰富多样，使学生对这些职业有了初步了解。第三，工匠精神。以研究为目的开展体验性活动，让学生在造纸和墨拓等实践活动中体会职业背后的工匠精神，培养学生正确的价值观。第四，职业 T 台秀。通过综合开放的展示活动，让学生通过表演来表达对职业的理解，是一、二年级学生对职业体验的阶段性总结。总的来说，这四个主题的学习内容符合学生心理的发展，以活动内容为主，呈现方式直观，且知识以趣味性的方式传递，重视学生的体验学习和激发学生的学习兴趣。这四个主题的学习难度呈螺旋式上升，学习内容具有连续性和递进性。

　　职业体验的开展方式主要有三种：第一种，家长进课堂，采用讲述与操作结合的学习方式。比如在了解鞋匠这个职业时，首先邀请一位孩子的父亲进课堂以"如何做好一双鞋子"为主题，通过幻灯片展示一个个真实的镜头，告诉孩子们一双鞋子的生产流程，从裁剪到针车、成型及后期整理，每一步都缺一不可，然后给每一个孩子发一只楦头，让孩子们亲自在楦头上设计鞋样，在玩与学中深刻体会劳动的艰辛与快乐。这种方式更适合一年级第一学期这个阶段的学生。第二种，玩转角色扮演，在扮演中亲身体验。比如有些班级去儿童社会体验公园，穿上警服学习如何使用手枪（仿真）、了解办案流程；穿上消防服，坐上消防车，模拟救火现场；扮演医生学习急救知识，体验救死扶伤的重任等。这种方式更适合一年级第二学期这个阶段的学生，主要活动在室内，以体验为主，知识为辅。第三种，实地考察，走过看过摸过，感受不同的职业氛围。具体实施是由一位家长做负责人，分小组实地考察职业场所，作为负责人的家长同时是职业体验引导人，带领学生走进他们的职业生活。如一位家长把同学们带到眼镜厂，给同学们耐心细致地讲解眼镜的生产流程，做圈—做脚—组装—抛光，最后包装，小小眼镜学问大着呢！学生们还自己动手体验了水晶胶、包装等制作工序，体验了一下眼镜的制作。这种方式更适合二年级第一学期这个阶段的学生，需要学生具备一定的自我管理能力，且能够带着探究考察的目的去实践中发现问题。

职业体验的评价，以表现性评价为主，即通过学生在实践中的行为表现来评价学生的学习结果：从教师层面来看，教师拍照记录学生活动时的场景、编写每次职业体验活动的微信公众号推文，对学生在活动过程中的表现以及学生在完成发现活动任务后取得的成就进行评价。这种评价的目的不在于给学生打分数和评等级，而是重视学生在活动过程中的素养形成、个性发展。从学生层面来看，学生在学习单的引导下，可以进行实时的自我评价，比如在参与活动"探寻神秘 S1 线"时，学校设计了一份"研究性学习任务单"，任务单根据 S1 线上三个不同特色的站点设置了三个任务，分别是写爱心寄语、探寻黄线的学问、画画未来交通，通过调动学生的情感意识、探究意识和想象力，让学生在活动过程中对自己的表现和收获进行展示。另外还有一个写话任务，让学生写出活动后的体验，这种评价方式关注到学生在评价过程中的参与度，有利于学生意识到评价是发现问题和自我提高的一种方式。

职业体验的成效是明显的，学生在此过程中不仅收获了快乐，也增长了见识，增加了生活的体验。但是反观整个教学过程，还是有需要进一步改进的地方，比如在表现性评价的设计上，可以细化评价目标和确定评价标准，即将活动目标及期望表现细化，分解为可以达到的小目标，且更为关键的是为这些小目标制定相应的评价标准，这样教师和学生在活动总结与反思时，也更有逻辑性和效果。

二、三次设计制作

设计制作即学生将自己的想法以手工的形式展现出来，做成各种不同的作品。这项活动符合一、二年级学生的年龄特征。设计制作让学生发现自己灵巧的双手，在科任老师的带领下，充分利用学校的资源，尽情享受他们的校园生活。学生通过自身积极的活动达到有效的学习。

表2　发现课设计制作活动的主题与内容

阶 段	主 题	内 容
一年级第一学期	发现自我	快乐手工
	发现伙伴	年度活动、团团圆圆享快乐
	发现节日	快快乐乐中国结、母亲节花朵制作
一年级第二学期	小小3D	初识3D打印笔、3D作品制作
	小小纸艺	盘子变身、卷纸动物
	小小陶艺	制作土坯、作品上色
二年级第一学期	笔之妙	我型我秀、笔灿莲花
	墨之韵	墨韵江南、墨写汉字
	纸之威	衍纸设计、纸提重物
二年级第二学期	畅 想	职业梦工厂、我的个性名片设计
	乐 画	家庭职业树、未来职业我画像
	欢 唱	长大以后做什么

由表2可以看出，在学校的三次设计制作活动中，每学期都围绕一个大主题展开，比如一年级第一学期是"发现"，一年级第二学期是"技艺"，二年级第一学期是"书法"，二年级第二学期是"设计未来"等。每个主题发散为三个具体的小主题与具体活动内容。每一个活动内容都是从学生生活出发并回归到生活情境中去，比如在活动"母亲节花朵制作"中，为了让孩子们了解母亲节的由来，借此节日表达对妈妈的爱，中午，老师带领孩子们进行了母亲节花朵和贺卡的制作。制作过程中，孩子们无比喜悦与认真！"美美的花朵送给妈妈，妈妈该有多开心啊！"通过活动，孩子们记住了这个美丽的节

日，明白了母亲节的由来，也学会了勇敢地表达爱。同时，孩子们也乐在其中！

通常活动开展有三个步骤：第一步，从"关注儿童、关注生活、关注学科、关注素养"出发，由年级段统一制定设计制作活动的主题、内容；第二步，充分利用家长资源，教师与家长共同设计活动方案，在发现课中由家长主讲，学生在活动的过程中体验动手的乐趣；第三步，学生展示自己制作的成果，并填写"发现单"（见图3和图4），教师将其展示在班级"发现墙"上，形成学生的成长记录袋。活动的开展不仅有年段的统一安排，也有各班级的个性化活动，如脸谱绘画、米塑、黏土制作和"团团圆圆享快乐"等，都是每个班级根据班级情况设计的具有创新性的活动。活动方式丰富而灵活。

图3　写话（放风筝）

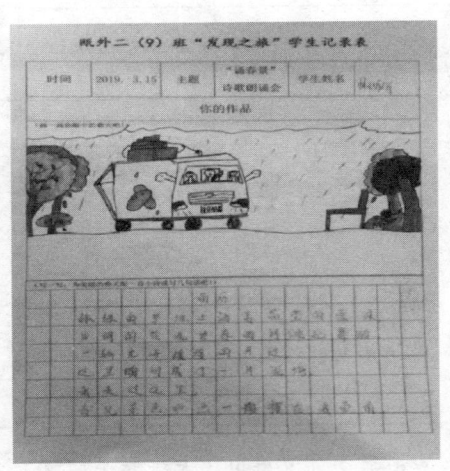

图4　"发现之旅"学生记录表

经过实践，我们发现，孩子们很喜欢参与我们的设计制作活动。孩子们通过设计制作活动，充分利用学校的资源，尽情享受校园生活，家长和孩子们共同得到了成长。比如在"团团圆圆享快乐"冬至活动中，一（8）班的一位家长说道："通过这次活动，不仅让孩子在自己动手制作中体验了劳动带来的快乐，也让孩子了解了我国传统节日的习俗，在轻松愉悦的气氛中领略了中国传统节日的意义。"在"快快乐乐中国结"活动中，一位志愿者妈妈说道："在此活动中，孩子不仅了解了中国结这种具有中华民族特色的工艺品，还锻炼了观察和动手能力，并能静下心来学习，感受相互学习的快乐，体验成功的自豪。"家长的形成性评价，都是对三次设计制作课程的肯定，也是对学生学习成果的肯定。

　　三、五次考察探究

　　考察探究是学生基于自身兴趣，在教师的指导下，从自然、社会和自身生活中选择和确定研究主题，开展研究性学习；在观察、记录和思考中，主动获取知识，分析并解决问题的过程，如野外考察、社会调查、研学旅行等，它注重运用实地观察、访谈、实验等方法获取材料，形成理性思考、批判质疑和勇于探究的精神。考察探究活动来源于生活，是学生对与生活切实相关问题的探索，其最终目的也是更好地服务于当前的生活，并为学生的未来生活做好铺垫和准备。学校已经开展过的一、二年级考察探究活动如表 3 所示。由表中可以看出，随着学生的发展以及发现课的实施，结合校内外相关资源，"135 模式"从"小我课程"到"全科课程"，从"关注儿童、关注生活"的基础发展到"关注学生、关注素养"，从而实现学生的全面成长。另外，结合各个学期的重要节日开展的相关主题活动是每个学期发现课课程的共同点。

表 3　考察探究活动的主题与内容

年级学期	主　题	内　　容
一年级 第一学期	发现自我	才艺展示、身体的秘密（绘本阅读）、爸妈陪我玩、感恩教育
	发现伙伴	合作小搭档
	发现节日	绘本阅读《年的故事》、元旦活动
一年级 第二学期	小小农神	听农业神话故事、蜗牛的饲养、观察日志、实验交流
	小小窍门	生活常识、自护训练、购物付款、巧手改装
	小小爱心	公益铺垫、义卖活动、捐赠仪式
	小小乡土	端午由来、编织蛋袋、手工折纸（三色粽）、制作粽子（选做）
	小小视野	美丽塘河、瓯海新貌

（续表）

年级学期	主题	内　　容
二年级 第一学期	拾春景	诵春景、做风筝、放纸鸢
	体乡情	走近老手艺、学温州童谣、串编童谣
	爱家人	瓯娃当家、节能小窍门
	识星球	认识天王星、天王星知识手抄报、成果展示
	享乐学	逗猴王、猴王赛
二年级 第二学期	校园一角	识农具、种植葱、寻宝记、收获节
	生活一隅	指间飞舞、精武少年、创意 DIY、唱响元旦
	心中一处	感恩活动、感恩行动
	时光一记	赏诗诵情、重阳之俗、我与重阳
	视野一参	潘桥平安教育馆、瓯海区博物馆

　　考察探究的实施过程有三个步骤：第一步，从"以学生为本"和"可利用资源"的角度出发，制定年级段统一的考察探究主题、内容；第二步，下发学习单，让学生对课堂目标有所了解，并完成相关的任务；第三步，在活动中围绕着主题进行考察与探究，学生展示自己的成果，并完善学习单，教师选出优秀的成果展示在班级的"发现墙"上或组织学生收纳到自己的成长记录袋中，同时还可通过制作班级推文等方式，记录下活动开展的点滴，让教师自己有经验可循，让家长有途径关注孩子的成长，让学生有成长的过程可回忆。此外，考察探究的开展难免走出校园，在实施的过程中学校也要关注学生的安全情况。比如其中有一节考察探究课"夸夸大会"，分课前、课中和课后三阶段进行：课前，下发学习单，写下你最想夸哪位同学（男女各一）、为什么夸他/她、他/她值得你学习的地方有哪些，并画出你想夸的同学；课中，教师组织学生交流自己想要夸奖的同学，并进行统计；课后，学生完善自己的学习单，教师挑选优秀的成果进行展示。

　　考察探究的评价可分为对学生学习成果的评价与课程是否达成目标的评价两方面。从对学生学习成果的评价来看，学习单可体现学生的学习过程；从课程是否达成目标的评价来看，可以结合教师、家长、学生三方的收获进行评价。

二、校园活动平台的搭建

发现课着力于让学生体验丰富多彩的学校生活，以学校课程为载体，满足学生个性发展的需要，凸显每一个学生的发展优势。

【案例2】红领巾微舞台

微舞台活动分为筹备、展示等阶段。

筹备阶段：按照年级顺序，各班级按轮换表，根据每月的德育主题或者班级文化，开展班内报名及选拔活动，推荐优秀代表参加。

展示阶段：每期活动有主持人、有学生评委。活动形式包括声乐：合唱、独唱；器乐：小合奏、独奏；舞蹈：独舞、群舞、歌伴舞等；语言类：相声、小品、脱口秀；古诗文朗诵或小型课本剧等。节目不仅要体现个人风采，还要结合班级特点开展，要有创意。每一次微舞台展示，孩子们都能从中发现自己的优点、发现生活中的美好、拓宽自己的视野。如大队部借力云端展播了"最近新闻我来播""最佳榜样我来赞"和"最美才艺我来秀"三大板块，在云端给大家带来了一场视觉盛宴。线下的孩子们通过同伴的展播，了解到各种新闻，发现了人间的温暖。图1就是红领巾微舞台模型的一种组成模块。

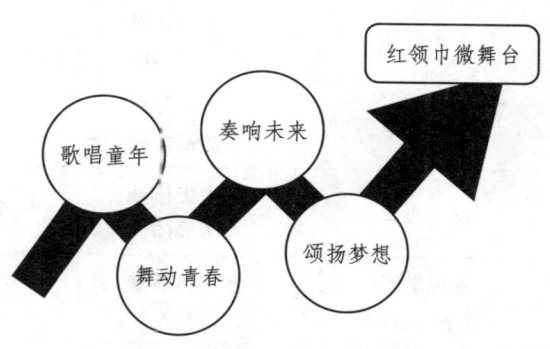

图1　发现课红领巾微舞台模型

学校的另一个活动平台为"榉园之声"，以学校公众号为依托，有发现阅读明星、发现生活智慧、发现校园超人三大板块，通过公众号的推送展现瓯外学子的风采。

三、 学科活动内容的整合

"发现节"活动，通过校历形式，有机整合活动，打破学科、科室的边界，和学生一起以发现的眼光看世界。表 4-1 就是 2020 年发现节活动一览表，包含主办和协办部门等细节。

表 4-1　发现节活动一览表

时　间	模　块	主　办	协　办
2020 年 4 月	发现阅读（学生）	教学科研处课程开发处	语文组对接读书节
2020 年 4 月	发现数学	教学科研处课程开发处	数学组
2020 年 4 月	发现英语	教学科研处课程开发处	英语组
2020 年 4 月	发现 STEAM	教学科研处课程开发处	科学组
2020 年 5 月	发现劳动	学生工作处课程开发处	综合实践组
2020 年 5 月	发现艺术	学生工作处大队部团委	对接艺术节
2020 年 5 月	发现心育	学生工作处大队部团委	全体班主任
2020 年 9 月	发现学习（教学开放周）	教学科研处课程开发处	各教研组
2020 年 10 月	发现科技	学生工作处大队部团委	对接科技节

（续表）

时　间	模　块	主　办	协　办
2020 年 10 月	发现研究	教学科研处 课程开发处	综合实践组
2020 年 11 月	发现体育	学生工作处 大队部团委	对接体育节运动会
2020 年 11 月	发现创造	信息技术处	综合实践组
2020 年 12 月	发现思政	教学科研处 课程开发处	思政任课教师
2020 年 12 月	发现阅读 （教师）	教学科研处 课程开发处	各教研组对接读书节

学生在学习中发现，在发现中学习，提高了劳动的本领，感受到了劳动的乐趣和价值。学生通过"发现节"活动，陶冶了情操，增长了见识。活动主要引导学生以"发现"的眼光看世界，传播"人生处处是学问"的思想理念。

四、 基于项目式的发现课研究

项目式学习作为学科学与教的一种方式，其与当前素养导向下的课程改革方向相吻合，并能有效地将素养在课堂教学中落地生根。项目式学习赋能发现课，也借助项目式教学的思想，不断地迭代教学的活动和过程，助力学生的思维提升。

【案例 3】初中语文基于项目式的发现课

一、蛮荒 1.0：项目草创期

在第一个阶段，我们通过分组活动，采风、网络查询、认识草木，然后让学生自主完成发现单，在查阅资料的基础上，小组成员经过"头脑风暴"撰文成册。借助项目式学习旳八大黄金标准中隐含的新课标的任务性、情境性、实践性、综合性的要求，高度契合新课标。

二、进击 2.0：项目深耕期

语文项目式学习以课程标准为依据，基于语文核心概念统整学习内容，开展以阅读与鉴赏、表达与交流、梳理与探究等为重点的语文实践活动，在解决问题的过程中，获得可迁移的语文概念性知识的深层次理解，从而提升语文学科核心素养。我们通过基于单篇的、单元整体的、整本书的微项目，作业设计的、命题的项目式学习进行实践（见图1），在整体教学与有限课堂教学中设计具有情境性、实践性和综合性的语文学习任务群并完成课堂学习任务。

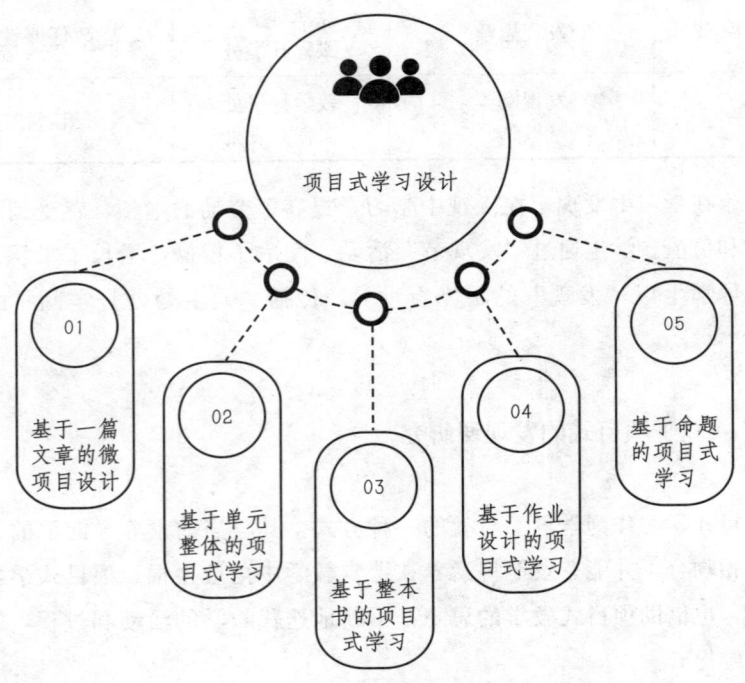

图 1 项目式学习的实践

第二节 基于发现课的无边界课程

一、尊重学生的主体地位

布鲁纳的认知发现理论强调学习的主动性和认知结构的重要性。他认为，知识学习的最佳方式是发现学习，用探究的技巧去发现科学的基本道理。发现学习即学生利用教材或教师提供的内容自己独立思考，自行发现新的知识，最终掌握原理和规律。布鲁纳认为，教育工作者的任务是把知识转换成一种适应正在发展着的形式，以表征系统发展顺序，作为教学设计的模式，让学生进行发现学习。

在日常教学中，我们发现在初中阶段的学科习题讲评课上，很多教师采取的主要方式是依据题目照本宣科地讲解，没有主次之分，同时整堂课大多是教师在讲、学生听记。这种模式被称为"一言堂"式习题讲评课。此模式忽视教学中学生的主体地位，与"学为中心"的理念相悖。发现课推行后，教师们基于发现课创生了习题讲评课的有效模式，提高了习题讲评课的效度。

表 4-2 和表 4-3 呈现了学生在学习盲区和未知区的一些问题。

表 4-2　盲区——试卷高错误率题目中的典型错题解析

项　目	题目（填写题号）	解析过程	反　思
高错误率题目中典型错题解析		由学生填写具体错题的解析过程	由学生填写对具体错题的解答反思

表 4-3　未知区——题目改编

原题（填写题号）	改编题内容	考　点	改编思路	教师评价

习题讲评课的课后反思尤其重要，教师在学习单上也留出了足够的空间让学生反思。教师要引导学生养成反思的习惯，在课堂结束后学生要从以下角度思考：

第一，本次测试中有哪些是自己分析就可以解决的，不应该失误的，如何在下一次的测试中避免；第二，在这堂课中的知识收获，那些本来模糊甚至不会的知识点有没有在课堂内解决掉，整理课堂内未解决的题目，课后与同学再讨论或者与教师交流解决；第三，在课堂中是否做到积极参与，对于有挑战性的任务，例如试题改编是否竭尽全力去完成，有哪些收获。教师应用心指导学生进行有效反思，提高学生的自主学习能力。同时教师也要进行课堂反思，要持续地追问自己"这节课的目标是否落实""学生是否积极地参与课堂""这节课的设计是否可以更加完善"等，并为下节课做好准备。

习题讲评课模式中每一个环节的设置都会经过多次打磨，教师尽量减少说教式教学，注重引导和组织教学。学生避免记忆式学习，有自主探索、思考及合作学习的空间。而教学效果的评价更是注重与教学目标的一致性，同时将评价手段多样化，如教师评价、学生自我评价、测验目标评价等。同时在教学模式上，注重激发学生的兴趣，教师运用教学手段创造学生合作的教学情境，让学生在这种特定的情境中最大限度地表现出各自的认知需要，并主动展开生动的学习活动。总之，在我们具体的教学设计中，既要关注教师的教，更要关注学生的学，最后促进教学目标的有效达成。

【案例4】基于发现课的初中科学习题讲评课模式探究

一、分析现状，形成关键问题

习题讲评课是初中科学教学中一种常见的教学活动。但我们调查发现，在初中阶段科学习题讲评课上，很多教师主要采取"一言堂"式讲解习题。此模式忽视教学中学生的主体地位，同时学生的学习欲望和兴趣在课堂中处于抑制状态。此种模式忽视学生的课堂反馈，缺乏合作思维和探究能力的培养，使学生的学习行为和学习效果呈反向关系。

同时还存在以下情况：科学考试结束后，部分教师匆忙阅完试卷直接去讲评，既没有对试卷进行整体的评价，也没有对学生的答题情况、典型错误、错误原因、创新解法等进行分析，只是盲目无层次地讲评试卷，故在讲评时只能就题论题、就事论事。也因为没有做充分的准备，教师讲评中经常没有知识归纳，没有规律总结，更没有对试卷中的创新题目进行思维方法的总结分析，没有习题变式拓展练习等，导致学生对解题思路、方法、步骤和技巧的归纳不重视，以后考试遇到类似的习题还会犯同样的错误。

此外，还有一种情况是：教师选择的习题或者试卷大都是以往用过的，并没有实时更新，且没有针对具体学生的学情进行设计。所以很多时候并不适合用来对所有班级进行检测和考核。加之部分教师往往改卷不及时，导致统计分析工作也不及时，等到讲评时，学生早已把试题内容忘得差不多了。要知道测试结束后，大部分学生都急于知道自己的成绩，情绪比较高，教师不及时处理，会导致学生情绪懈怠，从而影响学生课堂的参与度，导致教师讲评的效果不理想。

二、理论引领，明确实施价值

在日常教学中，教师要做到目标引领下的教学评的一致性，要根据课程标准和教材等制定适切的教学目标，要做到教学目标、评价任务、学习活动保持一致，教学设计、教学实施、教学评价保持一致，体现"学为中心"理念的落实。布鲁纳的"发现教学"理论认为，掌握学科基本态度和方法便是"发现"，教学过程实际上是在教师引导下的学生自我发现的过程。所以基于发现课的初中科学习题讲评课模式探究将可以帮助我们搭建新的教师和学生间的沟通桥梁。设计适合学生学情的单元检测试卷能帮助教师更好更有效地开展教学评的一致性引领下的习题讲评课教学内容，毕竟一份作为评价的习题既要考查学生的学习方式、学习能力，也要反映教师的教学状态。

课题组的研究以发现课为基础，探索在教师引领下，学生主动参与的课堂"发现"的科学习题讲评课的模式，真正提高科学习题讲评课的效度。发现课的主旨是使学生主动"发现"，主动参与教学活动，在教师的指导下自主地学习，从而提高课堂教学的有效性，这与我们此次初中科学习题讲评课模式探究的目的相一致。把教师和学生"从每题都讲→每题都讲不透彻→学生能听懂但不理解→考试学生又错→教师又讲"的恶性循环中解脱出来，让教师的教、学生的学以及习题讲解都更加有效，有助于落实"学为中心"理念，促使学生学习方式的转变，即把学生被动接受知识改为积极主动探究新知识，实现学生自主性学习。同时也提高教师的自身素质、教育理论水平，丰富教师的实践经验，为今后的教学工作积累经验。

三、目标先导，对接课标创新

（一）课题组通过研究，设计出适合学生学情的练习，提高科学习题讲评课的教学效率，能帮助学生自主有效地查漏补缺，以达到最优的学习效果，同时转变教师的教学方式和学生的学习方式，真正实现"把思考还给孩子，把探索还给孩子，把能力还给孩子"的"三个还给"教育目标，从而促进学生高效、自主、个性地发展。

发现课的初中科学习题讲评课模式探究是学校常规教学模式改革的一项创新，是追求高质量教育的实践活动，是有效提高学生合作能力以及学习效率，减轻课业负担，实现素质教育的重要举措。在初中科学习题讲评课模式中的初中科学单元测试卷以及期中测试卷的命制，是实现课堂教学"教学研评一致性"的评价变革的一种途径。

（二）通过探讨和研究达到有效转变教师教育教学理念适应素质教育要求的目标。通过探究发现习题讲评课的有效基本模式，改变教师"教"的方式与学生"学"的方式，通过积极创设民主的教学氛围，在和谐的教学环境中，实现教师与学生、教师与教材、教师与方法、学生与教材、学生与方法、教材与方法的和谐统一。

1. 资源整合

发现课倡导全球视野下多元的、开放的、尊重文化差异和个体差异、重视实践效果的智能发展观，关注学生在不同领域的发展差异性，进行以跨学科学习为特征的课程统整实践，关注学生问题解决、协同合作、创新实践等关键学习能力的培养。发现课理论应用到习题讲评课，也是尊重和利用不同学生间的差异，让他们有更多的机会在习题讲评课上优势互补，相互学习。生生间的教学在很多时候优于师生间的直接讲授教学，他们相互间的思维理解能力更加接近，会更好沟通；学习优异者通过指导其他同学对己有知识进行巩固，可以让优者更优，同时习题错误较多的同学也可以得到针对性的指导，可与学习优异者共同进步，每一位学生在习题课上都有事可做、有进步的空间。

2. 课程整合

发现课注重课程研究，研究不同的习题讲评课的模式，同时也尊重科学试卷讲评课的总原则：突出重点，强化基础；演变试题，拓宽思路；比较分析，防止负迁移；同类总结，寻找规律；错题反思，增强辨析。把优秀教师的教案、心得体会、成功做法作为共享资源流动起来，引导课题组内成员围绕课程标准、精选讲评内容等，整合教学手段和组织丰富的教学活动，同时有效地促进学生积极参与习题讲评课的课堂活动，师生合作共赢，在课程开发与课标研究中形成全方位的合作模式，学生可以自由选择合作对象，依据个人所长进行有效分工，使习题讲评课堂成为学生主动学习的场所。

3. 活动整合

在教师设计的适合学生学情的练习的基础上，增加包括试卷整体分析、精选习题讲解、习题变式练习、学生合作探讨、检测反馈等课堂活动。教师经过精心准备，设计能让学生积极参与其中的习题讲评课教学活动，才有可能将发现课带入课堂，与学生进行有效的课堂互动，启发学生的思维，真正提高学生的解题能力。

4. 形式整合

发现课的参与者都在一个学校，受学校地点、时间等客观因素限制，资源、课程等整合统一有一定的局限性。我们应在对教学形式进行整合的基础上通过现代信息技术来完成同步与共享。

（三）课题组通过探讨和研究达到学生自主学习、合作学习的目标，落实"学为中心"教学新理念。创造性地运用灵活的教学方法和教学活动，能更好地激发学生复习已有知识和学习新知识的兴趣，调动学生学习的积极性和主动性，充分挖掘学生的学习潜能，在教学过程中让师生愉快地合作，实现师生互动、生生互动的教学情境，使学生在充满乐趣和挑战的氛围中主动探究，自主、自觉、主动地学习，促进学生综合素质的形成，有效地优化课堂教学，真正地落实新课标中倡导的"知识与技能、过程与方法、情感态度与价值观"三维的课程目标。

发现课理论下的习题讲评需要教师更深入地研究教材、试题，进行有效的知识归纳和规律总结，对试卷中创新题目的思维方法的总结更需要教师对试题进行变革探究。教师只有经过精心的准备，设计能让学生积极参与其中的习题讲评课教学活动，才有可能将发现课带入课堂，与学生进行有效的课堂互动。因为一般的习题讲评课很少有学生活动的存在，都是以问答和直接讲授为主，学生缺乏一定的参与感，导致课堂效率低下。所以发现课走进习题讲评课的课堂，是对常规教学中存在的教学难点的突破，它不仅可以帮助教师提高教学能力，而且能培养学生的思考探索能力。

四、过程落地，项目模块推进

课题组先对本校教师习题讲评课的主要教学手段和方法进行调查，对学生在旧模式下的习题讲评课课堂上的合作、学习效率以及学生对习题讲评课的看法进行调查，同时对学生期待或向往的习题讲评课模式进行调查研究，搞清楚现状，总结当前习题讲评课效率较为低下的原因以及能够切实有效调动学生在习题讲评课上积极性的教学手段。在此基础上，通过结合发现课理论，指出多种不同的初中科学习题讲评课模式，并分析这些模式的优点及其弊端，提出更有效力的基于发现课的初中科学习题讲评课模式。

通过对真实课堂的调查和材料收集，用准确和真实的信息确保问题研究的必要性和重要性。

课题组在探究过程中对每一种模式进行多人研究展示，先设计出适合学生其学情的单元检测试卷，对试卷进行批改和数据整理，再设计相应的习题讲评课形式：教学设计讨论→上课教师试课→分析研讨→课堂展示→教后反思→团队讨论总结→教学设计讨论。每一次展示都是对一线教师课堂真实资料的呈现与收集。

在这样的基础上，课题组主要采取"理论、实施、修正、总结"的路线，其研究一般分三个阶段进行。

第一阶段：前期准备

习题讲评是初中科学教学中一种常见的教学活动，但常规的习题讲评方式未能取得较好的效果。为此，课题组查阅相关研究领域的文献，集合全组成员之力设计并完成课程"初中科学试卷命制与讲评课模式探究校本研修课程"，并参与"瓯海区 2019 年教师专业发展校本培训精品项目（课程）"和"温州市第四批中小学教师专业发展校本培训精品项目（课程）"。

在全校范围内，对科学教师和学生就"习题讲评的有效性"进行分析调查，通过研究获取的数据，明确会影响习题讲评课效果和学生合作学习效果的因素，为发现课理论下的初中科学习题讲评课模式探究提供基础数据支持。

第二阶段：实施阶段

开展"瓯海区 2019 年教师专业发展校本培训精品项目（课程）"，并在项目实施过程中，对之后的研究发现加以修正完善。

依据构建的基于发现课的初中科学习题讲评课有效模式，分三个年级段分别设计适合学生学情的课堂练习、单元测试卷和期中测试卷，并进行三轮、每轮为期三个月的课堂实践。以教研活动的形式，向全校乃至全区教师展示我们的习题讲评课堂，并通过听课、说课、评课等模式探讨优化习题讲评课模式的有效课堂模板，以构建有效课堂为目的，设计切实有效的习题讲评课堂模板，提出课堂实施中要注意的问题，在每一次实施过程中根据效果对方案不断地加以调适，从实践上进行系统挖掘，探索出基于发现课的初中科学习题讲评课模式的有效课堂模板。

第三阶段：研究总结

在得出有效的课堂模板后，课题组把经验进一步理论化和系统化，整理归纳课题研究成果，多角度地对课题进行总结，撰写课堂案例、论文及研究报告。

教学设计源于教材内容，基于教学目标，以学生开放式的学习为主，以重视学生的学习过程为主，以教学内容的筛选和优化为主。教师是学习过程的参与者、组织者、指导者，学生自主和合作学习成为课堂学习的主要方式。

表 1 "遗传和进化：课时 1"的教学设计内容

教学目标	视窗	教学设置	学生活动目标
识 遗传与变异	利用 公开区	(1) 学生前情调查 (2) 网络问卷结果反馈	了解学生关于遗传和变异的已有知识（公开区），能区分遗传和变异，知道遗传和变异主要体现在生物性状上
寻 探索足迹	叩击 隐蔽区	(1) 利用科技进步发明的显微镜对先成论的否定 (2) 资料 1 阅读课本第 32 页图片后回答： ① 人体中共有多少条染色体？共多少对？ ② 男性和女性的染色体有什么不同？ ③ 生男生女是爸爸和妈妈中的谁决定的？	通过遗传物质的科学发现史，让学生体会科学发现的艰巨，培养学生认真踏实进行科学探究的态度。知道染色体与生物遗传有关，知道自己的性别是由父亲的染色体决定的

（续表）

教学目标	视窗	教学设置	学生活动目标
寻 探索足迹	扫除盲区	（3）资料2　染色体是一条 DNA 分子链，包绕着众多蛋白质分子构成（图片展示染色体结构） （4）资料3　观看 1952 年蔡斯实验（T_2 噬菌体）（配实验对比图①②）视频：T2 噬菌体的工作过程	我们通过改编科学发现史上的重要实验形成实验探究题，在呈现严谨的科学实验的同时，让学生也能参与，提升学生的科学实验能力。了解染色体的组成，明确染色体中起遗传作用的是 DNA
		（5）小组活动：直到 1953 年，沃森和克里克成功构建了 DNA 双螺旋结构模型（展示铅笔素描的原始图和最终的结构模型） 阅读课本，并参考图片，进行问题解决： ① DNA 分子的基本单位是＿＿＿＿＿＿，由＿＿＿＿＿＿、＿＿＿＿＿＿和＿＿＿＿＿＿组成； ② 在课本第 32 页图甲中圈出 DNA 分子的一个基本单位，并标注其组成。 学生活动：利用材料搭建 DNA 双螺旋模型	学生小组合作完成 DNA 模型，培养学生的合作能力，理解 DNA 双螺旋结构，加强学生对 DNA 模型的认识
望 未来工程	窥探未知区	利用最新社会热点资料：全球首个 CRISPR 基因编辑疗法获批，用于治疗镰状细胞病和输血依赖型 β 地中海贫血症。学生可以就是否支持对人类进行基因编辑发表观点，并阐述理由	对社会中有关科学的热点问题进行辨析，学会用科学知识解决生活问题，培养思辨思维
课堂总结		设计 3 个目标检测的题目	对教学目标的落实进行有针对性的检测

　　这样的教学设计及课堂教学主要基于乔哈里窗理论，我们在教学设计上通过对这一理论的学习研究，分析学习过程中的公开区、隐蔽区、盲区、未知区，利用公开区，叩击隐蔽区，扫除盲区，窥探未知区。

（一）利用公开区

　　为了对学生学习过程中的公开区认知有所了解，以便更好地展开教学，研究团队设计并进行学生前情调查，通过调查问卷的形式来对学生的公开区进行访问，发现学生已有知识的情况是：①遗传和变异的区分；②个人性状的认识；③决定性别的遗传物质来源；④对遗传和变异存在的困惑；等等。我们通过网络有针对性地发布问卷（见表2），并对收集的数据进行整理分析，了解学生的已有知识（公开区），也在这一基础上设计最有效可行的教学方案和教学活动。

表2 浙教版九下第一章第五节《遗传和进化》调查问卷

1. 班级：＿＿＿＿＿＿＿班
2. 你的性别是（ ）：　　A. 男　　　　B. 女
3. 下列选项中属于遗传的是（ ），属于变异的是（ ）
  A."种瓜得瓜，种豆得豆"　　　　　B."一母生九子，连母十个样"
  C."龙生龙，凤生凤"　　　　　　　D."一树结果，酸甜各异"
  请针对遗传和变异现象再各举一例：＿＿＿＿＿、＿＿＿＿＿。
4. 生物体的形态特征和生理特性，在遗传学上称为**性状**。如人的身高、肤色、单双眼皮、酒窝，花的形状等。
  以下性状中，请根据你对自己的了解，选择与你相符合的性状特征
  ① 你能否卷舌（ ）
    A. 舌能向侧卷曲　　　　　　　　B. 舌不能向侧卷曲
  ② 比较你的食指与无名指长短（ ）
    A. 较无名指长　　　　　　　　　B. 较无名指短
  ③ 你的上眼睑特征是（ ）
    A. 双眼皮　　　　　　　　　　　B. 单眼皮
  ④ 你是否有酒窝（ ）
    A. 有　　　　　　　　　　　　　B. 无
5. 决定你性别的遗传物质来自（ ）
  A. 父亲　　　　　B. 母亲　　　　C. 父亲和母亲　　　　D. 不确定
6. 对遗传和变异，你有什么具体的困惑吗？请写出至少一个。
  ＿＿＿＿＿＿＿＿＿＿＿＿＿＿＿＿＿＿＿＿＿＿＿＿＿＿＿＿＿＿＿＿

（二）叩击隐蔽区

在"生男生女是爸爸和妈妈中的谁决定的?"这一问题上，学生其实本身是在隐蔽区的，问卷中发现小部分学生认为性别的遗传来自父亲，大部分认为性别的遗传来自父亲和母亲，也有一部分学生表示不知道，但是没有学生认为性别的遗传来自母亲。这一结果让我们知道其实学生对于这一知识并不

是完全未知，而是基于一些原因没有完全了解，存在于隐蔽区中。为了解决这一问题，我们设计了两个模型盒，每个盒子里面有两个球，代表父亲的两个球上分别写上 X 和 Y，代表母亲的两个球上分别写上 X 和 X，学生通过摸球模拟受精卵形成时染色体的分配，感受：①个体的形成，其遗传物质一半来自父亲，一半来自母亲，知道染色体与生物遗传现象有关；②性别的遗传，Y 染色体决定性别，此染色体来自父亲。学生通过多次试验，能自主发现性别的遗传来自父亲，在这个过程中，教师通过模型设计、情境设计来引导学生是为教；学生实验、探索，能自主得出结论是为学；而结论的有效性是为评。此环节将教师的教、学生的学以及效果评价一体化。

（三）扫除盲区

为了突破"染色体中的遗传物质是蛋白质还是 DNA"这一难点，我们团队在教学设计上向学生提供了学习资料（见图 1），即 1952 年蔡斯实验（T_2 噬菌体）：在染色体内，S 元素主要集中在蛋白质，P 元素主要集中在 DNA 分子中。

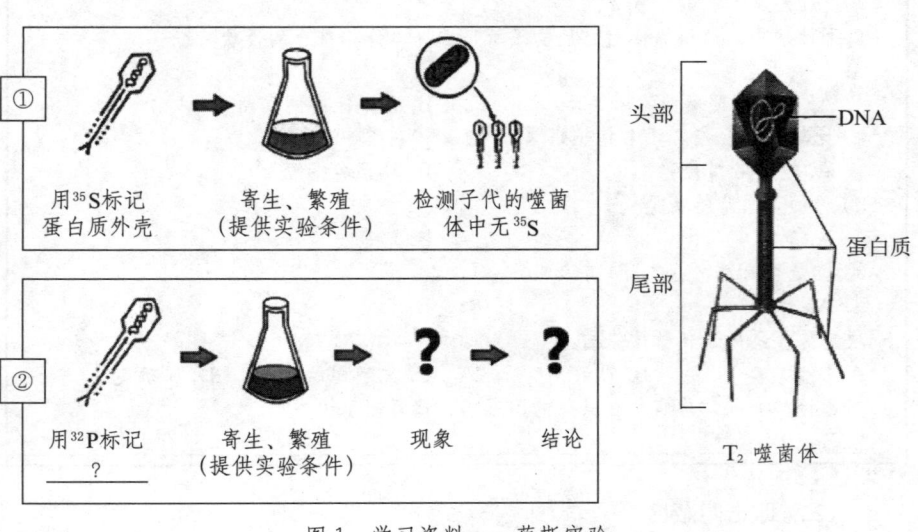

图 1　学习资料——蔡斯实验

通过向学生提供学习资料，让学生自主合作学习构建新的知识，教师介绍实验①利用同位素示踪法将 ^{35}S 标记在蛋白质上，通过寄生和繁殖培养后，检测子代的噬菌体中并没有 ^{35}S，我们可以确定蛋白质不是遗传物质。然后教师给出实验②的图，对比实验①，学生能够自主探究设计出利用同位素示踪法将^{32}P标记在 DNA 上，根据相应的实验结果可以证实染色体中起遗传作用的是 DNA。本环节的教学设计通过将科学史上的重要发现实验改编形成实验探究题，呈现严谨的科学实验时让学生也能参与，提高学生的科学探究能力。同时教学设计中还包含一些命题化的教学思想，主要针对知识与技能目标：认识 DNA 是遗传物质，并进行实验对比。通过生生交流，学生间的信息交换可以补充学习扫除盲区，得出有效的结论。

除此之外，为了加强学生对 DNA 双螺旋结构模型的认识，我们先通过小组任务——阅读课本实现学生间的交互学习，并通过简单测试进行活动评价。盲区内容的扫除主要还是通过 DNA 双螺旋结构模型的合作搭建。在此过程中，学生可能会遇到碱基存在配对、不同小组间搭建的 DNA 双螺旋结构模型碱基排列不同等盲区内容。学生对于知识存在一定的渴求，所以在之后师生的学习交流中会更加有兴趣，教学也会更有效。

（四）窥探未知区

本环节教学设计中，我们利用社会热点新闻以辩论的形式展开教学，具有开放式的结果，教师并不对这一问题进行判定，学生可以自由从有利和有弊两个方向进行分析，言之有理即可。在课堂教学中，学生的表现也完全在我们的预设之中，效果甚至超出了我们的预期。几位学生分别展示了自己的观点，能很好地说明支持（论点：好的科学技术就应该服务于人类，既然可以避免疾病为什么还要人来忍受痛苦）或者不支持（论点：此项科学技术并不成熟，且如果没有任何疾病或改变寿命基因，人类的数目将大大超出地球负荷，地球将面临新的灾难）的理由，也具有反驳对方观点的能力。这样的教学设计是针对过程与方法目标：对于社会性科学议题具有自我的思辨能力，可以拓展学生的思维，更可以培养学生积极主动窥探未知区的能力；也让学生有更多的感受，能用科学知识解决社会生活中出现的问题，从而对自己所学到的知识有一个正向的评价。

在教学设计中针对本节课的教学目标设置课堂小测：

1. 下列选项属于遗传物质的是（　　　）。

A. 细胞核　　　　B. 染色体　　　　C. 蛋白质　　　　D. DNA

2. 下列概念图中符合细胞核中染色体、DNA、基因三者关系的是（　　）。

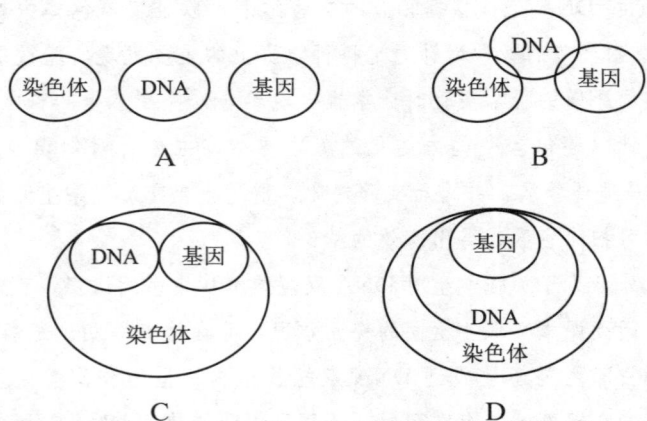

3. 基因编辑技术又称"基因手术刀"，能够在活细胞中快速、精准地"编辑"任何基因，是目前生物学领域尖端的研究工具。

（1）基因编辑技术是通过改变基因来改变生物的_____。（填空）

（2）科学家可将基因编辑技术应于_____。

A. 培育抗病毒的家禽

B. 治疗人类某些遗传病

C. 培育抗病虫害的农作物

在课堂教学结束后，我们回收了35份试卷，对测评结果分析后发现：第1题答错的同学有4位，主要错误是B选项的干扰。因为染色体上有DNA，所以有些学生认为染色体为遗传物质。第2题答错的同学也有4位（与第1题错的并非同一批），主要错误是C选项的干扰。对DNA与基因的次序关系有些搞不清楚。第3（1）题答错的同学有9位，主要错误是写了DNA。第3（2）题答错的同学有5位，主要错误是没有将答案选完整。通过对数据结果的分析我们可以明确：我们的教学设计能充分体现教学评一致性理念。每一个环节的设置都是通过多次的打磨来达到让教师减少说教式教学，注重引导和组织教学的目的。学生避免记忆式学习，有自主探索思考合作学习的空间。而教学效果的评价更是注重与教学目标的一致性，同时将评价手段多样化。常用的评价手段有模型搭建评价、学生自我评价、测验目标评价等。同时在教学模式上，注重学生兴趣，教师运用手段创造有趣的教学情境，让学生在这种特定的情境中最大限度地表现出各自的认知需要，并主动展开生动的学习活动。总之，在具体的教学设计中，既要关注教师的教，更要关注学生的学，最后还要促进教学目标的有效达成。

五、成果显著，高效改变行为

（一）把握正确且恰当的教学目标——习题和试题设计的依据

在每一次习题讲评课之前，教师利用课堂教学和作业本，可以选择以改编和组合为主，设计适合于诊断和矫正学生的习题卷，考查学生对当前学习内容的掌握程度，让学生体验课堂教学与作业的意义，促进有效的习题讲评课的形成。教师自主设计针对本班学生学情的试题是实现有效的习题讲评课的前提，也是实现教学研评一致性的基本方法。

（二）完成公开区和隐蔽区任务——利于课堂有效化开展

利用公开区。在习题讲评课内，公开区主要是指学生个人得分、班级平均分、班级最高分、学生在班级内的大致分数档次、得分率高的题目、得分率低的题目、典型错误、错误原因、出现的创新解法等试卷批改后的信息反馈。教师只有在尽可能多地掌握和了解学生公开区的基础上才能与学生进行课堂沟通，否则教师与学生的沟通就会因缺乏内容而陷入僵局，导致课堂效果不理想。学生也应该对公开区的信息有所了解，才会对自己在本节课的学习有个清晰的认识，在课后有目标地检测反思自己在这节课内是否有收获，是否已经真正解决试卷中存在的问题。

叩击隐蔽区。教师根据公开区信息以及问题的难易程度，组织学生小组以课内讨论分析的形式解决隐蔽区问题。通过小组活动，将不同学生的一些隐蔽区问题摊开，扩大公开区的范围，使问题可以交互解决。在小组讨论过程中，基础知识掌握较好的同学可以充当教师的角色或者学生之间互为对方的老师，这样既可以提高学生参与课堂的积极性，也可以使所有层次的学生在课堂中都有自己的定位，促成全体学生的发展。

公开区和隐蔽区任务的处理完成，对于课堂来说，最重要的是节约教师的有效时间，避免习题讲评课没有主次之分。另外，对于学生存在的个别问题可以进行针对性的解决。这一环节主要针对的问题较为零散，是针对基础性知识的考察，对于课堂积极性的调动和学生的个别问题解决相对于传统讲解方法更为高效。

通过课内表现和课后反馈，学生对于公开区的内容很感兴趣，尤其是学生个人得分、班级平均分、班级最高分、学生在班级内的大致分数档次等内容是他们每次考后最想了解的。隐蔽区任务的完成，给了他们重新思考和检阅自己的时间，相较于教师一成不变的讲解，隐蔽区更能解决存在的知识性问题。

（三）利用盲区和未知区任务——利于学生高阶思维发展

扫除盲区。对于绝大多数不能通过学生自主思考、合作讨论解决的问题，教师在课前做好预设，采取相似但相对简单的问题做铺垫，将难题分解，在解决前置性问题的基础上再一次以分析解决的方式，拓展学生的高阶思维。在这个过程中，教师尤其要注意倾听学生的想法和思路，关注学生的反馈，判断其能力的发展情况，动态引导学生解决问题。教师要允许甚至鼓励学生提出不同的看法，尊重学生的想法，提升课堂学习效果。

窥探未知区。试题演变练习是现在习题讲评课中很受教师喜欢的一种拓展教学方式。笔者在这样的基础上提出本模式下课堂的亮点：试题改编。通过试题改编，学生习惯从出题者的角度分析题目，可以看到很多不同的信息，甚至可以帮助学生在一定程度上避免由于思维定式造成的失分，增强学生的分析和应变能力，提高学生的高阶思维。

在课堂上组织学生对试卷中的几个特定题目进行改编，让学生站在出题者的角度重新审视题目。因为要改编试题，学生就得从考点目标角度分析原来的试题，对原试题会有一次新的认识。教师给予学生一定的改编要求：考点范围与原题目接近，鼓励学生能用不一样的题目形式呈现，锻炼学生的高阶思维。由于整张试卷是教师利用课堂教学和作业本作为主要试题素材改编和组合形成的，学生改编试题也可以是师生间的切磋交流，这样的挑战会提升学生的课堂积极性。

盲区和未知区任务面对的是比较难的题目讲解和高阶思维的培养，注重的是学生对题意阅读和信息获取的能力培养。该环节针对的问题主要是难度较大的选择题、填空题、活动探究题等，是针对能力性知识的考察，所以这方面的能力提升可以通过学生对同类型的不同情境的题目回答的正确性和完整性进行佐证，形式较为新颖，具有持续操作空间，值得利用和借鉴。

通过学生的课内表现和课后反馈，我们发现：采取相似但相对简单的问题铺垫，将难题分解，再引导学生在解决前置性问题的基础上去分析解决难题，有助于提升学生分析问题的能力。学生在经过多次巩固学习后能更加有效地进行题目的分析解决，读题和理解题目的能力都有所提升，尤其对文字阅读量大的实验探究题和简答题，效果较为显著。

而每次进行的试题改编则让学生回答题目时准确找到切入角度的能力越来越好，回答的内容也越发有效和精练。尤其是成绩较为优秀的学生，对同类型试题的答案建模更加明确，能力提升更快。

(四)有效的课后反思——提高学生的自主学习能力

学生要学会反思本次测试中有哪些问题是自己分析就可以解决的，不应该失误的，如何在下一次的测试中避免。例如，学生在这堂课中的知识收获，那些本来模糊甚至不会的知识点有没有在课堂内解决掉，课堂内未解决的问题，课后与同学一起讨论或者与教师交流解决；学生在课堂中是否做到积极参与，对于有挑战的任务，例如试题改编是否竭尽全力去完成，并有收获。教师要用心指导学生进行有效反思，提高学生的自主学习能力。

教师每次的习题或者试卷讲评大致按照基于发现课的试卷讲评模板进行，不仅有利于高效地利用课堂讲评时间、指导学生锻炼读题解题的技巧，从而提升学生从不同角度切入解决问题的能力，也使得学生对于课堂模式有更好的把握。很多时候，针对隐蔽区的问题，学生都很积极地在课前就进行小组讨论，也在课后主动对感兴趣的试题进行改编和交流，激发了学生对习题讲评课的兴趣和主动性。

试卷讲评课——学生学习发现单模板如下：

试卷讲评课——学生学习发现单模板

试卷：＿＿＿＿＿＿＿＿＿＿＿＿＿＿＿＿＿＿＿＿

班级：＿＿＿＿＿＿＿＿　　姓名：＿＿＿＿＿＿＿＿

一、公开区——考试分析

(一)本次考试数据分析

个人得分	班级平均分	班级最高分	90分以上人数	80—89分人数	70—79分人数	60—69分人数	60分以下人数

（二）本张试卷中高得分率题目和高错误率题目呈现

项　　目	题目（填写题号）
高得分率题目	该内容由教师提供
高得分率题目中我的错题	该部分由学生在高得分率题目中选择填写
高错误率题目	该内容由教师提供
高错误率题目中我的错题	该部分由学生在高错误率题目中选择填写

二、隐蔽区——试卷中高得分率题目中的典型错题解析

项　　目	题　目（填写题号）	解析过程	反　思
高得分率题目中的典型错题解析		由学生填写具体错题的解析过程	由学生填写对具体错题的解答反思

三、盲区——试卷中高错误率题目中的典型错题解析

项　目	题　目（填写题号）	解析过程	反　思
高错误率题目中的典型错题解析		由学生填写具体错题的解析过程	由学生填写对具体错题的解答反思

四、未知区——题目改编

原　题（填写题号）	改编题内容	考　点	改编思路	教师评价

　　通过多次的教学设计和教研讨论主动探究最合理合适的习题讲评课模式。从一开始的直接全卷讲评，转变为主次分明的先全卷分析，再挑选重点题目

以及错误率高的题目进行讲解，再增加变式训练对学生进行监测评价，实现对课堂效率进行评价的新模式。在最后一个学期，我们还尝试通过发现课理论，在课前让学生先完成公开区和隐蔽区任务使课堂更加有效化，再利用未知区和盲区任务拓展学生的高阶思维，提高学生自主学习能力。通过不断探讨、实践、修改、再实践、再修改、再实践，得出了我们认为可操作、有助于课堂有效化的习题讲评课模式。但我们也很清楚，这种模式不是最完美的，它还可以优化，还可以变化出更多适应学情的新模式。

现在，这一基于发现课的初中科学习题讲评课模式和试卷分析发现单已经被我校科学组全组用于平时的习题和试题讲评中，也被视为本校初中各年级段各科教师试题讲评的最优模式。

二、 基于乔哈里窗的"学习单"设计，完善学生的元认知结构

发现课也是一种学习方法，能培养学生的批判性思维、发散性思维和创造性思维，能提高讨论问题、阐述问题、理解问题、分析问题和解决问题的能力，从而让学生养成虚心听取他人意见的习惯，积极参与活动。在实践中我们建立了"333课程模型"，即发现课在初中实施的三个维度：第一个维度是提升学生的思维品质；第二个维度是激发学生的学习内驱力；第三个维度是创新学生的学习文化。思维品质包括体验学习过程、独立思考与主体性实践活动、对知识的再创造。学习内驱力包括一日一清、一周一结、一月一调整，实现自己对学习方式有效度的发现，以便及时调整学习节奏。对此，我们设计了基于乔哈里窗理论的发现单，以推进"333课程模型"的构建。

【案例5】基于发现课理念的小学中低年级数学发现单设计

我们以发现课课程体系为基础，融入乔哈里窗理论，在传统学习单的基础上，提出了"发现单"，包括"课前导学发现单""课中探究发现单""课后实践发现单"。借助"发现单"，学生能够在课前展现知识的公开区，在课中暴露并缩小盲区，在合作交流中明晰隐蔽区，最后在课后延伸思维触角以探

索未知区。发现单的使用提高了课堂的有效性和学生的学习效率，也为发现课提供了理论补充和实践支撑。

一、基于校情，提升基础力

作为一所九年一贯制的新学校，学校以"向宽而行"为校训，遵循"让视野更宽，与世界更近"的办学理念，尊重每一个师生的优势，构建了九年一体化的"宽课程"。我校推行的发现课关注视野的拓展，着力于为学生提供丰富的学校生活，以学校课程为载体，满足学生个性化的发展需要，凸显每一个人的发展优势，关注学生问题解决、协同合作、创新实践等关键学习能力的培养。

（一）从学习单到发现单的继承

学习单，主要是指授课教师按照教学目标，并根据本班学生的学习特点和本节课教学内容设计出的相关练习，可以让学生有目的、有计划地进行自主学习活动和探究活动，是学生自主学习和教师教学的辅助工具。学生和教师都能从中受益。

那么，何为发现单呢？发现单指的是在发现课课程理念引领下的学习单。区别于传统的学习单，发现单更加注重拓展学生的视野，开阔学生的眼界，发挥每个人的优势，并充分挖掘学生知识的公开区、盲区、隐蔽区、未知区。

根据发现单在学习中发挥的作用不同，我们将它分为三类。

1. 课前导学发现单

课前导学发现单不仅能帮助教师了解学情、发现问题、微调教学步骤，让教师在课堂上实施深度引导和探究。更重要的是，在课堂知识教学前，它能够满足学生的探究欲望，提高学生的创新能力。同时，每个层次的学生都能通过发现单有收获，有的学生通过发现单的学习可以探讨更深层次的学习内容。

2. 课中探究发现单

课堂教学中，学生在发现单的引领下，可以通过小组合作、自主探究的方式，取长补短，发挥各自的优势。同时，也可以在操作实践活动中探索发现。最后，还可以通过发现单进行整理体会，内化知识。

3. 课后实践发现单

课后实践发现单是教师为引导学生进行校外实践而设计的，其目的是帮助学生有效巩固知识，拓展延伸，增加兴趣。有效的课外延伸是学生准确解决数学问题的一种方式，同时也是将学习内容从课本拓展出去，让学生将视野放之更广天地的重要方式。

可以说，发现单是传统学习单基于发现课的改进，不仅保留了学习单本身具有的特点作用，还融合了发现课的思想。

（二）从教学目标到学习目标的转化

根据发现课的理念，结合乔哈里窗理论，我们初步摸索出适合我校一、二、三年级学生的数学发现单的基本模式；拓宽学生数学学习的形式和途径，丰富数学学习的内容，开阔学生的视野；提高教师对数学发现单的设计能力和业务水平。我们将设计好的发现单在班级中发放，并及时反馈、评价、反思和总结；分析和评价发现单在提升教学效果以及培养学生学习能力上的作用，并对发现单进行合理调整，形成典型范例。

二、基于"三单"，落实发现力

发现单，即基于发现课课程体系并结合乔哈里窗理论的学习单，是教师更好地结合学生实际学情开展教学的导向，也是课堂上促进学生与教师更有效沟通的工具，还是课后学生整理与运用知识的助手。

（一）课前导学发现单：发现公开区，暴露盲区

1. 发现公开区，了解学习起点

课前导学发现单是以学生发现学习中的问题为出发点，教师要了解学生对所学内容的了解程度，即公开区。教师应当在学生已有知识的基础上开展教学，避免浪费不必要的时间讲述学生已经懂的知识。例如在三年级上册《四边形的认识》一课的课前导学发现单（见图1）中，学生根据生活中的观察，画出他们认为的四边形。从作品中我们能看到，学生基本抓住了"四条边"这个特征。因此学生是普遍知道四边形的特征之一是有四条边，即公开区。教师在教学过程中应当将教学重心放在四边形的其他特征上：四条边都是直的线段、有四个角。

2. 暴露盲区，完善知识结构

学习的过程是学生构建知识框架的过程。只有在充分了解学生原有知识结构的基础上，教师和学生才能更好地共同完成为知识添砖加瓦的过程。通过课前导学发现单，我们已经了解到学生的公开区，知道了知识大厦的现有基础，现在我们要知道再往上添上哪几块砖，即学生的盲区。例如，从《四边形的认识》这课的课前导学发现单中，我们可以看到这样的错例：

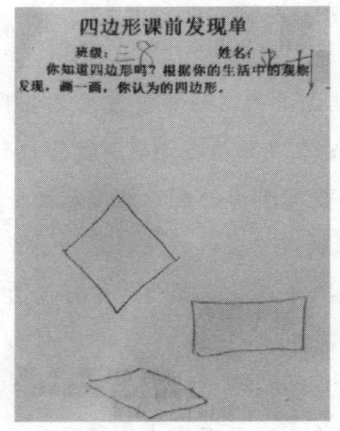

（a）学生作品 1

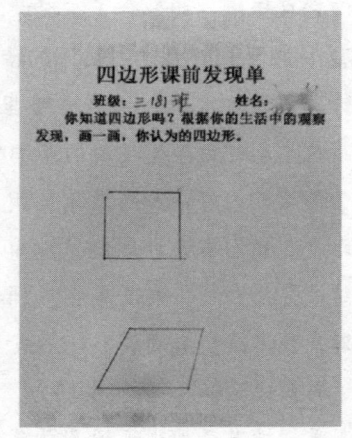

（b）学生作品 2

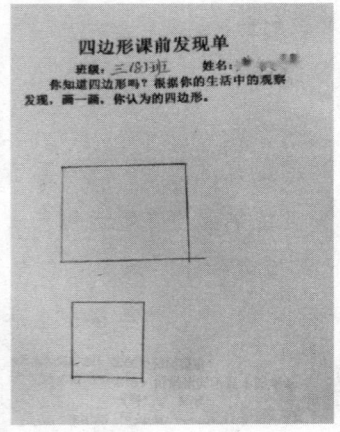

（c）学生作品 3

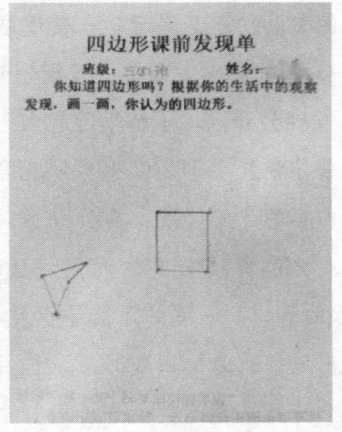

（d）学生作品 4

图 1　《四边形的认识》学生作品举例

在图 1（a）作品中，学生没有明确四边形的四条边是"笔直的线段"这一特征，随意画出了"弯弯曲曲的四边形"。从图 1（b）和（c）作品中可以看出，学生没有抓住四个角这个特征，画出了"缺口"或者"出头"这样不封闭的四边形。

因此，从学生的这些作品中，我们可以看出，学生多是凭借生活经验大致地画出他们所认识的四边形，他们的认知还是不完整的，缺乏数学的严谨性，这就是学生在学习《四边形的认识》这一课课前存在的盲区。因此，教师在课堂教学中要重点突破学生认识中的盲区。教师展示课前导学发现单中的正确示例和错误示例，学生可以通过对四边形形状的描画和辨析，对四边形的概念有个精确认识，强化认知，扫除盲区，进而形成新的知识结构。

（二）课中探究发现单：在活动的过程中缩小盲区，明晰隐蔽区

课中探究发现单的设计是以辅助学生探索总结知识规律和分析学习中的问题为立足点。课堂上教师不是简单地按知识点顺序进行讲解，而是在教师的引导下，通过围绕关键问题，开展学习活动，在活动中解决学习中的重难点，总结规律，掌握新知识，缩小"盲区"。通过循序渐进的练习，解决学习中遇到的问题，教师借助问题的变化和深入，引导学生合理寻找解决问题的途径；同伴之间互相解疑，进行生生间的探究和交流，明晰学生的隐蔽区。

1. 在活动中探究，缩小"盲区"

在学习三年级上册拓展课《购票学问多》中，教师设计问题情境——国庆节大酬宾，某景点门票的优惠如下：成人票每张 10 元，儿童票每张 5 元，团体票（8 人及 8 人以上）每张 6 元。学生要在多种不同的情境下选择最优的方案。课中，教师设计了 4 个不同难度层次的题目，引导学生通过逐步递进的学习方式，根据不同问题情境找到最优策略。为此，教师设计了如下的课中探究发现单，将 4 个层次的问题清楚地罗列在发现单上。

问题一：小明、爸爸、妈妈、爷爷、奶奶 5 人一起去景点游玩，怎样买票最划算？需要多少钱？利用公开区，充分调动已有的生活经验和基本知识，通过计算按人数购买门票，确定合适的购票方法。

问题二：4 个成人、3 个儿童，怎样买票划算？

问题三：2 个成人、5 个儿童，怎样买票划算？

扫除盲区，在探索中，通过比较发现：在解决"怎样购票更划算"的问题时，需要对不同的购票方案所需的费用进行比较，才能找到最优的购票方法。

通过发现单，学生明了了将要学习和突破的盲区，清楚地知道了自己的学习目的。另外，通过层层递进的学习方式，在比较中，学生领悟：购票方案随着总人数、成人与儿童人数的变化而变化，应在多种方案的比较中找到最优的一种。

2. 同伴合作交流，明晰隐蔽区

班级中大部分学生能够完成盲区的突破，接着教师要着眼于集体中的个体，基于班级中的"优生""学困生""中等生"对问题进行不同层次的思考，给予学生各自的思考空间，在完成发现单的同时，最大限度地激活学生的内驱力，最后在小组合作和班级交流中实现隐蔽区的分享。在教学中我们经常会发现，小学生通过主动分享会将自己认为已经知道的信息经过语言加工后表达得更加有条理、更加完善。

比如，问题四：5 个成人、4 个儿童，怎样买票划算？这个问题叩击了学生的隐蔽区，在探索中，学生学会了提炼方法：当成人多、儿童少，且总人数接近团体票规定的最低人数时，买团体票最划算；在成人少、儿童多时，分开买划算；在总人数接近甚至超过团体票规定人数的情况下，可以把团体票和儿童票结合起来买。

（三）课后实践发现单：延伸思维触角，探索未知区

知识的学习不能仅仅停留在课堂上，课后实践发现单能够引导学生在日常生活中学数学，了解数学来源于生活，并最终能够解决生活中遇到的问题。更有趣的是当数学遇上千变万化的生活实际时，其实学生是在探索师生共同的未知区，不仅能让学生提出新的学习问题，还可以帮助学生挖掘潜力、积极践行，系统多面地理解教学内容，彰显学习的深刻性。于"已知"中探索"未知"，令"旧说"显"新意"，这是探索新知的关键所在。

在二年级下册第六单元《克和千克》中，质量单位不像长度单位那样直观、具体，不能靠观察得到。在教学中我们也发现学生在估计实际生活中物体的质量时没有充足的生活经验支撑，常常是没有依据地猜。

因此，为了使学生能够充分感受物体质量的大小，同时也带领学生一起来探索在课本知识以外物体质量中的其他秘密，窥探"克与千克"的未知区，我们设计了""'克与千克'实践发现单"，如表1。

表1　"克与千克"实践发现单

掂一掂	1. 生活中接近1克的物品（如1粒花生米、1枚1角硬币、2颗黄豆、1颗纽扣、1片药等） 2. 生活中标有重量的物品（1千克），感受质量 3. 1千克的物品和重约**3克的口罩**分别放在左右手，感受质量
说一说	1. 和父母交流克与千克之间的关系，以及有关质量的知识（比如秤） 2. 寻找生活中类似**轻口罩起到大作用**的物品，和父母说说它们的功能
估一估	1. 1千克的物品或水果大约有几个，再数一数 2. 称一称自己的体重，估一估爸爸妈妈的体重
做一做	做一个简易的天平，称称生活中的物品

从学生的作品中我们可以看到：通过掂一掂1千克和1克左右的物品，学生能深刻地感受到克与千克两个单位所表示的物体质量的差异；在说一说环节中，学生感觉很轻的物体也能发挥大大的作用。

在"估一估"活动中，每个学生找的物品各不相同，它们对于学生和教师来说都是未知区。学生在感受各种物品质量的同时，体会到探究的乐趣，也能感受数学在解决实际生活问题时的重要作用。

三、基于学生，呈现学习力

（一）以生为本，提高学习质量

传统课堂主要是以教师的主动讲授和学生的被动接受为主要特征，教师往往注重通过语言的讲述和行为的灌输来实现知识的传授，这种教学模式下的课堂教学往往过于死板，学生的学习主动性得不到充分的体现。因此，传统的教学模式严重忽视了学生不同的学习起点和学习层次，严重束缚了学生学习的积极性、主动性和创造性。我们在承认班级学生差异性的前提下，如果一刀切地教授，势必会让接受能力快的无心等待，慢的无力追赶。教师要根据差异性的原则组织教学，就需要有力的"扶手"——发现单，帮助教师同时照顾到不同能力的孩子，促进不同层次孩子的进步。

课前导学发现单让学优生充分发挥作用，以"小老师"的身份走到台前来；同时让学困生存在的一些问题展现出来，也让"小老师"通过回应这些问题，从而促进课堂的交互学习。教师有针对性地去教学，有目的性地去关注，从而使得每个人都成为课堂教学的主人。课堂上，教师通过课中探究发现单关注学生在学习上的差异，关注学生在学习过程中的心理感受和可能存在的问题，把课堂教学整合成既有学生自学，又有研讨交流的平台，保证课堂教学时间真正用于学生的有效学习。这样，每一个学生都能参与课堂，真正成为学习的主人。课后实践发现单的内容要有一定的开放性，注重培养学生的创新思维，让各个层次的学生都能从中得到收获。

（二）促进师生交流，提高课堂有效性

发现单是教与学的有效载体，教师根据发现单的不同类别，结合教学实际、学情实际和教师教学特色等，合理运用，使发现单成为课堂的重要推力，让课堂更有效率。同时，发现单里结合了乔哈里窗理论，该理论作为人际沟通的理论模型，能够为师生交流、深度对话提供新的理论依据，有助于教师在实践中探寻对话教学的内在机制和有效路径。

【案例6】浅谈"乔哈里窗发现单"在小学美术教学中的实施

在教学中使用发现单，可以帮助教师从学生的发现单中了解学生的认知情况，从课程需要出发，调整课时目标，让学生从问题出发再回到问题，发现学习的方法，培养学生自主学习的能力，并掌握学习方法。教师通过多样的教学方式尽可能多地扩大学生的隐蔽区，也就是了解学生的情况和需求，让学生跟教师之间的公开区扩大，让本堂课的技能和知识（未知区）得以扩充、延伸、拓展。下面我们以一年级下册美术课的《小小书签》为例加以说明（见表1）。

表 1　瓯海区外国语学校一年级下册美术学生课前"发现学习单"

班级：　　　　　姓名：

《小小书签》		
发现提示		你的发现
课文学习提示语（公开区）	学习任务是什么？	
	你已经知道了书签的哪些作用？你见过哪些独特的书签？	
	你设计书签需要哪些帮助？	
课文学习建议（盲区）	学习了书上制作书签的步骤，你认为最难的是哪一部分？	
	制作自己的书签你需要哪些帮助？	
制作方法（隐蔽区）	通过教材的学习，你需要准备哪些工具？（包括特殊材料）	
	通过搜索图片，你还知道关于书签的哪些知识？	
	通过搜索图片你还找到别的特别美观、实用性强的书签了吗？制作的时候还有哪些地方需要帮助？（未知区）	

　　我们不难发现，让学生课前去了解教材中的提示语，就是呈现公开区的相应内容，也就是让学生在课前去了解本课基本的教学重难点。通过发现单的填写，让教师了解学生已经知道的认知内容。通过盲区、隐蔽区的发现单填写，教师在了解大部分学生学习状态的情况下，最后通过未知区发现单上问题的出示打开学生的延伸拓展领域，从而对本堂课的教学有新的提升。一般来说，我们可以把隐蔽区和未知区合并在一起让学生填写。下面是一年级下册《大牛和小牛》的发现单设计（见表2）。

　　核心素养的培养要求教师深入学生内心，引导和激励学生积极主动地参与课程活动，只有实现学生对课程的接受和认同，才能有效达成课程目标，这就要求教师了解学生对课程的需求。

　　发现单成了美术课堂中一道别样的风景；发现单成了教师进一步深入研

表 2　瓯海区外国语学校一年级下册美术学生课前"发现学习单"

班级：　　　　　　姓名：

《大牛和小牛》		
发现提示		你的发现
公开区 ← 课文学习提示语	学习任务是什么？	
	你已经知道了牛的哪些知识？	
	你需要得到什么帮助？	
盲区 ← 课文学习建议	关于大牛和小牛的区别，你知道什么？	
	对于韩滉的《五牛图》，你需要得到什么帮助？	
隐蔽区 未知区 ← 牛生活习性	大牛和小牛在一起会做什么？	
	在图片和视频中，你看到了什么？	
	你需要得到什么帮助？	

究教材、研究学生的催化剂；发现单成了学生提升学习兴趣，亲历探究并体验学习内容的一条捷径。发现单，以学生的亲身体验探究为主，授课教师按照教学目标，并根据本班学生的学习特点以及本节课教学内容，让学生有目的地、有针对性地、有计划地进行自主学习活动和探究活动的创建，再通过各种途径如网络、书籍等进行实践，是学生自主学习和教师教学的辅助工具，学生和教师都能从中受益。

创设乔哈里窗发现单，既能发挥学生自主学习本课知识的能力，又能让授课教师在课前真正了解学生课堂上的需要。

一、"以学定教"了解学情

教师在学生完成发现单学习的基础上再进行教学，主要目的是让学生的学习由被动转变成主动，把枯燥无味的以教师为中心的美术课慢慢转变成以学生为主体的有效课堂。而发现单更是激发学生兴趣的好帮手，它能让学生拥有独立学习的能力，也能帮助教师实现"教是为了不教，以学定教"的最终目标。学生可以通过网络或是课本完成发现单的学习。图 1 是学生发现单的填写情况。

	通过教材的学习，你需要准备哪些工具？（包括特殊材料）	油画棒.双面胶.剪刀.记号笔 彩纸
制作方法	通过百度图片你还知道关于书签的哪些知识？	书签画面诗意.取材广泛 现在的书签在材料和造型上更是丰富多彩.还有电子作
	通过百度图片你找到别的特别美观、实用性强的书签了吗？还有哪些制作上需要帮助的地方吗？	介绍各地风景的书签 标有唐诗宋词的书签 标有名人名句的书签 四大名著里介绍人物的书签 这些书签不仅美观 而且可以增长知识. 扩宽眼界.

kè wén 课 文 xué xí 学 习 jiàn yì 建 议	学习了书上制作书签的步骤，你认为最难的是哪一部分？	用蜜线.拼贴的方法装饰细节
	制作自己的书签你需要哪些帮助？	打孔.蜜线

图 1　学生发现单填写情况

从学生发现单的填写情况来看，虽然只是一年级的学生，其认知能力和对教材的自主学习能力有限，但是通过发现单可以看出一年级的学生也能掌握一定的知识，对于各年级的学生来说都是有效可行的，学生已经基本了解本课的教学重难点和内容，教师在课堂上稍加引导，在教学中抓住学生最难理解的部分要点重点讲解，如一年级下册的《卷纸动物》这一课，学生最希望了解的是动物的基本形状特征，教师只要将这部分内容进行重点讲解，就能更好地帮助学生课上作品的创作。

再如一年级下册《缤纷花布》，教师从学生发现单中可以清晰地解读出学生们真正在课堂上想了解的是怎么设计好花布的纹样。花布的纹样有什么不同的样式，关于花布的文化和课外知识，学生已经通过发现单的学习了解到了很多，教师在课堂上就不用过多强调，只要把课堂教学的重心落实到以学生的需求为出发点的课堂教学中去即可。

课前发现单使教师能提前了解学生，实现真正意义上的"以学定教"。针对学习内容和教学需求，以及满足学生期待探究的内容来设定的发现单，既为课堂教师实施深度引导和探究而设定，也为学生后续知识储备提升、学习能力提升、情感素质提升奠定坚实基础。一般而言，发现单均是在课堂知识教学前，即课前进行的。

二、"以学定教"改变目标

教学目标是师生通过教学活动期望达到的结果或标准，是对学生通过教学能得到什么的一种明确、具体的表述，即学生通过学习后产生的变化。而我们的教学目标正是基于乔哈里窗发现单同步设计的，教师根据教材备课确定第一次学习目标，在学生完成发现单后再进行第二次学习目标的调整。发现课立足学生的思维品质、学习内驱力、学习文化等关键领域，在学习中运用"发现备课单""发现学习单""发现评价单"。以下是根据乔哈里窗发现单设计的教学目标备课单（见表3），同样将学习目标以乔哈里窗理论分为利用公开区、叩击隐蔽区、扫除盲区以及窥探未知区。

表 3　教师发现备课单

学习内容：　　　　　　　执教者：　　　　　　　备课日期：

学习是一次又一次发现的过程。——潘春波			
教学目标	**视　窗**	**教学设置**	**学生活动目标**
	利用公开区		
	叩击隐蔽区		
	利用公开区		
	叩击隐蔽区		
	扫除盲区		
	利用公开区		
	扫除盲区		
	窥探未知区		

发现备课单是指基于课程标准、教材，根据乔哈里窗理论，结合学生实际，为更好地扩大公开区而设计的教学预案，它直击学科核心概念，同时匹

配学生发现单。课中运用发现单进行双方互动学习，发挥教师的指导作用，展示学生的发现单进行互学互进，以发现单为支点，撬动整堂课，使学生学得轻松愉快，学有所得，帮有所效。如在一年级下册《小小书签》一课的教学中，教师设计的教学目标如下：利用公开区——了解书签的有关知识和作用；叩击隐蔽区——提高动手能力和创造力；扫除盲区——通过对书签的欣赏交流、创作实践等学习活动，尝试制作实用、美观且有创意的书签；窥探未知区——培养读书的爱好，树立将设计运用于生活的理念。教师从学生发现单上了解到学生对书签制作的手工课有很高的学习兴趣，但是学生还是初识手工课，对手工课的基本技巧还不是很了解，比如剪、穿线等，对于一年级的学生来说还是难点。教师重新调整教学目标，设计以学生为中心的新教学目标。

表 4　《小小书签》发现备课单

学习内容：小小书签　　　　　执教者：　　　　　备课日期：

学习是一次又一次发现的过程。 ——潘春波				
教学设置	视窗	学习目标预设	学习发现单整理	学习目标调整
学习活动	利用公开区	了解书签的有关知识和作用	学生基本能归纳出本节课的学习任务，基本了解本节课的教学内容。多数学生提出想要设计出美观、独特的书签，还需要得到教师的帮助。学生对书签的特点还需要进一步的了解	了解书签的特点、作用与基本设计制作方法
	叩击隐蔽区	提高动手能力和创造力	从学生学习发现单上了解到学生对书签制作课学习兴趣很高，但是他们还是初识手工课，对手工课的基本技巧还不是很了解，比如剪、穿线等，对于一年级的学生来说还是难点	利用卡纸、笔、线绳等材料，制作实用、美观、具有创意的书签

（续表）

教学设置	视窗		学习目标预设	学习发现单整理	学习目标调整
学习活动	同伴交流讨论	扫除盲区	通过对书签的欣赏交流、创作实践等活动，尝试制作实用、美观且有创意的书签	从学生学习发现单上了解到学生对书签的制作还停留在手工方面，没能多角度、多材料地制作书签	尝试用彩纸剪贴、综合材料的粘贴和绘画等方法制作有创意的书签（外形、材质）
		窥探未知区	培养爱读书的习惯，树立将设计运用于生活的理念	现在科技很发达，书签的使用越来越少，学生们对书签的作用还不能很好地理解。教师在制作设计中只有多加引导，才能指导学生制作出有个性、有内涵的书签	感受小小书签带来的生活情趣，了解书签的历史和文化内涵，培养阅读的兴趣

　　再比如在一年级下册《大牛和小牛》一课的教学中，教师通过对学生发现单的整理了解学情，改变教学目标，以助教学。第一次的教学目标设计如表5所示。了解不同种类的牛的基本特征和生活习性，增加对牛的认识，通过比较了解大牛和小牛的不同之处；学习用概括、想象的方法表现牛的形象特征、大小关系，利用大牛和小牛的不同造型组合来表现它们之间的亲密关系；在学习创作大牛和小牛的过程中体验造型的乐趣，同时增进学生与家长之间的感情。教师随后从学生发现单中重新设置归纳总结，调整目标后，整理发现备课单。

　　不难发现本次备课单的设计中特意增加了教学设置环节，为接下去的二次备课、调整教案做了充分的准备。之所以有所变化，是因为在整理学生学习发现单的过程中，其实乔哈里窗的四个领域并不是一成不变的，而是随着交流的增多而相互影响。师生间最有效的沟通方式就是乔哈里窗发现单，我们的备课单也随着交流的增多而在变化，因此教师可以根据教学实际情况对发现备课单随时做出调整，最后调整教学目标、调整教案就成了我们教学实施中必不可少的环节。

表5　《大牛和小牛》发现备课单

学习内容：大牛和小牛　　　　　执教者：　　　　　备课日期：

教学目标	视　窗	教学设置	学生活动目标
学习是一次又一次发现的过程。　——潘春波			
了解不同种类的牛的基本特征和生活习性，增加对牛的认识，通过比较了解大牛和小牛的不同之处	利用公开区	**初识牛** 师生谈话，探讨课前学习发现单的学习内容，学生汇报 **了解牛** 1. 探讨牛文化 2. 了解牛的种类 3. 比较黄牛、水牛、奶牛、牦牛的不同特征：牛角、花纹、颜色、其他细节	通过探讨课前学习发现单，了解牛文化，了解牛的种类及其基本特征
	叩击隐蔽区	**观察牛** 1. 观察牛的图片，找一找牛的外形特征 2. 引导观察、分析形状（师示范画） 3. 分析大牛、小牛的不同特征	通过图片，观察、分析了解牛的特征及大小牛的不同之处
学习用概括、想象的方法表现牛的形象特征、大小关系，利用大牛和小牛的不同造型组合来表现它们之间的亲密关系	利用公开区	感受大牛和小牛之间的亲密关系，引导学生说一说大牛和小牛在一起会做些什么	学生课前通过学习发现单收集大牛和小牛在一起的图片，课堂抽取若干张图片分享
	叩击隐蔽区	通过动手摆放，巩固表现大牛和小牛在一起的图片摆放方法 **欣赏牛** 1. 欣赏美术大师的作品《五牛图》 2. 欣赏同龄人的作品	学生利用大牛和小牛的拼摆、图片的寻找、大师和同龄人作品的欣赏进一步感受大牛和小牛的感情
	扫除盲区	你能为你的爸爸妈妈做些什么	结合课前学习发现单，交流课前发现，并获取新知

（续表）

教学目标	视　窗	教学设置	学生活动目标
在学习创作大牛和小牛的过程中体验造型的乐趣，同时增进学生与家长之间的感情	利用公开区	**表现牛** 作业要求： 画一画大牛和小牛在一起的亲密情景	利用绘画的形式表现大牛和小牛在一起的亲密情景
	扫除盲区	1. 注意大牛和小牛的大小对比关系，可以给画面添上适当的背景 2. 想一想它们会说什么？会做什么？可以给你画的画取个名字	尝试表现作品的完整性
	窥探未知区	课后拓展：欣赏不同绘画形式表现的牛	感受牛的不同的艺术表现形式

三、"以学定教"二次备课

了解了学情，改变了教学目标，随后我们就要进行二次备课。学情、教学目标发生了变化，教师就应当根据这些变化适时对教案进行调整，进行二次备课。从发现单的整理看，随着科技的发展，书签的使用越来越少，学生们对于书签的作用还是没能很好地理解，教师在教学设计中要多加引导，才能创作出有个性和内涵的书签。教师用拟人的方法引入，从看书、爱书到护书，巧妙引入书签的作用，这样才能引发学生的思考，深入教学。二次备课如表6所示。

表6　《小小书签》二次备课发现单

一次备课：

1. 以读故事的形式引出书签

师：晋代著名书法家王羲之，一生的大部分时间都在用功练字，即使在走路和休息的时候，他也是用手指在自己身上一横一竖地比画着。有一次，他在书房里专心致志地练字，该吃饭了他都不知道。书童送来他最爱吃的蒜泥和馍馍，几次催他吃饭，他连头都不抬一下，继续奋笔疾书。书童只好去请王夫人来劝他吃饭。一会儿，王夫人来到书房，只见王羲之手里拿着一块蘸了墨汁的馍馍直往嘴里送，弄得满嘴乌黑。王夫人见此情景，吃了一惊，然后哈哈大笑起来。王夫人的笑声并没有唤醒王羲之，他一面练字，一百啃着馍馍，口里还夸王夫人："今天的蒜泥好香啊！"

　　大家想知道后面还发生了什么事吗？下节课继续和大家分享这个故事。今天的故事就讲到这里，（把书签夹进去）有谁注意到我合上书前做了一个什么动作？

　　生：在里面夹了一张纸。（夹了一朵向日葵）

　　师：有谁知道我把这朵向日葵夹在书中起什么用呢？

　　（引出书签，介绍它的作用）

　　2. 介绍书签演变过程，引出话题

二次备课：

　　1. 故事导入（略）

　　同学们，你们喜欢看书吗？多读书，读好书，可以使我们健康快乐地成长。书是我们的好朋友。

　　（课件展示书本哭的图片）有一本书哭了，它哭得好伤心啊，我们来问问它，到底为什么哭。

　　课件播放：我被小朋友欺负了，小朋友在看书的时候经常看到哪儿就折一折，方便第二次看的时候能快速找到，小朋友是方便了，可是我满身都是折痕，好痛啊！

　　2. 揭示课题：书签

　　设计意图：用拟人的方法引入，从看书、爱书到护书，巧妙地引入书签的作用；从提出问题到怎么解决这个问题，引出今天的话题，便于学生后续的深入学习探究，为书签感情的升华做铺垫

　　一年级下册《叔叔阿姨很忙》的教学中，教师从学生发现单上了解到学生对叔叔阿姨们忙碌的样子观察得较少，也没有什么深刻的印象；对人物的表情、动作、服饰认识不多。于是教师重新调整，展示各种职业忙于工作时的照片，帮助学生回忆分析并分享生活中见到的劳动者，对这块知识进行了更为深入的剖析（见表 7）。

表 7　《叔叔阿姨很忙》二次备课发现单

一次备课：

　　1. 交流作业，出示课题，趣味导课

　　（1）教师出示范例和课文《叔叔阿姨很忙》，介绍自己的叔叔阿姨，与学生交流，激发学生的兴趣

　　（2）学生介绍自己的叔叔阿姨，讲讲叔叔阿姨的故事

　　（3）以 4 人为一组进一步交流

（续表）

> **二次备课：**
> 　　游戏探究，结合各种职业的人忙于工作的照片，帮助学生回忆分析并分享生活中见到的劳动者
> 　　师小结：劳动者在工作时会有各种动态的特点，找一找动态线，准确刻画劳动者工作的状态，以更好地表现人物的职业特点
> 　　师生一起寻找动态线
> 　　师总结：在找到动态线的基础上添加头部、衣服、手和脚的动作，就能更准确地表现人物劳动时的动作
> 　　**设计意图：** 低年级学生好动，乐于参与课堂活动，学生在游戏中学习、体验，可以促进理解记忆，巩固学习效果。游戏环节能更好地突破重难点，帮助学生解决抓住人物动态的难题

四、"以学定教"重变化

（一）充分调动了学生学习美术的积极性和热情

　　学生在发现单实施前对美术学习总是抱着可有可无的态度，实施发现单后，学生对美术学习的热情得到了充分的提高，发现单的有效实施充分体现了教师从扶到放的过程。教师根据学生在发现单上体现的需求点将学习探究方法进行分解，简化成容易掌握的美术知识要点，再通过课堂上细心、耐心的教学和指导，提升了学生掌握知识的能力，让课堂教学更加高效。课堂上的知识都是学生自己愿意去了解的，是学生自己有兴趣学的，学得认真，效率便提高了，积极性和热情当然也随之提升了。下面是学生在学习一年级下册《叔叔阿姨很忙》这课发现单前后创作的作品（见图2和图3）。

图 2　发现单下发前的作品

图 3　发现单下发后的作品

（二）学生自主学习能力得到了提升

通过发现单的实施，很多学生在课堂外学会了很多能力，特别是自主学习能力，学生学会了从问题出发再回到问题。教师在元认知层面，以乔哈里窗为理论依据，引导学生认识自我、寻找自我、发现自我。根据发现课的问题速学、目标导学、沟通助学、运用创学等四个步骤，引导学生扩大公开区。在发现单实施部分，基本上都是让学生通过网络预学，让学生通过教师预设的问题来进行问题速学。如在教学《大牛和小牛》这课时，作为城市里的孩子，大部分学生对牛的认识不足，根本没见过真实的牛，所以让学生在课前预学，通过网络上的图片、视频来了解牛，有些家长还带孩子们到农场里看一看、摸一摸，实地了解牛，这些都是很好的预学过程。教师再根据学生的学情，调整教学目标，设计发现单。再如手工课《卷纸动物》的教学，很多学生在课堂上都是以模仿书本上动物图片为主，创意性特别少，原因就是学生对生活中出现的动物形象很少去观察、去了解，所以在课前预学单上让学生先通过图片、视频去了解各种小动物的特征，学生在课堂上呈现的作品效果也是非常令教师惊喜的。公开区扩大了，课堂就是成功的。学生的自主学习能力得到最大程度的提升。

（三）增强教师自身的备课能力

通过发现单的实施、备课单的梳理，教师在课堂上的思考也增加了；随着学生学情的改变，教师一直在不断地想办法让学生在课堂上能学到更多知识，有些内容本来是需要讲的，通过发现单的学习很多学生已经知道了，那么在教学中教师就可以不涉及这块领域了。为了在课堂上教授学生更多的知识，这就要求教师对知识了解得更多、更全面，备课就变成了最好的学习过程。发现备课单的实施，促使教师课上课下都需要不断思考，改变教学方式，打开备课思路，只有这样才能使学生真正在课堂上学习到自己想学习的知识，这无疑也是对教师最好的督促，成为教师提升基本能力的"催化剂"。

综上所述，乔哈里窗发现单的实施在教与学中都起到了很大作用，不仅充分调动了学生学习美术的积极性和热情，提升了学生自主学习的能力，也是教师备课能力提升的"催化剂"，同时，对于学校、教师、学生、家长都起到了一定的作用。当然这个新方法还有不完善的地方，如一年级的学生对于课前预学单的学习还是不能独立自主地完成，虽然教师在单子上加了拼音，但是对于能力弱的孩子来说，这项学习还是太难了，很多孩子需要在家长的帮助下完成。如何让学困生也能参与，是否根据学困生和学优生设计不同的学习发现单是我们下一阶段要思考的，相信以后它会成为教师上好每堂美术课的"法宝"。

三、实现课堂变革的深化，促进学生思维的跃迁

杜威认为高阶思维即是反省思维，发现课是有效的高阶思维能力发展方式，课程的实施融合于具体教学活动之中。发现课通过"问题解决"来突出学生的主体性，从而培养学生的高阶思维。课堂上，学生利用发现单，通过分析、比较、归纳、概括、问题求解、调研、实验和创造等系列学习活动解决问题和做出决策，达到深度学习的目的。

【案例7】黄恩义老师执教七年级语文《黄河颂》

问题1（一阶，信息寻找）：抗日战争给我国造成哪些破坏和损失？你见过黄河吗？印象里、想象中的黄河是什么样的？

学生经过讨论交流，了解抗日战争带来的经济损失及人员伤亡情况。

问题2：听过《黄河大合唱》吗？本文是它的第二乐章《黄河颂》，文中的黄河有什么特点，请用文中的一些词来描述。

问题3（二阶，文本解读）：朗诵词和歌词的假设听众分别是谁？题目为"黄河颂"，歌词部分颂了什么，为什么颂，怎么颂的？你觉得读懂一个文本，要问哪三个关键问题？

　　学生经过讨论交流，在对象、角度、方式等方面都有发现，包括词句段篇、动词运用、人称变化、虚实结合、修辞使用、情感抒发、理解感受、鉴赏评价、质疑问难等。

　　问题4（高阶，课后拓展）：有哪些诗文歌颂黄河？有哪些英雄故事发生在黄河旁边？你能找到歌颂尼罗河、幼发拉底河、恒河的诗文吗？

　　学生经过讨论交流、查找资料，发现歌颂黄河的古诗文及英雄故事。

　　高阶思维的培养和教学没有固定的模式，它是贯穿于教育教学过程中的。在课堂变革深化上，高阶思维重构课堂组织形式，打造课堂教学新样式；强化具体的备课制度，尊重学生的学习选择权，实现分层走班教学，优化常规课堂，以"问题化"学习为主线，实现学生的个性化发展；推动课堂中学生学习行为诊断与反馈机制的研究，加强基于课程标准的校本命题研究，深入开展分层作业的实践探索，完善教学评价。高阶思维紧扣学生核心素养发展，拓宽课堂边界，将课堂学习与课外学习、校内学习和校外学习进行有机结合。

【案例8】小学低年级语文以练习推进课堂教学的实践研究

　　清代教育家颜元说过："讲之功有限，习之功无已。"语文学科具有很强的实践性，要形成语文能力就要不断练习。因为凡为能力，均不能授之，也不可能一蹴而就，唯一有效的就是反复用心实践。练习，是语文教学中的重要实践环节，是掌握知识、形成技能、发展能力的重要途径。而课堂练习不同于课后作业、家庭作业，有其突出的优点，具有激情、启迪、发现、尝试、巩固、熟练等多项功能，是课堂教学的有机组成部分；是教学实施的一种形式，是教学的有效巩固，在教学中发挥着独特的作用，可以替代教师讲，可以激发学生想，可以生成问题，可以检测结果……由此，练习不应该是固定在完成教学任务之后的执行程序，它需要与教学过程融为一体，不分彼此，既可以是课前的预热启导，也可以是课中边学边练的支持，更可以是课后的补充强化，只要自然、贴切、融合，就可以出现在教学的任何一个环节。

　　课堂练习如此重要，但现实却不容乐观，普遍存在以下几个问题：

单一机械。很多教师认为课堂练习就是学完课文后在课堂上完成课堂作业本中的内容，从而演变成整节课的练习。还有的教师认为课堂练习就是课后的生字练写、词语抄写，存在练习内容单一机械、练习形式枯燥乏味等问题。

盲目随意。长期以来，教师对课堂练习的重要性认识不足，教师很少亲自设计练习，存在依赖性和随意性，"拿来主义"、机械照搬居多。教师不加选择、不分时机地盲目练习，严重影响着课堂练习的效果。

缺乏调控。教学中，教师为"练习"而练习的现象普遍存在，缺乏对练习进行调控的意识，讲评方式不科学，讲评程度不到位。教师缺乏对练习的调控，严重影响着练习的效果。

因此，我们充分运用发现课独特的沟通方式，以求减轻学生的课业负担。在设计课堂练习时应考虑课堂时间，把握练习的时机，在学生学习语言时进行言语实践，追求在课堂练习中达到当堂巩固、当堂运用的效果，这样就能避免课后的机械抄写、盲目练习，以达到减轻学生课业负担的效果。

同时，课堂练习不能让任何一个学生成为"观众"。平常的课堂中总少不了一些走神的、做小动作的、讲悄悄话的学生，再加上低年级学生不能持续保持注意力集中，因此教师总要想方设法吸引学生的注意力，这样教师很累，学生乏味。而适时的课堂练习能让每一个学生动笔动脑，每个人都参与到学习中来。

一、分析课文，对课文进行分类，确定不同类型课文练习设计的方向

我们对统编版语文二年级下册的课文进行分类，并对各单元语文要素做了梳理（见表1和表2）。

表1　统编版二年级下册课文分类

类　型	课　　文
古　诗	1.古诗二首（《咏柳》《村居》）；15.古诗二首（《晓出净慈寺送林子方》《绝句》）
散　文	2.《找春天》；7.《一匹出色的马》；9.《枫树上的喜鹊》；11.《我是一只小虫子》

（续表）

类　型	课　文
童　话	3.《开满鲜花的小路》；14.《小马过河》；19.《大象的耳朵》；20.《蜘蛛开店》；21.《青蛙卖泥塘》；22.《小毛虫》
故　事	4.《邓小平爷爷植树》；6.《千人糕》；8.《"贝"的故事》；10.《沙滩上的童话》；13.《画杨桃》；24.《当世界年纪还小的时候》
诗　歌	5.《雷锋叔叔，你在哪里》；8.《彩色的梦》；17.《要是你在野外迷了路》；23.《祖先的摇篮》
韵　文	识字单元：《神州谣》《传统节日》
寓　言	12.寓言二则（《亡羊补牢》《揠苗助长》）
科学小品文	18.《太空生活趣事多》
神　话	25.《羿射九日》
其　他	16.《雷雨》

表2　统编版二年级下册各单元语文要素梳理

单　元	语文要素	具体描述
第一单元	朗读课文，注意语气和重音	学生有注意重音的意识，明显可以读重音的字词，能尝试读出来
第二单元	读句子，想象画面	边读边想象，脑海中浮现句子描写的画面
第三单元	识字，写字	
第四单元	运用学到的词语把想象的内容写下来	培养学生丰富的想象力和语言运用能力
第五单元	根据课文内容，简单谈谈看法	能对文本内容进行意义重构，有自己的认识，是一个人阅读素养的基本体现，也是学生能从文本中获得熏陶和启迪的基本保证
第六单元	提取主要信息，了解课文内容	延续前面"能找出课文中的具体信息""整合信息，做出推断"的要求，在阅读理解方面进一步深化
	联系生活经验，了解课文内容	调动学生的生活积累，获得感受和体验，使联系生活经验阅读逐渐成为一种能力
第七单元	借助提示讲故事	依托已有的基础，指导学生借助提示，梳理故事的内容，按顺序讲述故事，不遗漏重要的内容
第八单元	根据课文内容展开想象	本单元是第二单元"读句子，想象画面"训练的发展和提升，引导学生通过想象深入理解课文内容

通过梳理，发现本册教材童话和故事占了大部分，各单元的语文要素中，想象、提取信息、谈看法（形成解释）、了解课文主要内容应成为练习的重点。

二、确定练习类型

一节课，一般都会有以下流程：

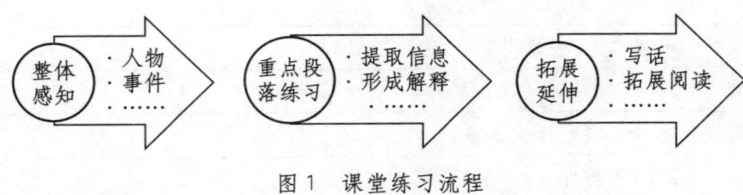

图 1　课堂练习流程

因此，我们确定以下三种主要练习：整体感知课文内容的练习、重点段落的练习、拓展延伸练习。

三、练习设计

（一）整体感知课文内容的练习

1. 填空式

比如《大象的耳朵》这一课，全文围绕大象的"耳朵"展开，文中出现比较多的小动物，初读课文整体感知环节可以设计这样的练习（见表3）：

表 3　《大象的耳朵》课内练习发现单

大象耷拉着一对大耳朵，<u>小兔子</u>、<u>小羊</u>、<u>小鹿</u>、<u>小马</u>、<u>小老鼠</u>都认为他的耳朵有毛病。见到别人都这么说，大象也开始动摇了，以为自己的耳朵有毛病。于是，他用<u>竹竿</u>把耳朵撑起来，结果总是有<u>小虫子</u>钻入他的耳朵里，还在里面<u>跳舞</u>，吵得他又<u>头痛</u>，又<u>心烦</u>。最后，他又把耳朵<u>放了下来</u>。

扣住主问题，给予学生充分的时间进行"读—思—议—述"，同时学习生字"竿、舞、痛、烦"。接着由此引发"对话"的朗读指导、"变化"的深化理解。

2. 思维导图式

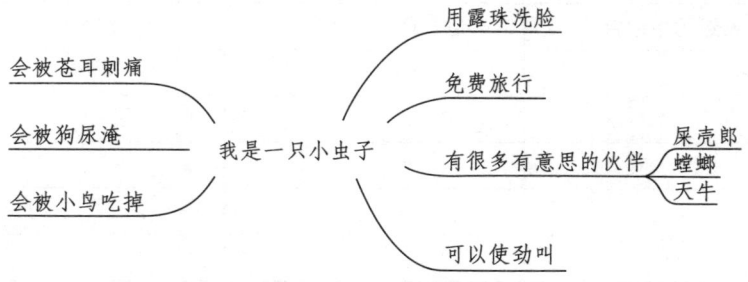

图 2　《我是一只小虫子》思维导图发现单

　　学生利用关键词和关键图像对信息进行存储、组织和优化，经过思维的呈现、分析、布局、改良，运用各种图形来表示文章内容及其之间的结构关系，图文并茂、形象而清晰地把各部分内容的关系用相互隶属或相关的层级图表现出来。

3. 排序式

　　一些写作顺序没有那么明显的文章，又没有关键人物、关键事件来统领全文，这时可以用排序来理清课文脉络，理解课文的主要内容，比如《画杨桃》这课。

　　读课文，排顺序

　　（　　）我把看到的杨桃老老实实地画下来，但是同学笑我画得不像。

　　（　　）老师请同学轮流坐到我的座位上观察杨桃的样子。

　　（　　）老师还告诉我们：当我们看见别人画得不像时，不要忙着发笑，要看看人家是从什么角度看的。

　　（　　）老师坐到我的座位上，审视讲桌上的杨桃。

　　（　　）老师告诉我们：角度不同，看到的事物的样子也会不同。

　　学生在读、思、议的同时，知道了课文中的老师通过一步一步引导学生从不同角度看杨桃，看到的事物也不一样，再从这件事发现道理。

4. 表格式

　　比如科普类文章《要是你在野外迷了路》，可以设计一张表格整体感知课文（见表4）。

表 4　《要是你在野外迷了路》发现单

天然的指南针	适合什么时候用？	怎么用？

教师要充分利用这张表格，引导学生竖着看，去发现文章选取材料的奥秘：有天上的，有地上的，还有特殊时期才出现的（积雪），并且这些天然的指南针用在不同的时间，选材非常全面；横着看，引导学生发现每一小节的写作顺序都是天然的指南针是什么，适合什么时候用，怎么用，为仿写做好铺垫。

同样的，同单元的《太空生活趣事多》也可以设置表格式练习整体感知课文内容。

（二）重点段落的练习

《义务教育语文课程标准（2011 年版）》指出："阅读的评价，要综合考察学生阅读过程中的感受、体验和理解，要关注其阅读兴趣与价值取向、阅读方法与习惯，也要关注其阅读面和阅读量，以及选择阅读材料的能力。重视对学生多角度、有创意阅读的评价。"因此，研制科学有效的阅读练习，对促进学生阅读能力的提升、引导阅读教学健康发展显得尤为重要。

1. 根据课后练习设计习题

统编语文教材的课后练习题，较过去教材的练习题，发生了很大的变化。教材编写者旨在引导学生在生活中学语文、用语文，掌握语文要素，提高学生的语言文字运用能力，培养学生的语文核心素养。

每篇课文后面，除了"读一读""朗读课文"等基本的教学要求以外，还有一些具有一定思考价值的练习题。其中，有理解课文的练习，也有密切联系学生生活的要求，还有语言实践的内容，用好这些题目，对提高语文教学实效性有积极的促进作用。根据课后练习提示，可以设计以下几种练习：

指向文章内容的理解，如《一匹出色的马》课后习题：

● 读句子，体会妹妹的变化，再说说她为什么会有这样的变化。

　　◇ 当我们往回走的时候，妹妹求妈妈抱她："我很累，走不动了，抱抱我。"

　　◇ 妹妹高兴地跨上"马"，蹦蹦跳跳地奔向前去。

为了帮助学生理解妹妹的变化，设计以下练习：

1．读一读。★自由读4—7自然段，读通读顺。

　　　　　　★同桌分角色读。（一人当妹妹，一人当妈妈和爸爸）

2．说一说。

① 妹妹刚开始说自己＿＿＿＿＿，求妈妈抱她，后来爸爸递给她＿＿＿＿＿，妹妹＿＿＿＿＿地跨上"马"，＿＿＿＿＿地奔向前去。

②"马"字加上引号，说明＿＿＿＿＿。

从所填的词中看出妹妹发生了怎样的变化？为什么会有这样的变化？

3．想一想。

① 题目为什么说这是"一匹出色的马"？

② 你喜欢这一家人吗？为什么？

分角色朗读，初步感受妹妹的变化，"说一说"板块通过提取信息形成解释，"想一想"是对事情做出评价。

提供仿说仿写的支架，例如《彩色的梦》这篇课文，"课后练习二"是这样的：

针对这一仿说仿写习题，设计第2小节分解练习：

1．读一读。注意停顿，注意重音。

2．找一找。梦里，你看到了什么？

梦里，有＿＿＿＿＿，有＿＿＿＿＿，还有＿＿＿＿＿。（景物）

梦里，有＿＿＿＿＿的＿＿＿＿＿，有＿＿＿＿＿的＿＿＿＿＿，还有＿＿＿＿＿的＿＿＿＿＿。（什么样的景物）

3．填一填。

（大块）的草坪　　　（　　　　　）的野花　　　（　　　　　）的天空

（绿绿）的草坪 （　　　　　　）的野花 （　　　　　　）的天空

你发现了什么？

4. 说一说。

你想用彩色铅笔画什么呢？仿照这一小节，把你想画的内容写下来吧！

```
              脚尖滑过的地方，
      _____的_____，_____了；
      _____的_____，_____了；
      _____的_____，_____了，
      _____！
```

"读一读"板块引导学生读通读顺课文；"找一找"板块通过回忆梦中的情节，提示彩色的梦是用什么内容表现出来的；"填一填"板块根据示例写一写，发现诗歌中用词的特点，为仿写做准备；有了前面的铺垫，"说一说"便水到渠成。

类似的还有《找春天》课后练习：你找到的春天是什么样的？仿照第4到7自然段或第8自然段说一说。《祖先的摇篮》课后练习：想象一下，在祖先的摇篮里，人们还会做什么？仿照第2小节或第3小节说一说。不同的课文都可以设计类似的分解练习，帮助学生理解课文内容，轻松完成课后练习。

2. 根据各单元语文要素设计练习

比如二年级下册第七单元，安排了《大象的耳朵》《蜘蛛开店》《青蛙卖泥塘》《小毛虫》四篇引人入胜、有思想价值的童话故事。所以，二年级下册第七单元的练习重点是"借助提示讲故事"，根据这一语文要素，设计重点段练习。

"卖泥塘喽，卖泥塘！"青蛙站在牌子边大声吆喝起来。一头老牛走过来，看了看泥塘，说："这个水坑坑嘛，在里面打打滚倒挺舒服。不过，要是周围有些草就更好了。"

老牛不想买泥塘，走了。

青蛙想，要是在泥塘周围种些草，就能卖出去了。于是他就去采集草籽，播撒在泥塘周围的地上。

到了春天，泥塘周围长出了绿茵茵的小草。青蛙又站在牌子旁边，大声吆喝起来："卖泥塘喽，卖泥塘!"一只野鸭飞来了，看了看泥塘，说："这地方好是好，就是塘里的水太少了。"

野鸭没有买泥塘，飞走了。

青蛙想，要是能往泥塘里引些水，就能卖出去了。于是他跑到周围的山里找到泉水，又砍了些竹子，把竹子破开，一根一根接起来，把水引到泥塘里来。

学生练习一：发现写法特点

1.读一读，找出两部分的相同点，用横线画出。

2.读一读画横线部分，发现了什么?

反馈交流：

吆喝→谁来了，看了看泥塘，说⋯⋯→不想买泥塘，走了。→青蛙想⋯⋯→于是就⋯⋯

学生练习二：迁移运用

小鸟飞来说，这里缺点儿树；蝴蝶飞来说，这里缺点儿花；小兔跑来说，这里还缺条路；小猴跑来说，这儿应该盖所房子；小狐狸说⋯⋯

小鸟、蝴蝶、小兔、小猴、小狐狸还会说什么呢? 青蛙又会怎么想、怎么做呢? 请你说一说。

"卖泥塘喽，卖泥塘!"青蛙站在牌子边大声吆喝起来。

练习中引导学生发现句式反复的特点，利用这个特点编故事。《蜘蛛开店》也有句式反复的特点，可借助示意图续编故事。图3是学生的练习作业。

(三)"课堂作业本"融入课堂

浙江省教育厅编写的语文课堂作业本，着眼于学生发展的核心素养，着眼于语文学科核心素养，是教师上课学生听课的得力助手。因此，教师备课不但要研究教材，还要研究课堂作业本，课堂上就可以把课堂作业本融入其中。

《语文课堂作业本》每课的第2题都是"读一读，记一记。(会读了，给

图 3　学生的练习作业

☆涂上颜色）"，这道题的词语类型是非常全面的，既有课文中的基础词语，又有拓展词语，复习生字词环节可以融入这道题的练习。如：

2. 读一读，记一记。（会读了，给☆涂上颜色）

| 河堤 | 堤岸 | 杨柳 | 柳条 | 裁衣 | 裁剪 |

táo
陶醉　　沉醉　　歌咏　　吹拂　　春风拂面

bàn
丝线　　丝巾　　丝带　　化妆　　梳妆打扮

wǔ
剪刀　　修剪　　剪纸　　黄莺　　莺歌燕舞

☆☆☆

学习生字词环节，可以融入字词发现单练习：

1. 古诗二首

读一读，圈出下面字词的正确读音。

（1）拂堤（tí　dī）杨柳醉春烟。　　　（2）万条垂下绿丝绦（tiáo　tāo）。

（3）不知细叶谁裁（cái　zāi）出。　　　（4）二月春风似（shì　sì）剪刀。

2. 中国美食

读一读，圈出下面加点字的正确读音。

（1）昨天，我生病了，不想吃蒸（zhēng zhēn）饺，妈妈给我煮（zǔ zhǔ）了好吃的面条。

（2）我一边吃着炸（zhá zhà）酱面，一边听新闻。新闻里说手机充电的时候接听电话容易爆炸（zhá zhà）。

整体感知课文环节可以融入以下练习：

4. 读课文，排顺序，说说米糕是怎么做成的。

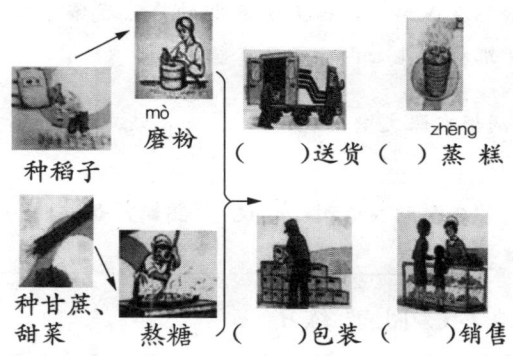

5. 根据课文内容说一说，也可以写一写。

（1）青蛙为卖泥塘做了哪些事？

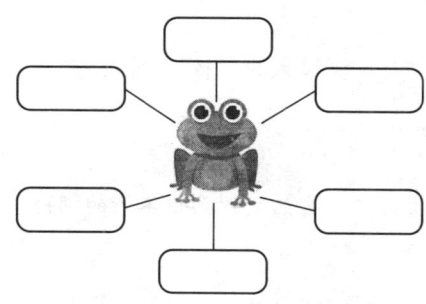

（2）青蛙最后为什么又不卖泥塘了？

_____

对一些课文内容进行理解，可以结合下面这些练习：

4. 读一读，填一填。

我神州，称中华，山川美，可入画。

黄河奔，长江涌，长城长，珠峰耸。

(1) 读了这两句话，我知道我们伟大的祖国又称_____、_____。

(2) 这两句话中讲到的山川有_____、_____、_____。

再如《枫树上的喜鹊》一课的练习：

5. 读课文，说一说，也可以写一写。

是的，我喜欢站在枫树下，抬头看喜鹊的窝。我常常觉得喜鹊会跟我说话，我像童话书里那样，在心中称呼她喜鹊阿姨。

"喜欢"这个词语在课文中出现了_____次。这段话中写了"我"喜欢_____。

喜鹊阿姨看见"我"站在枫树下，说："鹊鹊，鹊鹊鹊……""我"懂得，她是在对"我"说："_____。"

(四) 语文园地"我爱阅读"练习

统编版二年级语文每个单元的语文园地都安排了"我爱阅读"板块，里面的文章短小精悍，很适合训练学生的自主阅读能力，因此，我们给每篇短文设计了阅读练习，以下是二年级下册第六单元"我爱阅读"《最大的"书"》练习设计：

《最大的"书"》练习

姓名：_____　　　　　　　　　　学号：_____

一、读一读

1. 课文至少读 3 次，标出自然段，画出不懂的词语。

2. 读一读下列词语。

地质勘探队员　　一册厚厚的书　　刨根问底

岩石　　雨痕　　波痕　　矿物　　煤炭　　宝藏

二、找一找

1. 最大的"书"，其实是_____，文中有一句话能回答这个问题，请用

"〰〰〰" 画出。

2. 默读课文，填空。

这本"书"中有字，比如：＿＿＿＿＿＿、＿＿＿＿＿＿、＿＿＿＿＿＿；这本"书"中还有图画，比如：＿＿＿＿＿＿、＿＿＿＿＿＿、＿＿＿＿＿。这些文字、图画告诉我们：在很久以前，这里曾经是＿＿＿＿＿＿；后来，陆地沉下去，这里变成了＿＿＿＿＿＿；又过了很多很多万年，海洋慢慢上升，这里又变成了＿＿＿＿＿＿＿＿＿＿＿＿＿＿＿＿＿＿。读了这本"书"，我们能＿＿＿＿＿＿＿＿＿＿＿＿＿＿＿＿＿＿＿＿＿＿＿＿＿。

三、想一想

1. 你还知道这本"书"中的什么知识？

＿＿＿＿＿＿＿＿＿＿＿＿＿＿＿＿＿＿＿＿＿＿＿＿＿＿＿＿＿＿＿＿＿＿＿＿＿

＿＿＿＿＿＿＿＿＿＿＿＿＿＿＿＿＿＿＿＿＿＿＿＿＿＿＿＿＿＿＿＿＿＿＿＿＿

2. 课题中"书"为什么要加双引号？

＿＿＿＿＿＿＿＿＿＿＿＿＿＿＿＿＿＿＿＿＿＿＿＿＿＿＿＿＿＿＿＿＿＿＿＿。

3. 不懂的词语解决了吗？

＿＿＿＿＿＿＿＿＿＿＿＿＿＿＿＿＿＿＿＿＿＿＿＿＿＿＿＿＿＿＿＿＿＿＿＿。

这篇文章以对话贯穿全文，通过地质勘探队员的介绍，展示了岩石这本"书"中的"字"和"画"，以及这本"书"的作用和成因。设计的练习分"读一读""找一找""想一想"三个板块，分别引导孩子正确朗读课文，提取文章信息，了解这本"书"中的"字"和"画"，拓展阅读、探索知识未知区。

（五）"1＋X"联读练习

课外阅读的重要性，想必不用过多赘述，但是如果让学生回家阅读，那么效果是可想而知的，只有将其落实到课堂才能实现真正的阅读。因此，课堂上有必要设置"1＋X"联读练习。

学了《要是你在野外迷了路》，可以联读竺可桢的《大自然的语言》（节选），让学生找找大自然有哪些语言，感受大自然的奇妙，同时激发探究大自然的好奇心；学了《大象的耳朵》，可以联读《邯郸学步》，进一步感受"人家是人家，我是我"的内涵；学了《蜘蛛开店》，可以联读《月亮姑娘做衣裳》，比较两篇文章店主和顾客的异同点，感受故事的趣味；学了《小毛虫》，可以联读《丑小鸭》，一个是从笨拙的小毛虫到轻盈的花蝴蝶，一个是从受人欺侮的丑小鸭到人人赞美的白天鹅，在比较中进一步体会"每个人都有自己该做的事情"，以及"万事万物都有自己的规律"的道理。

四、课堂实践

设计练习的同时，课题组成员也将练习融入课堂。

（一）实现人人参与，一个都不能少

融入练习的课堂，较平时的课堂，可能没有那么"热闹"，但是每位学生都拿起笔进入学习中，课堂上的"观众"少了，认真思考的身影多了。

（二）小组合作，让学习真实发生

每次练习后，小组内先进行交流，因为是自己动笔写过的练习，在生生的平等交流中，更容易擦出思想的火花。有时有些小组的组员各执一词，得不出结论，虽然没有结论，但至少说明学生有自己的想法，不会人云亦云。

经过一年多的研究，我们有了一套比较完备的课堂练习集，内容囊括初读课文时整体感知课文练习、深入学习时的重点段落练习，还有课文拓展练习。

课堂上要动笔做练习成了学生学习的常态，备课要备练习成了教师的固定动作。哪个环节需要练习，课题组成员都达成了共识，即练习基本固定在初读课文整体感知、重点段落学习、课文仿写、课后拓展阅读等环节中。

五、研究成效

（一）一定程度上提高了教师对教材的钻研能力

教师在设计练习的过程中，获取了一定的方法，特别是阅读题的设计。阅读题考查的是学生的阅读能力，要让学生认识到"答案就在文章中"，从而引导学生潜心读文，读通、读懂，读出理解，读出体会，进而迁移运用，提升阅读能力。

（二）教师获取有效利用《课堂作业本》的方法

统编教材致力于培养学生的语文素养，以"人文主题"和"语文要素"为线索编排单元内容。如何真正有效地把握语文要素，促进学生语文能力的提升，是摆在眼前的难题。《语文课堂作业本》与统编教材相配套，可成为解决这一问题的有力抓手。

挑选练习题，融合教学环节。《语文课堂作业本》中的题型形式多样，除

传统的选择、填空外，还有示意图、表格、实践性作业等，根据各个环节的训练重点，选择相应的练习，实现"教"与"学"的统一。

丰富知识点，补充教学内容。课文只是一个例子，仅仅依托课本展开学习，会限制学生的思维与眼界。而《语文课堂作业本》中不乏与课文相关的阅读材料，它们是学生丰富认识、发展思维、提升语用能力的途径之一。

（三）小组合作成为学生学习的常态

每一次的练习后都有小组讨论、校对环节，一年多下来，小组合作学习成为常态，学生遇到问题知道找人讨论，有了学习共同体的意识。

课堂上，每个人都要先独立完成练习，想在课堂上滥竽充数，那是不可能的，这就迫使学生自己想办法去解决问题，逐渐加强学生的主动学习意识。

学生在学习过程中遇到不理解的字词，除了联系上下文来理解外，还知道了查字典，这是一年多来学生形成的学习习惯，人人抽屉备字典，上课随时拿出来查，有了使用工具书的意识。

（四）学生口头表达能力的提升

每次练习后，小组总要讨论讨论，在长期的讨论中，学生的口头表达能力无形中提升了，说话有条理，胆量更是提高了不少，说话得体大方了许多。

（五）学生实现深度学习

深度学习，是一种在真实的情境中发生的学习，是学生在教师的指导下综合运用多种方法进行知识建构的学习，是一种基于理解和运用的学习。每一次的练习都是连续的学习活动，练习内容环环相扣、层层深入，学生在练习时静心思考，将符号化的知识"打开"，将静态的知识"激活"，全身心地体验知识本身所蕴含的丰富复杂的内涵与意义。

四、 研发发现课教学四步骤，激发学生的深度学习

传统学习理论将学习看作个体被动地接受知识的过程，忽视了学习主体的自主性。布鲁纳的发现学习观则强调学生的发现活动在课堂教学中的重要作用，认为个体可以通过自主地发现知识之间的内部结构获得新的知识。三年来，发现课在课堂中的应用成效显著。

【案例9】浙教版《科学》九年级下册《遗传和进化》第一课时

一、问题速学

教师利用网络调查问卷，设计了诸多问题引导学生进行线上讨论学习后答题，并对答题结果进行统计（见图1）。

第3题　下列选项中属于遗传的是（ ）［多选题］	小计	比例
种瓜得瓜，种豆得豆	24	82.76%
一母生九子，连母十个样	12	41.38%
龙生龙，凤生凤	24	82.76%
一树结果，酸甜各异	3	10.34%
本题有效填写人次	29	

第5题　下列选项中属于变异的是（ ）［单选题］	小计	比例
种瓜得瓜，种豆得豆	0	0%
一母生九子，连母十个样	5	17.24%
龙生龙，凤生凤	0	0%
一树结果，酸甜各异	24	82.76%
本题有效填写人次	29	

第7题　你能否卷舌（ ）　　［单选题］	小计	比例
舌能向上卷曲	27	93.1%
舌不能向上卷曲	2	6.9%
本题有效填写人次	29	

图1　"问题速学"问卷统计图例

二、目标导学

教师根据本课的教学目标，结合学生的问题速学情况，设计学生学习发现单，引导学生再次学习新知，扩大公开区，打开隐蔽区，发现新问题，解决新问题（见表1）。

表1　"目标导学"发现单

【教学目标】

知识与技能：

1. 识别遗传和变异的现象；

2. 说出遗传物质的作用，认识DNA、基因和染色体的关系。

过程与方法：

1. 通过遗传物质发现科学实验的辨析，培养学生的实验探究能力；

2. 通过学生小组合作完成基因双螺旋模型，培养孩子的动手能力和团队合作能力。

情感态度与价值观：

通过遗传物质的科学发现史，让学生体会科学发现的艰巨，培养学生认真踏实进行科学探究的态度。

【重点难点】

教学重点：遗传物质的作用，DNA、基因和染色体的关系及其概念。

教学难点：1. 理解DNA双螺旋结构；2. 明确DNA是遗传物质。

《1.5遗传和变异（第1课时）》
学习发现单

班级＿＿＿＿＿＿　　姓名＿＿＿＿＿＿

一、学习目标

1. 辨析遗传和变异的现象并举例。

（续表）

2. 通过活动，知道自己的性别是由父亲还是母亲决定的。

3. 重温 T₂ 噬菌体浸染实验，了解科学家的探究思维，提升实验探究能力。

4. 通过小组合作完成基因双螺旋模型，动手动脑学科学，培养合作能力。

5. 说出 DNA、基因和染色体的三者关系。

6. 通过学习遗传物质的科学发现史，体会科学发现的艰巨，知道进行科学探究的重要。

二、 1952 年，蔡斯实验——T₂ 噬菌体浸染实验

资料1：在染色体内，S 元素主要集中在蛋白质，P 元素主要集中在 DNA 分子。

资料2：噬菌体浸染过程示意图

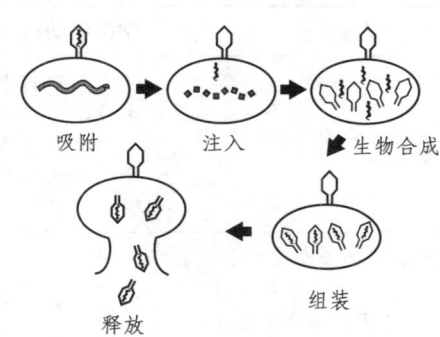

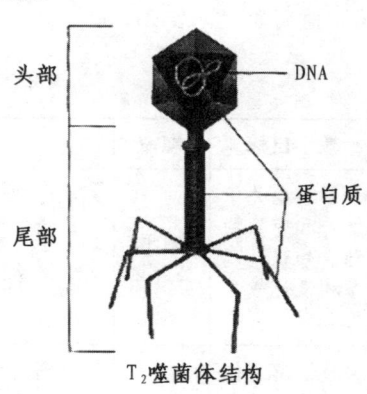

T₂噬菌体结构

三、 小组活动——认识 DNA 双螺旋结构

阅读课本第 32 页，结合 DNA 分子模型，思考下列问题：

（1）DNA 分子的基本单位是 _____，由 _____、_____ 和 _____ 组成。

（2）在图甲中圈出 DNA 分子的一个基本单位，并标注其组成。

（3）利用已有的 DNA 模型元件，组装 DNA 分子。（提供基本单位）

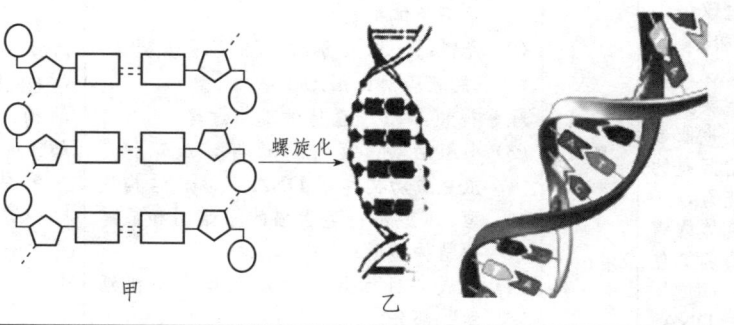

三、沟通助学

发现的过程，给学生最直观的体验，引导学生对概念和规律形成正确的认识，可以提高学生发现问题、观察问题和解决问题的高阶思维能力。根据学生的发现，教师设计教学单，制定具体的活动目标：纠正已有概念，解决对"遗传变异"概念模糊的问题；通过实验"摸 XY"比对，解决"性别由父母双方谁决定"这一问题；借用材料"科学史"，解决"遗传物质到底在哪里"的问题（见表2）。

表2 "沟通助学"发现单

教学目标	视窗	教学设置	学生活动目标
了解学生关于遗传和变异的已有知识，调整和设计教学内容	利用公开区	(1) 学生前情调查 (2) 网络问卷结果反馈	能区分遗传和变异，知道遗传和变异主要体现在生物性状上
通过了解遗传物质的科学发现史，让学生体会科学发现的艰巨，培养学生认真踏实进行科学探究的态度	叩击隐蔽区	(1) 利用科技进步发明的显微镜对先成论的否定 (2) 资料：观察第32页的图片后回答： ① 人体中共有多少条染色体？共多少对？ ② 男性和女性的染色体有什么不同？ ③ 生男生女是爸爸和妈妈中的谁决定的？	知道染色体与生物遗传有关，了解自己的性别是由父亲的染色体决定的
发现历史上的重要实验，我们经过改编形成实验探究题，呈现严谨的科学实验时让学生也能参与提出问题的科学能力，了解染色体的组成，明确染色体中起遗传作用的是 DNA	扫除盲区	(1) 资料：染色体是一条 DNA 分子链，包绕着众多蛋白质分子构成（图片展示染色体结构） (2) 资料：1952 年蔡斯实验（T_2 噬菌体）（配实验对比图①②） 观看视频：T2 噬菌体的工作过程 (3) 小组活动：直到 1953 年，沃森和克里克成功构建了 DNA 双螺旋结构模型。（展示铅笔素描的原始图和最终的结构模型） (4) 完成"目标导学"发现单"小组活动"部分。	小组合作完成 DNA 模型，理解 DNA 双螺旋结构，使学生加强对 DNA 模型的认识，同时培养学生的合作能力

（续表）

教学目标	视窗	教学设置	学生活动目标
发现历史上的重要实验，我们经过改编形成实验探究题，呈现严谨的科学实验时让学生也能参与提出问题的科学能力，了解染色体的组成，明确染色体中起遗传作用的是 DNA	扫除盲区	阅读课本第 32 页，结合 DNA 分子模型，思考讨论下列问题： 1. DNA 分子的基本单位是 _____，由 _____ 和 _____ 组成。 2. 在图甲中圈出 DNA 分子的一个基本单位，并标注其组成。 3. 利用已有的 DNA 模型元件，组装 DNA 分子。（提供基本单位） 　螺旋化 甲　　　乙	小组合作完成 DNA 模型，理解 DNA 双螺旋结构，使学生加强对 DNA 模型的认识，同时培养学生的合作能力
对社会中的科学热点问题进行讨论，学会用科学知识解决生活问题，培养思辨能力	窥探未知区	讨论：有报道称全球首个 CRISPR 基因编辑疗法获批，用于治疗镰状细胞病和输血依赖型 β 地中海贫血症，说说你是否支持科学家对人类基因进行编辑？并阐述理由。	能利用所学有理有据表述观点，树立辩证的科学观
检测课堂掌握情况，再次巩固		完成"目标导学"发现单"课题练习"部分。	通过练习，巩固所学，加深理解

四、运用创学

通过沟通助学，学生的未知区和盲区逐步缩小，公开区逐渐扩大，学生的思维被打开，本课学生的讨论热点：未来基因工程。技术问题与人伦问题的讨论，形成一种全面的认知思维方式。创新意识是进行创造性活动的出发点和内在动力，是进行深度学习，培养高阶思维的前提，也是形成高阶思维能力的基础。

在基于发现课的教学模式之下，从"速学、导学、助学、创学"四个环节展开。在"速学、导学"环节指导学生，让学生逐步掌握学习方法，学会学习；在"助学、创学"环节重点激发学生自主学习的积极性，养成以理论联系实际、学以致用的学习习惯。发现课的模式让学生做到自主探究、有效成长，达到好学、乐学、会学。

五、 研发了适应各学科的乔哈里窗，扩大师生教学公开区

发现课关注视野的拓展，关注课程的统整，关注资源的共享。发现课属学习元认知层面，是从乔哈里窗理论衍生的学习方法，是引导学生认识自己的学习状态，在各学科中去寻找自我、发现自我的过程。

【案例 10】"物体在斜面上运动"教学设计

对于物体在斜面上的运动，生活中有很多相关经验，如滑梯上人体的滑动、山坡上石块的滚动、斜坡上车轮的滚动等，学生虽有认知但没有进行过有目的的系统观察。本课教学中教师利用科学课的乔哈里窗，同时设计了发现单，引导学生通过学习扩大公开区。教师"发现备课单"的应用，实现了师生学习盲区的扫除、问题隐蔽区的流畅打开，师生共同追求学习知识未知区的突破，从而实现学习公开区的最大化，获得更多的互通知识，朝高效课堂的教与学迈进。

表 1　物理发现备课单

学习主题：3.4 物体在斜面上运动　　　执教者：陈苑　　　上课日期：

视窗	教学设置	学习目标预设	学生学习发现整理
暴露公开区	**一、前置性学习活动设计** 找一找：找一找身边的斜面，观察斜面具有什么共同特点 玩一玩：玩一玩滑梯，观察你在滑梯上的运动情况 思一思：如果把一个物体放到斜面上，它会怎么运动呢？ 提问：这些都是斜面吗？什么是斜面呢？ 提问：物体在斜面上有几种运动情况？	1. 知道什么是斜面 2. 会描述物体在斜面上的运动情况	1. 像滑梯、山坡这样的一端高一端低的斜坡在科学上被称为斜面 2. 物体在斜面上可能会有"不动、滑动、滚动"三种情况

（续表）

视窗	教学设置	学习目标预设	学生学习发现整理
寻找盲区	**二、探索：物体的运动情况（滑动和滚动）** 材料准备：支架、塑料板、多种不同形状的物品（十二面体、圆柱体、小球、立方体、六棱柱）、活动记录表 1. 搭建一个较低的斜面 　提问：你打算用什么搭斜面？如果用这本书、塑料板和支架，你能搭一个斜面吗？ 　学生上台演示搭建方法 2. 探究物体在斜面的运动情况：滑动和滚动 　出示材料：立方体和小球 　温馨提示： 　① 将物体轻轻地放在斜面上端，不能推物体 　② 实验在同一个斜面上完成，反复实验 　③ 人人动手，及时记录，轻声交流 　学生实验，交流汇报 　提问：你看到物体是怎样运动的？为什么它们在斜面上的运动情况会不同？ 3. 观察更多不同形状的物体在斜面上的运动情况（预设10分钟） 　出示材料：长方体、六棱柱、十二面体、圆柱体、活动记录表 　猜测：它们在斜面上是怎样运动的？ 　学生实验探究 　提问：不同形状的物体在斜面上分别是怎样运动的？和你猜测的一致吗？	1. 学会搭建斜面 2. 对物体在斜面上的运动情况可能与什么有关，提出自己的猜测 3. 探索不同形状的物体在斜面上的运动情况	1. 可能和这个物体的形状有关。立方体不动，球体会滚动 2. 长方体静止不动，六棱柱滑动，球体滚动，十二面体不动，圆柱体滚动……
呈现隐蔽区	**三、研讨：实验发现** 提问：为什么同一个物体，它既能滑动又能滚动？物体在斜面上的运动情况可能跟什么有关呢？ （预设：物体形状、放置方式） 提问：你还有什么发现吗？ （预设：同一个物体，滚动比滑动的速度更快） **四、课堂练习** 1. 斜面的特点是（　　） 　A. 一端高一端低　　　B. 两端一样高 　C. 一定是木板搭的 2. 小球在斜面上容易（　　） 　A. 静止不动　　　B. 滑动　　　C. 滚动 3. 斜面一端变高时，物体的运动速度会（　　） 　A. 加快　　B. 减慢　　C. 不变	了解物体在斜面上的运动情况与物体形状之间的关系	物体在斜面上的运动情况和物体的形状、放置方式有关

（续表）

视窗	教学设置	学习目标预设	学生学习发现整理
探索未知区	**五、 拓展：斜面变高** 提问：如果将斜面的一端变高，这些物体在斜面上又会怎样运动呢？ 学生活动：探究斜面变高，物体的运动情况会发生什么变化。 提问：你有什么发现？ 总结：物体的运动速度还有很多规律和秘密，在接下来的科学课中我们将继续探索！	了解物体与斜面坡度之间的关系	1. 原来静止的物体的运动情况变成滑动、滚动。原来滑动的物体的运动情况变成滚动 2. 斜面越高，物体运动越快
板书设计	物体在斜面上运动 物体在斜面上的运动情况　静止／滑动／滚动		

【案例 11】"使走马灯转动得更快"探索

适合年级　三年级

【问题速学】 课前思考

　　由于前面两节课学生已经了解了走马灯的原理，也掌握了制作台式走马灯和手提走马灯的方法。这节课将继续深化学习，引导学生自主探索，大胆创新，关注学生的思维发展。这节课从分享讨论在制作走马灯的过程中发现的问题以及解决方法开始。

【目标导学】 教学目标

　　1. 讨论总结制作走马灯的注意事项和制作经验

　　2. 探究使走马灯转动得更快的方法

【沟通助学】 教学实录

1. 引入

（教师出示图片）前面两节课我们已经研究了走马灯，不仅制作了台式走马灯，也尝试制作了可以手提的走马灯。现在，谁愿意来分享你们在制作手提走马灯的过程中发现的问题以及你是怎么解决的，给我们今天能够顺利制作走马灯提供一些宝贵的经验。

2. 请几个学生上来分享

① 发现的问题

② 想到的解决方案

3. 教师总结

强调 5 个关键连接点的连接方式

安全注意事项：

① 用火安全

② 不能摇晃

③ 安全使用美工刀

④ 防止大头针扎手

4. 出示任务

【实验方法】

□ 改变开口数量　　□ 改变开口大小

□ 改变开口方向　　□ 改变开口形状

□ 我想到的其他方法：

_____

探索：使走马灯转动得更快

要求：

思考怎样使走马灯转动得更快，并选择一种方法进行尝试，并画出实验方法的简单示意图。

5.学生制作

【实验效果】
　　　□转动速度明显加快　　□转动速度有一点加快
　　　□转动速度不变　　　　□转动速度变慢
　　　□停止转动
　　我的思考：_____

6.学生展示实物，分享发现

【运用创学】 课后体会

在教学中，教师引导学生分享发现，在讨论中总结制作经验和注意事项，给学生提供了展示的机会，锻炼了学生的思维表达和总结能力。学生自主探索，大胆创新，更是初次体验了探究过程，形成初步的探究意识并获得实践经验。

六、 探索单元目标教学策略，促进学生对"大概念""素养导向"的深度理解

【案例 12】小学科学单元整体研究

一、研究框架

小学科学从单元教学的目标设计、大概念统整下的科学项目式学习活动设计和指向素养的发现手册设计三个维度进行探索。

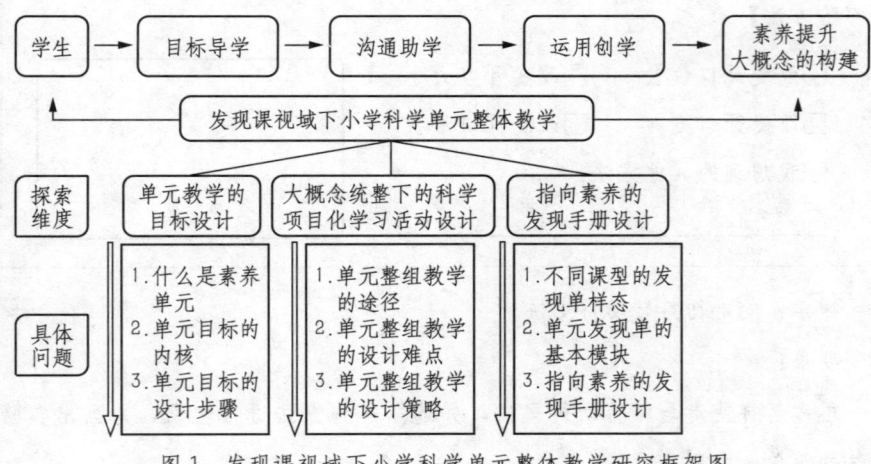

图 1　发现课视域下小学科学单元整体教学研究框架图

二、研究过程

（一）单元教学的目标设计策略

单元教学不是简单以一个单元为内容的单元教学，而是以素养为导向的素养单元教学。

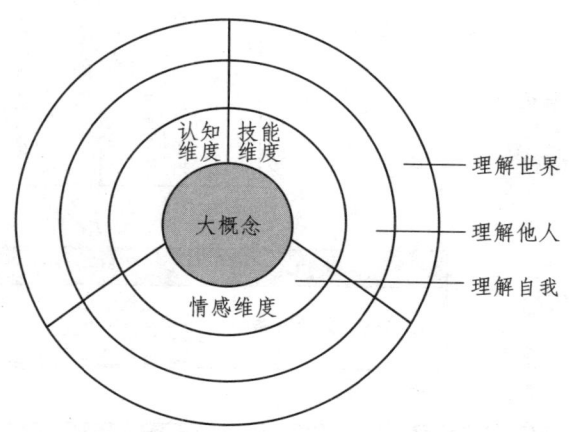

图 2 以大概念为内核的素养目标模型

（二）目标设定的步骤

大概念教学目标设计可以分为"找到提取路径""绘制概念地图"和"撰写单元目标"三个步骤。第一步：找到提取路径。对于科学学科，最直接、有效的大概念的提取方式是从课程标准中提取。比如五年级下册的第三单元《环境与我们》，对标新课标，我们很容易就能找到这个单元指向的大概念是"人类活动会影响环境"，我们还能很快找到对于这个大概念，五年级的学生应该掌握的程度。

第二步：绘制概念地图。在一个单元内，概念与概念之间存在一定的关系，抑或并列，抑或递进等。理清整个单元的概念，绘制概念地图有助于我们设计有结构的教学活动。学生经历完整、有结构的学习活动才能更好地理解本单元的大概念以及对应的单元本质问题，从而帮助学生理清认知和思维。绘制概念地图的过程可以说是将第一步慢慢写出来的过程。

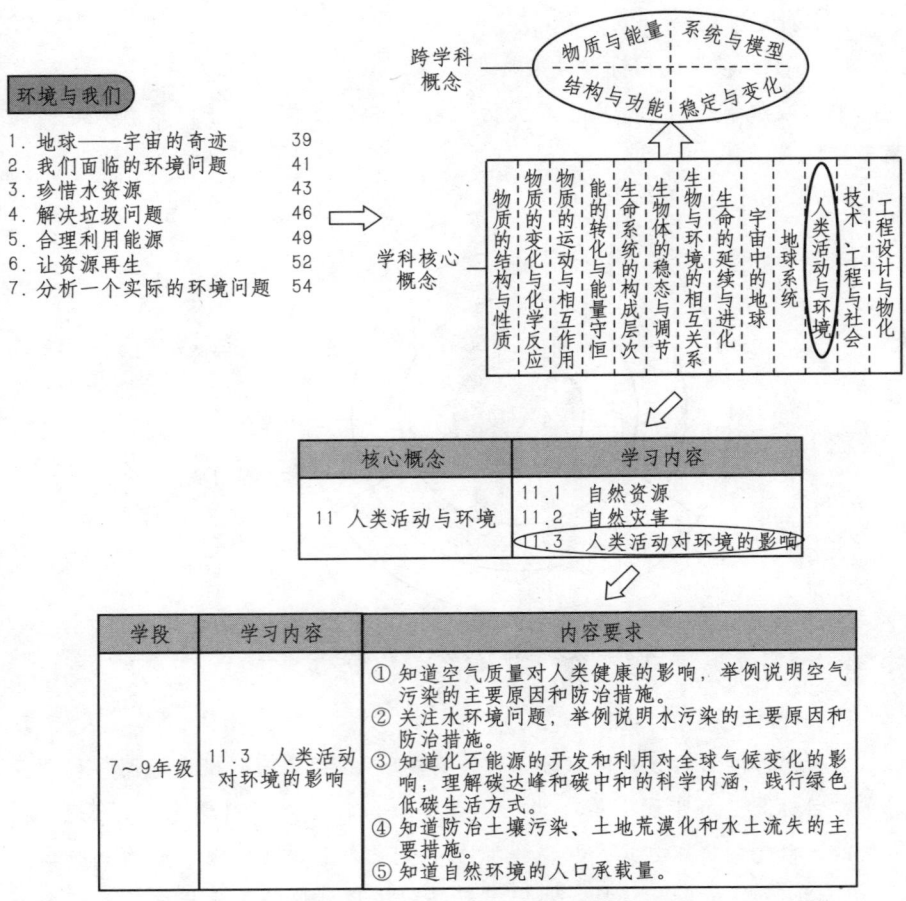

图 3 五年级下册《环境与我们》对标新课标中的大概念

以五年级上册第三单元《计量时间》为例，计时工具和工具是"从属关系"，水钟和沙钟是"并列关系"，太阳钟→火钟→水钟（沙钟）→机械钟→石英钟→电子钟是"时间关系"，光影和太阳钟是"因果关系"。而举证关系则常常发生在概念与案例之间，比如"中国古代主要用水钟来计时，而不用太阳钟"这一案例可以帮助学生理解计时工具设计性能要求中的"精确、稳定"，因为在阴天和雨天没法用太阳钟来计时，而水钟相对来说更好控制，稳定性更强。

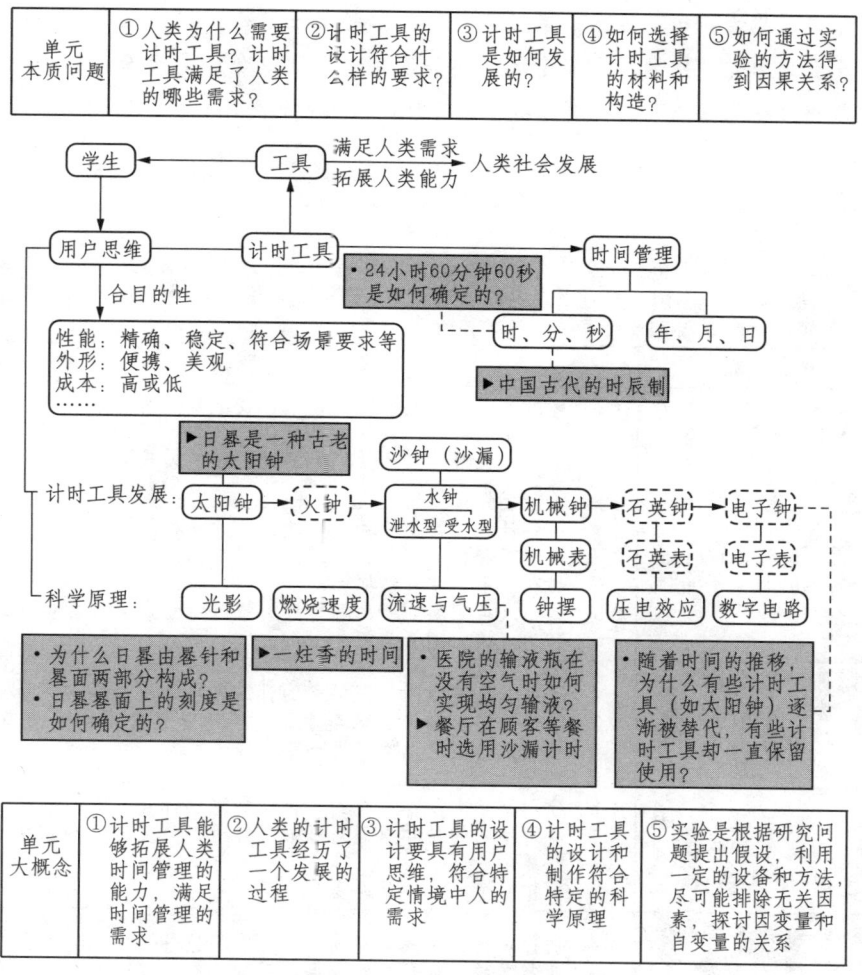

图 4　五年级上册《计量时间》单元概念地图①

第三步：大概念的教学目标包含四个部分，即素养目标、单元大概念、具体单元目标和其他具体的课时目标。从写作顺序来看，可以先写单元大概念，再匹配相关的具体单元目标和其他具体课时目标，最后是素养目标，素养目标要建立在对单元大概念的理解之上。单元大概念以及对应的课时目标

① 该图的内容参考了刘徽《大概念教学素养导向的单元整体设计》，北京：教育科学出版社，第 113 页，图 2-31。

的撰写是重点，也是难点。撰写单元大概念时要注意避开以下几个误区：大概念就是单元的主题，大概念就是要高度抽象，大概念就是素养目标。要注意围绕"概念焦点"写，要体现理解深度，语句要精练准确。

表1　五年级上册《计量时间》单元目标撰写示例表①

素养目标	
能够理解工具对人类的意义，具有自觉运用工具的意识。培养设计思维，能站在用户的角度，从多个维度来考虑工具的合理设计。理解工具是一种物化的技术，要依据特定的科学原理来考虑工具的选材和构造。	
单元大概念	**具体单元目标**
1. 计时工具能够拓展人类时间管理的能力，满足时间管理的需求	1.1　理解人类对时间管理的需求，找出具体的场景 1.2　对比有无计时工具的人类生活 1.3　体会工具对人类生活产生的重大影响，具有自觉使用工具的意识
2. 人类的计时工具经历了一个发展的过程	2.1　了解计时工具出现的先后次序，并阐释原因 2.2　梳理现代社会哪些计时工具已经被淘汰，哪些计时工具仍在使用，并解释原因 2.3　体会人类不断创新的精神和科技进步对人类社会生活的影响，树立创新意识
3. 计时工具的设计要具有用户思维，符合特定情境中人的需求	3.1　了解具体情境下不同用途的计时工具的设计要求不同 3.2　归纳计时工具设计的要求，首要的是性能，包括精确、稳定，但同时也要考虑外形、成本等
4. 计时工具的设计和制作符合特定的科学原理	4.1　分别阐述太阳钟、水钟、机械钟的设计和制作的原理 4.2　理解不同的科学原理对每一种计时工具在材料和结构上的要求 4.3　制作一个一分钟计时器
5. 实验是根据研究问题提出假设，利用一定的设备和方法，尽可能排除无关因素，探讨因变量和自变量的关系	5.1　通过观察等方式发现问题，并有根据地提出研究假设 5.2　理解实验是一种分析因果关系的研究，要确定自变量和因变量，分析"摆的研究"的变量 5.3　考虑如何在实验研究的设计和实施中尽可能排除无关变量，从而使实验结果更加准确 5.4　学习用表格等方式记录实验数据，并进行汇报
其他具体课时目标	
知道时间间隔和时刻的不同内涵，了解在阳光下物体影子的方向和长度会慢慢变化，学会操作控制滴漏的速度……	

---

① 该表的内容参考了刘徽《大概念教学素养导向的单元整体设计》，第171页，表3-8。

七、 寻找有效的记忆方法，发现学习力

【活动目标】

1. 通过活动探索简单实用的记忆好方法，并能灵活运用到学习中。

2. 在活动中体验巧记的乐趣，感受记忆方法的重要性，树立增强记忆力的信心。

【活动过程】

一、导入

【认识记忆大咖】介绍王峰，发现他强大的背后是记忆方法的熟练运用。

二、新课教学

【记忆分类】介绍记忆分类：感觉记忆、短时记忆、长时记忆。引导学生认识三级记忆系统。提问：这说明了什么？你有什么感悟？

结论：记忆方法的重要性。

【提问】记忆有哪些规律，又有什么样的方法可以帮助我们记忆？

【探索与体验一】数彩旗（15秒钟只能用眼，不能数出来）。

你看到了_____面彩旗？

你看到的红色旗有_____面

你看到的蓝色旗有_____面

你看到的黄色旗有_____面

你看到的紫色旗有_____面

思考：为什么大家能说出一共有多少面彩旗，却难以说出红蓝黄紫旗各有几面呢？

【总结】记忆的规律："注意"是前提。记忆的方法：关注知识细节，学会把握重点知识。

【探索与体验二】

1. 请同学们记忆（20秒）：QWEFYUJVBCGFDXZAPOMN。请说出你

记住的字母。

2. 记忆数字（10秒）：2、4、7、3、8、5、9、1、6、0、1、5。请说出你记住的数字。

3. 记忆词语（1分钟）：扇子　迎客松　眼镜　猴子　望远镜　飞机　玫瑰　火车　轮子　葡萄　矿泉水　西瓜　衣服　毛巾　帽子　酒杯　月亮　电话　地图　自行车。请说出你记住的词语。

思考：应对方法有什么呢？

【总结】记忆的规律：材料开头和结尾部分容易记住，中间部分容易遗忘。记忆的方法：组块记忆、分类法。

【探索与体验三】

1. 请同学们记（10秒）：程　师　二　学　附　课　大　第　属　中。请说出你记住的字。

2. 请同学们再记（10秒）：师　大　第　二　附　属　中　学　课　程。请说出你记住的字。

3. 请同学们再记（30秒）：秋　峥　骨　古　篇　千　落　磊　遗　万　存　在　风　嵘。请说出你记住的字。

4. 请同学们再记（30秒）：磊　落　遗　篇　千　秋　在　峥　嵘　风　骨　万　古　存。请说出你记住的字。

思考：在这两个对比实验中，为什么我们大多没有记住前一条，而后一条都记住了？

【总结】记忆的规律：形象而有意义的材料容易记忆。记忆的方法：将记忆材料尽量变得有意义而形象。

【表格】出示部分行政区划的轮廓图。

【补充】其他记忆方法，如故事法、谐音法、口诀法、多种感官协同记忆。

记忆口诀：

注意是前提，重要放首尾，

化整为零散，分段更容易。

温故而知新，平时多复习，

谐音和分类，形象和故事。

口诀小技巧，妙方促记忆，

多感官协同，有效不易忘。

【感悟】谈谈你的收获，如何运用记忆方法开展学习？

第三节　基于发现课的多层次课程

一、基于发现课的多层次课程的构建

课程是教育的载体，教育教学改革的关键是课程改革。为满足学生个性化发展需要，发展核心素养，使"宽教育"理念落到实处，我们基于发现课从国家课程校本化、校本课程多样化、班级课程特色化三方面着手，整合国家课程、地方课程、校本课程，构建了涵盖语言与交流课程、科学与探索课程、逻辑与思维课程、运动与健康课程、艺术与审美课程、社会与交往课程等六个领域的具有本校特色的宽课程体系。

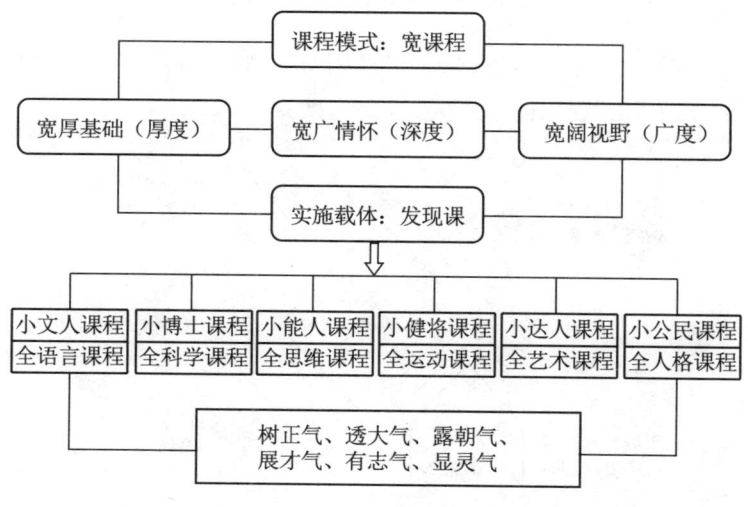

图 4-1　宽课程体系

二、 发现课的主题课程整合

例如，学校的龙舟课程即结合亚运会而开设，课程内容涵盖了科学、数学、音乐、美术、体育等学科，学生们学习的不是学科知识，而是综合技能；不是分科教学，而是聚焦素养。课程活动，不仅有基于学科的学习，还将学到的生活技能、学科知识迁移到现实生活中，促进学生的深度思考。

再比如，我们从传承中华优秀传统文化出发，结合项目式 C-STEAM 教育的跨学科教学方式，构建具有学校文化特质的九年一贯 STEAM 课程体系，并以学校自主开发的课程"龙舟 STEAM"为例进行应用，从顶层设计、课程实践、实践路径、实施成果等方面展开阐述，为 STEAM 教育工作者提供借鉴。

近年来，国内教育界体现出对新时代人才培养模式转型的重视，积极探索新理念、新模式，尤其注重以 STEAM 为代表的跨学科教育改革的新模式。STEAM 教育就是科学、技术、工程、艺术、数学等多学科融合的综合教育。以传承中华优秀传统文化为目标导向的学科融合教育是一种具有本土特色的 STEAM 教育（即 C-STEAM，C 即 Culture）。C-STEAM 意旨以文化传承作为目标导向，以多学科融合教育的 STEAM 作为实现方式来开启新型的育人模式。

（一）顶层设计，构建九年一贯的 STEAM 课程体系

作为区域的窗口学校，根据小学和初中不同学段的特点，学校完成了九年一贯的 STEAM 课程架构，并逐步实施开展。

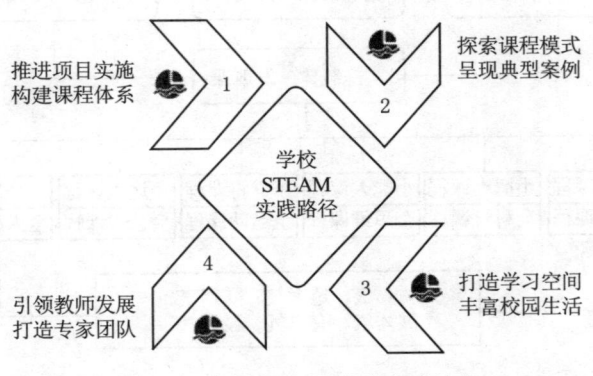

图 4-2　学校 STEAM 教育实践路径

在实施过程中，积极谋求特色化的项目式学习主题构建。将 STEAM 课程开进课表，每个年级 STEAM 项目各具特色，开设了各种主题 STEAM，如龙舟 STEAM、农场 STEAM、小球 STEAM、魔法 STEAM 等。

（二）传承文化，开启"龙舟 STEAM"发现之旅

赛龙舟是我国传统习俗，温州是中国龙舟名城，龙舟运动群众基础广泛，端午龙舟竞渡很盛行。随着杭州亚运会龙舟赛事落户，为传统赋予智能时代的新属性，学校在小学三年级开设"龙舟 STEAM"特色课程，辐射全年级近500 名学生，融合科学、数学、信息、体育、语文等学科，从龙舟文化、龙舟设计、龙舟构造、龙舟游戏等方面切入，讲述一场童心与龙舟的故事。

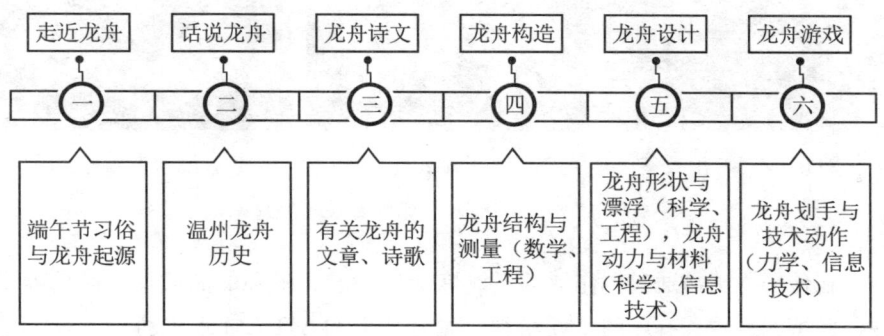

图 4-3 学校"龙舟 STEAM"课程结构图

学校课程指导团队星光熠熠，校领导、特级教师亲自负责，特邀北京师范大学教育学部教授为顾问，龙舟非遗传承人、国家级龙舟裁判进行专业指导。

通过"龙舟 STEAM"课程，学生在探究的过程中将了解龙舟的历史，培养对龙舟活动的兴趣和对中华传统文化的传承，掌握龙舟的基础知识、赛龙舟的基本技能。通过自主探究和项目式教学，培养学生解决问题的能力、批判性思维和创新性思维等综合素养，提高学习的主动性与积极性，培养自信、顽强的品质和团结一致、力争上游的精神。

（三）课程赋能，激活教与学中的创新基因

从龙舟构造到龙舟设计，我们的课程展示着独特的魅力。将经典的"造

船 STEAM" 课程演化为"龙舟 STEAM"课程，融入多种学科元素，为传统文化赋予新的时代特征。学生们用各种各样的材质来"制"造龙舟，纸板、雪糕棍、彩纸、瓶子等，并用新技术来"智"造龙舟，如激光切割软件、3D打印等。

为了让课程在场景化中进行，我们用匠心融入童心，打造学校龙舟STEAM 工坊，并将非遗传承人陈师傅的龙舟工厂、温州市龙舟公园作为我们的实践基地，从校内到校外，我们的龙舟实践好学也好玩。

"龙舟 STEAM"专用教室　　　学校实践基地：龙舟工厂　　　温州市龙舟公园

图 4-4　"龙舟 STEAM"课程场景化实施基地

在传统木工坊通过木作活动，锻炼学生坚忍、耐心的品质，从而培养专注、坚持、自主、有序的工匠精神。龙舟特色的 STEAM 木工坊除了配备常见的传统木工工具之外，还基于小学生的能力特点，配备了适合其使用的传统龙舟模型制作工具，在学习过程中，还进行了工具改良。在教室氛围的建设上，木工坊融入了大量龙舟文化元素，让学生在学习的过程中，体会中华传统文化和工匠精神。

学校的学生们在小作坊里走向大世界，用匠心开始一场在传统中创新的发现之旅。

在实践过程中，我们将实践转换为研究，并取得丰硕成果。"龙舟项目的STEAM 课程开发与建设研究"被列为温州市科技创新项目，"基于'宽教育理念'的 STEAM 学习活动设计"荣获温州市研修项目课程评比一等奖，"九年一贯的创客课程体系设计的实践研究"在温州市课题评比中获市二等奖。课题"基于 STEAM 素养的 python＋Micro：bit 课程开发"在市级立项，课题"基于龙舟传统文化在中小学校园文化与课程的开发与实践研究""基于

STEAM 理念下小学低年级课程设计与实践"在区级立项。

因"龙舟 STEAM"课程卓有成效，在"ZSG 牵手项目"中，具有发现课基因的"龙舟 STEAM"辐射到其他地区，与山西省运城市芮城县七一示范小学、甘肃省甘南藏族自治州合作市加茂贡小学开展手牵手项目，共同将龙舟文化融入校园课程，将 STEAM 课程植入学生成长基因。

在 21 世纪的第二个十年，国家对教育的关注与支持力度越来越大，越来越重视 21 世纪人才的培养，教育变革已经如火如荼。在一些新理念、新方式的落实中，各学校应走出自己的特色之路。以中华优秀传统文化传承为目标导向的学科融合教育是一个 STEAM 教育特色化校本化实施有效可行的途径。瓯海区外国语学校在梳理基于项目的 STEAM 教育、C-STEAM 教育等概念的基础上，结合 STEAM 教育实践及本土化过程中存在的问题，架构并实施了"龙舟 STEAM"课程，并取得了很好的效果，希冀借此对推动项目式C-STEAM课程实施提供借鉴与参考。

（四）知识迁移，创作龙骨巧设计

学校科学组在发现课的实践中，始终以科学实践为核心，实现了课堂教学与户外实践的融通。以陈苑老师执教"龙舟 STEAM"课程"制作龙骨"为例。

【学习目标】

　　工程：用工程思维对龙骨之间的距离进行调整

　　技术：使用锉刀磨木板的技术

　　数学：龙骨是轴对称图形

　　艺术：感受轴对称图形之美

【教学准备】

　　学生：锤子、小钉子、大钉子、大木块、墨水和墨斗线、尺子

　　老师：视频、课件

【课堂预设】

　　板块一：明确分工，人人参与

　　初始分工说明

　　老师：请确定这节课你的角色，明确你的责任，明确好的小组做好示意。

反思回顾

老师：在上次的课上，你觉得你们组遇到了什么问题，找到答案了吗？

老师：你觉得你们上节课的合作怎么样？哪里需要改进。

小组讨论

板块二：迎接新挑战

明确本课任务

（课件出示挑战任务）老师：我们今天要继续制作龙舟。这节课的任务是制作第二个龙骨，并固定龙骨的位置。

明确本课量规

（课件出示量规）

一、课堂表现自评表

表1　（　　）工程队课堂表现自评表

队长：_____　　　　日期：_____

小组自评 （打"√"选择合适的选项）	A. 先商量，讨论怎么做，然后分工合作	
	B. 没有商量，所有人参与，但各管各的	
	C. 少数人参与，有部分人没事做	

二、将10个龙骨对称固定在船底板上

老师：同学们，龙骨这样固定在龙身板上，可以吗？为什么？

学生自由发言。

老师：是呀，龙骨就是船的骨架，如果龙骨放倾斜了，船就会歪歪扭扭。那龙骨应该怎么放？

老师总结：龙骨的中心和龙身板中心重合时，两边对称。

老师：那到底怎么调整龙骨呢？

老师请任务员上来，演示并讲解如何用锉刀锉木板。

任务员下去传递任务，材料员领取材料和工具，学生开始操作，老师巡视。

（关注：1.小组合作；2.操作安全；3.是否遇到困难，适时给予帮助）

板块三：学生互评、整理材料

表 2 小组互评任务表

组间互评（根据每个小组的完成度、完成质量给除自己所在小组之外的小组打分）		1组	2组	3组	4组	5组	6组	7组	8组
	A. 在规定时间内完成，质量较好								
	B. 在规定时间内完成，但质量一般								
	C. 在规定时间内不能完成								

学生将工具放回工具箱，将完成的作品摆到指定的架子上，整理桌椅。

基于发现课的 STEAM 课程，有利于提高教师和学生多角度、多维度、多层次地发现问题、分析问题、解决问题的能力，拓展学生的思维方式，发展学生的多元思维，开阔学生的视野。

以发现课为载体，通过宽学、宽评，让学生视野更宽、与世界更近。具体到课程建设上，我们进行了分层目标定位。小学低年段定位为：构建贴近生活、贴近自然的课程内容体系；推行以游戏和活动为主的教学方式，加强阅读、体育和艺术教育；着力培育学生的行为习惯、学习兴趣，促进学生快乐学习。小学高年段定位为：丰富课程类别，以多样化、个性化的课程体系，加强阅读、科学创新、国际理解教育；丰富教学手段，形成探究性和合作学习的机制；着重养成学生良好的学习习惯。初中定位为：课程建设成为发现学生兴趣特长、引领学生发展的重要渠道，这也是我们教育人最终的追求，桃李不言，下自成蹊。如初小衔接课程，在夯实的基础和适当的削枝强干之间，尝试利用发现课去提高初小衔接的有效性，改善教育教学质量；如新七年级"人工智能特色班"的课程设置，通过构建优秀的学生成长平台，拓宽学生视野的课程编排，着眼于宽基础的高素质人才的培养目标，为培养宽视野的学生提供更适合的教育方式。

第五章　发现课课程评价建设的价值

第一节　发现课评价体系的建构

开展榉园宽评活动。榉园宽评以学生为中心，在每班评选出富有责任感的学生作为榉园宽评的记录员和审核员。评价的对象为全体学生，每学期每个学生以 100 分为基本分，在此基础上根据其个人的表现加减分数。随时计分，力求公正、公平，每周计算总分上交学生工作处进行汇总，在班会活动课上由班主任向全班学生公布分数；期末对每周分数进行汇总，交学生工作处存档。榉园宽评，进一步规范了学生的行为，提升了学生的素养，塑造了学生的新形象，促进了学生的健康成长，增强了班级的建设力度，提升了班级的管理水准，形成了班级的良好风气。

榉园宽评基于数据驱动，对低年级评价进行重构，探索个性化的教学评价；通过充分采集教学过程中的数据，并挖掘其中蕴含的价值，进而为学习者提供高质量的个性化教学服务；对原有小学低年级评价品牌"乐评"进行重构，指向低年级评价的迭代升级，以"数据化、场景化、过程化"为方向，建设基于大数据背景，适用于低年级评价的课程、评测平台；并融合多种技术手段，聚焦大数据下的评价，让学生的综合素质评价走向评价手段多元、评价层次丰富、评价数据共享，让评价为学生的发展服务。学校以中小学教育质量综合评价改革试点校项目落地，和温州市未来教育窗口学校创建为契机，获取相关技术及应用支持，建设瓯外"数字大脑"，形成教育治理、泛在资源、未来学校三大服务数字中心，整体形成"3＋N"架构，即一个数据中枢、一个二维码画像、一个综合决策屏加上多个应用的立体教育教学应用场景。

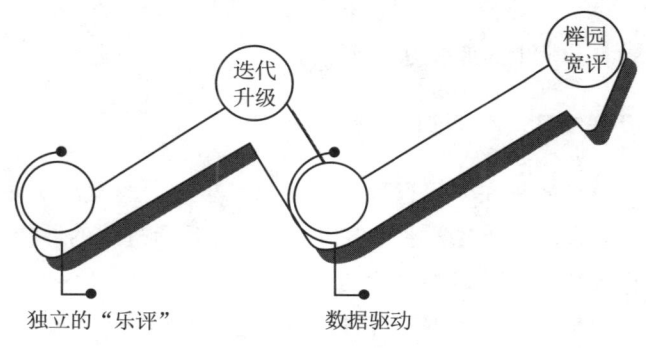

迭代升级

榉园宽评

独立的"乐评"　　　　数据驱动

图 5-1　发现课评价图谱

第二节　指向学生学习过程的评价体系

一、课堂学习评价

为了更好地做好评价，助力学生成长，学校进一步细化评价手段，基于大数据积累学生的评价数据，进行数据挖掘，将教育对学生成长的影响清晰量化。

通过评价改革，构建过程性评价、表现性评价和终结性评价相结合的评价体系，能比较全面地评价一个学生。

通过评价改革，探索各个学科过程性评价、表现性评价和终结性评价的内容和形式，以期能有效地评价一个学生。

通过过程性评价，了解学生对这个项目的掌握情况，既是检测又是督促，为教师后续的教学提供依据。

通过表现性评价，在一定的情境中，设置科学合理的评价项目，运用相关评价量表，引导学生在真实的学习情境中运用所学完成评价项目。

通过终结性评价，了解一学期以来，学生对基础性课程和拓展性课程知识的掌握情况。

榉园宽评活动的举行，使学生能够活用知识，能够在生活中应用所学知识，并完成项目式大闯关，养成良好的学习习惯。

学生学习过程的评价体系的建立，督促教师深入了解教材、了解学生，提升教师对教材和学生的理解力和研究力。

（一）学科项目，丰富过程性评价

过程性评价指的是在学习过程中进行的，与学生的学习交融在一起的，包括课前、课中、课后针对学生的学情及学习表现所进行的评价活动。我校将评价融入课程生活，呈现多样化的学习活动。为了让过程性评价更扎实，我们实行学科项目1＋1，根据学科特点，在过程性评价中，开展丰富多彩的项目评价。

1. 小学语文：学习活动让阅读鲜活起来

生活处处有学习，语文学习不能只停留在课堂，为了让语文走入生活，我们将语文学习活动与阅读结合起来，每学期开展"主题＋专项"两次阅读测评活动。

一年级的主题活动是"创意读写绘"，学生在阅读中画故事、写故事，在轻松愉快的学习活动中完成测评。

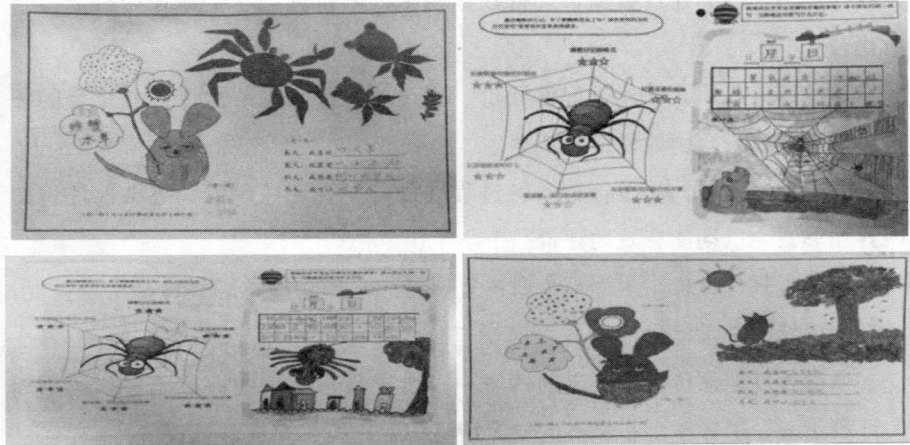

图 5-2　一年级学生写绘作品

　　二年级的主题活动是"遨游阅读馆"，每个班分成一个个小组，排着整齐的队伍，拿着可爱的闯关卡，在组长的带领下有序地来到各班教室门口，进行趣味闯关。老师们精心准备过关题，闯关题包括对一本书的主要角色、故事顺序的考核，以及学生对故事内容的把握、理解、分角色朗读等，学生们在游戏中完成过关考核。

　　在期末还开展了阅读专项测评。一年级聚焦古诗词诵读闯关，二年级利用课本剧表演的形式开展表现性评价。

图 5-3　阅读专项测评场景

2. 小学数学：解决问题让思维活跃起来

　　每个数学知识都是人类思考的结果，都承载着人们认识事物、改造世界的思维方式和思想方法。

　　在我校 2019 学年第 2 学期的项目测评中，小学数学学科组利用思维工具进行探究。例如，一年级的"神奇七巧板"，五颜六色的七巧板、千变万化的图案组合，在一年级学生的手中，创造出栩栩如生的图形故事：《龟兔赛跑》《乌鸦喝水》……通过对七巧板的拼摆，让学生既熟悉了图形的特征，又培养了动手能力，更展现了学生的智慧和对美的追求。又如，二年级的"好玩的数独"，数独可以训练逻辑思维，增进大脑的推理能力，锻炼思维灵活度，增强全面看问题的能力。挑战者们个个都非常专注，紧握铅笔，认真思考，在一宫一格里探索着。

学生在探究的过程中，通过观察、操作、想象，思维的灵活性、深刻性得到发展。

3. 小学科学：项目式学习指向真实的学习

通过项目式评价，学生经历了设计、制作、完善的过程。例如，一年级的项目为"'蜗居'狂想记"，学生给蜗牛设计了一个温馨的家；二年级为"帽子大爆炸"，给自己设计一顶新奇的帽子。

把学习带到现实中，让学生用自己的力量创造改变，提升了学生对生活的感知度和幸福度。项目式学习，以建立真实问题为导向的思维模型，让学生在解决实际问题中，体验工程设计的过程。学生通过一个又一个的学习项目的实施，建立起解决问题的思考模式。

表 5-1　"'蜗居'狂想记"发现评价表

项目具体要求	小朋友，你认识蜗牛吗？你见过蜗牛吗？蜗牛喜欢什么样的环境呢？让我们为蜗牛设计一个舒适、漂亮的家吧！ 上交材料： 1. 蜗牛之家模型一份，材料不限 2. 设计说明书一份		
评分标准	非常好	好	一般
设计的科学性40分	在设计书中，能结合蜗牛习性选择合适的材料进行设计，做到有理有据	在设计书中，提到蜗牛习性，但是选择材料不合适	在设计书中，只对选择的材料做一个简单介绍
模型的牢固性30分	模型牢固一体，搬运过程中不会变形、损坏	模型比较牢固，搬运过程中会发生轻微变形	模型不牢固，搬运过程中会发生损坏
模型的美观性30分	模型整体美观、漂亮，有美化措施	模型整体美观，无装饰	模型制作粗糙

表 5-2　"帽子大爆炸"发现评价表

项目具体要求	我们周围的世界,既有自然世界,如山川、河流,也有人类设计、制造的人工世界。人工世界里有各种各样的材料,这些材料有不同的特点,请你用身边的材料设计一顶帽子吧! 上交材料: 1.自己设计、制作的帽子一顶,材料不限 2.设计说明书一份		
评分标准	非常好	好	一般
帽子的美观性40分	帽子整体美观、漂亮,有美化措施	帽子整体美观,无装饰	帽子制作粗糙
设计的完整性30分	设计说明书完整,包括:帽子设计图、帽子的用途、所用材料以及选择的理由等信息。且设计图和帽子基本一致	设计说明书完整,包括:帽子设计图、帽子的用途、所用材料以及选择的理由等信息。但设计图和帽子不一致	设计说明书不完整
帽子的实用性30分	帽子牢固,佩戴舒适	帽子不牢固,勉强能佩戴	帽子不牢固,无法佩戴

4. 小学道德与法治:小课堂里看见大生活

《道德与法治》作为一门承载着德育任务的综合性学科,应珍视社会资源以及生活资源,进行家国情怀教育、热爱劳动教育、学习习惯教育、热爱自然教育等。

在小学低年级段,我们关注引领学生看见世界,看见生命,看见现实。在一年级开展"发现传统"项目,了解传统节日,了解中华文化;在二年级开展"发现温州"项目,考查对家乡物产的了解,引领爱家乡之情。

表 5-3　"家乡物产知多少"发现评价表

自评人：_____

评价指标		评价等级			评价主体		
		★	★★	★★★	自我评价	组员评价	教师评价
物产名片评价	内容	有名称、产地、作用，但不完善	有作用、工序、故事，较完善	有作用、工序、故事，很完善	☆☆☆	☆☆☆	☆☆☆
	布局	不合理	合理	合理，工整	☆☆☆	☆☆☆	☆☆☆
	美观度	无装饰	简单装饰	装饰漂亮	☆☆☆	☆☆☆	☆☆☆
技能评价	创新思维	尊重集体的劳动并参与思考	能提出自己的想法	能提出有价值的想法并被采用	☆☆☆	☆☆☆	☆☆☆
	信息技术	知道上网、查阅书籍	能上网、查阅书籍找到信息	可熟练上网、查阅书籍找到信息	☆☆☆	☆☆☆	☆☆☆
	沟通交流	愿意主动沟通，配合集体	能有效沟通、积极与小组成员合作	积极分享成果并吸纳其他成员优点	☆☆☆	☆☆☆	☆☆☆
	解决问题	能发现问题，但不能解决	能发现问题，并能及时解决	能发现关键问题，并能找到合理解决的方法	☆☆☆	☆☆☆	☆☆☆

（二）艺体小点心，活力表现性评价

1. 小学美术：展览会，点赞你我他

美术教育带给学生美的享受，作品是呈现教学成效的主要载体。通过开办美术展览会，学生可以在展示中获得成功的喜悦，而这种成果的展示恰恰是学习最好的动力。从 2018 学年起，我们分不同年级举办展览会活动，以此作为表现性评价。展览会的开办，可以更好地营造瓯外校园的艺术氛围，进

一步丰富瓯外学子的课余生活，提高学生的审美水平，给学生提供一个展示和交流美术才艺的平台。

图 5-4　美术展览会

2. 小学体育：新技能，拥有好体魄

我校在"向宽而行"的校训指导下，构建了宽课程体系。在宽课程体系下，低年级段学生培养的目标是露朝气，引导学生体验运动的乐趣，激发和培养学生的学习兴趣，让学生了解自己在体育方面的特长。我们通过"加餐"的形式，将体育课与专项学习结合起来，一年级为棋类专项测评，二年级为乒乓球技巧测评。

3. 音乐：小乐器，奏响新生活

掌握了音乐的语言就是走进了音乐的世界，丰富的音乐审美体验将帮助学生建立音乐的审美体验、较强的音乐感知力，能为其终身喜爱音乐打下坚实的基础。口风琴、尤克里里、陶笛，每个年段都有不同的乐器纳入学习之中，为学生们的学习生活带来乐趣。

（三）游园乐评，立体终结性评价

学校自 2016 年开办以来，小学低年级期末评价采取乐评的方式，旨在尊重学生的特性，让每个学生在轻松愉快的活动中完成测评。2019 学年第一学期期末乐评在 2020 年 1 月 3 日如期举行，本次活动延续往年的活动主题及场馆设置，一年级以"畅游动漫城"为主题，二年级以"环球之旅"为主题，学校课程研究中心负责制定方案，分到任务的教师负责场馆的布置以及测试题的设计，课程研究中心组织骨干教师对测试题进行审核。以下是 2019 学年第一学期各场馆的安排及负责教师的出题情况。

表 5-4　一年级"畅游动漫城"活动设计

课程内容	名称	对应科目	地点	过关内容（根据课标要求设计）	活动设计及场地负责人	现场活动评委	场地主题供参考
基础性课程	认读吧	语文	D102		吕小雅	吕小雅、郑俏+2 位家长	托马斯
	读者联盟		D103		贾晓静	贾晓静、张虹+2 位家长	美国队长
	书写吧		D206		李胜双	李胜双、张扬帆+2 位家长	小猪佩奇
	聪明屋	数学	D104		陈　健	陈健、许碧慧+2 位家长	超级飞侠
	聆音阁	音乐	东 209		朱辰虹	朱辰虹、林梅芳+2 位家长	冰雪奇缘
	美创坊	美术			张璐璇	张璐璇、张敏+2 位家长	朵拉
	美行园	思想品德	D101		叶密密	叶密密、林祥星+2 位家长	白雪公主
	冒险岛	体育	体育馆二楼		周夏林	周夏林、王奕程+2 位家长	超能陆战队

（续表）

课程内容	名称	对应科目	地点	过关内容（根据课标要求设计）	活动设计及场地负责人	现场活动评委	场地主题供参考
拓展性课程	发现之旅	发现课	D202	关注自我发现及视野的拓展	邵圆圆	邵圆圆、季州轲+2位家长	海绵宝宝
	探索乐园	科学	D201		袁芫	袁芫、刘杨+2位家长	小黄人
	食堂收过关卡及发放奖品（下午）	郑苏苏（组长）、吴好：查看完成过关的学生的过关卡，发现个别学生没有完成过关；提醒返回过关；全部过关，发放奖品；提前一天下午，用气球等布置一年级走廊					

表 5-5　二年级"环球之旅"活动设计

课程内容	名称	对应科目	地点	过关内容	活动设计及场地负责人	现场活动评委	场地主题供参考
基础性课程	认读吧		C205		吴雪燕	吴雪燕、罗辰艳+2位家长	北京
	读者联盟	语文	C302		张靖靖	张靖靖、卞磊+2位家长	巴黎
	书写吧		C304		金全全	金全全、陈嫦聪+2位家长	土耳其
	聪明屋	数学	C203		吴忠秋	吴忠秋、陆甜甜+2位家长	罗马
	聆音阁	音乐	东215		张铖铖	张铖铖、郑婕妤+2位家长	维也纳
	美创坊	美术	东303		夏蕾	夏蕾、谢胜律+2位家长	俄罗斯

课程内容	名称	对应科目	地点	过关内容	活动设计及场地负责人	现场活动评委	场地主题供参考
基础性课程	美行园	思想品德	C301		何优优	何优优、贾以利+2位家长	埃及
	冒险岛	体育	体育馆三楼		王仕孟	王仕孟、朱炳旭+2位家长	希腊
拓展性课程	发现之旅	发现课	C305		朱丽君	朱丽君、陈柠檬+2位家长	瑞士
	探索乐园	科学	C303		陈元珍	陈元珍、翁丽燕+2位家长	伦敦
	食堂收过关卡及发放奖品（下午）	胡雪（组长）、任高伟：查看完成过关的学生的过关卡，发现个别学生没有完成过关；提醒返回过关；全部过关，发放奖品；提前一天下午，布置二年级走廊气球					

乐评结束，学生要对各个场馆做星级评价，并画一画、写一写自己喜欢的场馆，每班选择优秀写绘单参加年级段评比。

（四）评价成效，发现新的生长点

1. 评价项目多元

为了让内容既融合基础性课程，又融合拓展性课程，且对应学校课程结构，我们设计了美创坊、聆音阁、读者联盟、认读吧、探索乐园、美行园、聪明屋、冒险岛等项目。

美创坊和聆音阁考查的是学生的艺术修养，对应学校的小达人课程；读者联盟和认读吧考查的是学生的语言与交流能力，对应学校的小文人课程；探索乐园考查的是学生的科学知识和探索能力，对应学校的小博士课程；美行园考查的是学生的生活自理能力和文明习惯，对应学校的小公民课程；聪明屋考查的是学生的逻辑与思维能力，对应学校的小能人课程；冒险岛考查的是学生的体能和身体的敏捷度，对应学校的小健将课程。

一年级评价活动"畅游动漫城"，各项目既有学生熟悉的动漫人物形象作为情境，又有与动漫人物相关的考题需要闯关；二年级评价活动"环球之旅"，前期要求孩子看《寻宝记》这套书，对各个国家做初步了解，各场馆的布置体现相关国家的特点，让学生有身临其境之感。评价内容涵盖了语文、英语、数学、科学、体育、美术、音乐等多门学科以及各种生活常识。考题由对应学科的老师准备，考核内容为本学期学生课堂上的应掌握的基础知识，以及年级段要求学生掌握的知识。内容既有动笔书写的，也有动手操作的，还有测试体能的。考官既有学生，也有家长；既有本校老师，也有外聘专家。既有多样的内容，又有多元的形式，评价活动让学生在快乐的活动中完成学期学业评价。

2. 评价过程有序

此评价项目，每人手持一张"乐评卡"，畅游动漫世界、穿梭于各个国家："我想先去美行园，我最喜欢白雪公主了"，"我想先去探索乐园，小黄人太可爱了"。这样就能完成考试，对于学生来说是不是太"嗨皮"了一点！学生在游玩的同时，也完成了各个项目的过关考核，这样的评价，开心又不乏挑战。

在学生评价的同时，家长手中也有一张二维码，可以通过手机扫一扫，同步了解孩子在校的学习评价情况。

3. 评价方式常态化

我校自 2016 年创办以来，一、二年级期末测评就采用乐评的方式，乐评已成为一、二年级期末测评的传统方式。当然，以期末一天来定一学期的学习效果显然是不够准确的，因此，我们逐步增加过程性评价，到 2019 年第二学期，我们确定了过程性评价的整体框架——依托发现节，丰富项目测评，让评价成为常态。

以下是学校发现节的整体框架：

表 5-6　发现节活动模块

时　间	模　块	主　办	协　办
2020 年 4 月	发现阅读（学生）	教学科研处 课程开发处	语文组对接读书节
2020 年 4 月	发现数学	教学科研处 课程开发处	数学组
2020 年 4 月	发现英语	教学科研处 课程开发处	英语组

时　间	模　块	主　办	协　办
2020 年 4 月	发现 STEAM	教学科研处 课程开发处	科学组
2020 年 5 月	发现劳动	学生工作处 课程开发处	综合实践组
2020 年 5 月	发现艺术	学生工作处 大队部团委	对接艺术节
2020 年 5 月	发现心育	学生工作处 大队部团委	全体班主任
2020 年 9 月	发现学习（教学开放周）	教学科研处 课程开发处	各教研组
2020 年 10 月	发现科技	学生工作处 大队部团委	对接科技节
2020 年 10 月	发现研究	教学科研处 课程开发处	综合实践组
2020 年 11 月	发现体育	学生工作处 大队部团委	对接体育节、运动会
2020 年 11 月	发现创造	信息技术处	综合实践组
2020 年 12 月	发现思政	教学科研处 课程开发处	思政任课教师
2020 年 12 月	发现阅读（教师）	教学科研处 课程开发处	各教研组对接读书节

　　4. 评价数据汇聚

　　数据记载着学生的学习结果。为了改善乐评卡只能临时性记录成绩的弊端，教学科研处联合信息中心，为每个孩子设计了专人专用的条码，考官只要用手机扫一扫条码，就会出现学生信息和过关项目，便可输入该学生对应项目的成绩，待学生完成所有过关项目，立即可以得到一张直接生成的评价成绩单，后台也会自动生成本学期的过关数据库。数据可分班级、分学科、分学生导出。如此一来，评价系统便有了学生学习成绩的过程性数据，通过对数据的分析及分析结果的思考，教师可以调整教学活动和教学模式，便于更好地进入下阶段的教学。通过对数据的分析，利于分析每一个孩子的优点及努力方向，并以此为载体实现评价对学生素养的动态促进。

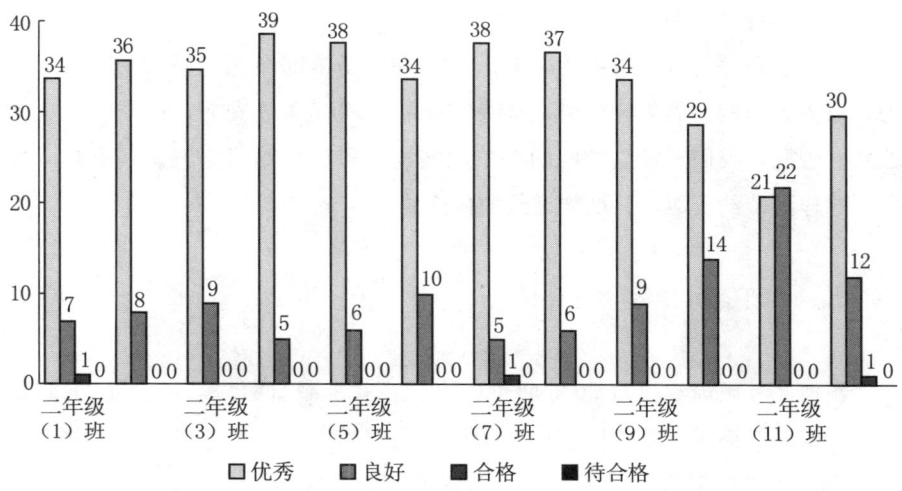

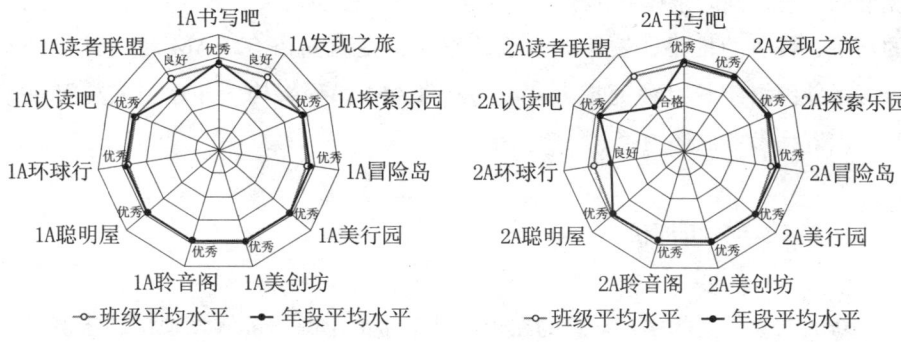

图 5-5　雷达图数据样例

（五）评价延展，发现不一样的空间

1. 大数据的汇聚

　　期末乐评，我们已经有了比较完备的数据收集系统，但是学期中的过程性评价，我们目前还没有数据收集，因此，光看期末的数据来评定，显然是不够准确的。我们正在积极开展建设数据驱动的学生评价系统，基于大数据背景，通过开发适用于低年级段评价的课程、评测平台，融合多种技术手段，聚焦大数据下的评价，让学生的综合素质评价实现评价手段多元、评价层次丰富、评价数据共享。

2. 场馆化的评价

为营造乐评气氛，每年的期末乐评，每个场馆都会花比较大的人力、物力、财力去布置，而乐评结束，这些装饰的东西又无处安放，造成比较大的浪费。因此，我们想设立专门的评价教室与学科教室结合，打造一场馆一特色，这样既节约资源，又增加评价的仪式感。

二、 STEAM 课程学习评价

瓯海区外国语学校自 2016 年创办之初，就承载着瓯海新城起暖的重任，被寄予较高的期望。学校以"向宽而行"为校训，寄希望通过学校文化的系统建构让学生在宽松的氛围、宽广的课程中拥有宽容的个性、宽阔的思路、宽宏的智慧。同时全体教师努力实践修炼为课程的高手、教学的能手、育德的巧手、科研的推手、教育的强手。作为首批温州市 STEAM 教育试点校，瓯海区外国语学校已经完成九年一贯 STEAM 课程架构，并逐步实施开展。具体内容请参考前述内容。

三、 教学分析评价

新的课堂模型的构建，目的在于提升学生的学科素养。发现课基于课堂，为便于收集科学数据，我们进行班级对比研究。实验班级的学生经历了两年的发现课的课堂模式，学习的兴趣得以激发，可以更充分地深挖学有余力的学生的数学潜力，课堂模式符合学生的认知规律，能够让学生像"数学家一样思考"，像"科学家一样实验"，有助于学生问题意识的提高，有利于学生合作、探究能力，以及高阶思维能力的提升。

【案例 13】实验班级四个学期期末学习品质与学业质量分析

发现课模式的教学在我校的七年级 1 班和 2 班开展试行，直至升入八年级，班级的数学学业质量有了明显的进步，现将七、八年级各次考试结果统计如下（见表 1、表 2、表 3、表 4）。

表 1　七年级上学期期末数学成绩

班级	任课教师	离均差（校均值）	离均差（区县均值）	最高分	最低分	A，前20%	B，前40%	C，前60%	D，后40%	E，后20%	标准差	平均分	校排名(7)
—	—	—	3.13	100	27	18.63%	46.01%	69.96%	30.04%	10.27%	13.3	70.32	—
04	—	2.58	5.71	92	34	18.42%	55.26%	76.32%	23.68%	2.63%	10.75	72.89	1
06	—	0.88	4.02	97	36	22.86%	54.29%	71.43%	28.57%	8.57%	13.79	71.2	2
05	—	0.22	3.36	97	38	16.22%	32.43%	78.38%	21.62%	8.11%	11.98	70.54	3
01	—	−0.15	2.98	89	41	11.11%	44.44%	72.22%	27.78%	5.56%	10.63	70.17	4
02	—	−0.57	2.56	90	31	17.95%	46.15%	71.79%	28.21%	15.38%	14.53	69.74	5
03	—	−1.29	1.84	100	29	23.68%	42.11%	55.26%	44.74%	15.79%	15.28	69.03	6
07	—	−1.52	1.62	89	27	20%	47.5%	65%	35%	15%	14.63	68.8	7

表2　七年级下学期期末教学指标

班级	任课教师	离均差（校均值）	离均差（区县均值）	最高分	最低分	高分率≥90%	优秀率≥85%	及格率≥60%	低分率<40%	标准差	平均分	校排名（7）
—	—	—	9.86	100	19	26.24%	45.25%	87.07%	4.94%	16.78	77.63	—
01	—	4.45	14.31	96	41	34.21%	60.53%	94.74%	0%	11.56	82.08	1
04	—	1.21	11.07	100	19	26.32%	50%	89.47%	2.63%	15.85	78.84	2
05	—	0.44	10.3	100	41	21.62%	37.84%	89.19%	0%	14.17	78.07	3
02	—	0.04	9.9	94	25	30.77%	56.41%	84.62%	7.69%	18.93	77.67	4
06	—	-1.45	8.41	98	27	25%	41.67%	83.33%	5.56%	16.88	76.18	5
03	—	-2.3	7.56	97	22	26.32%	36.84%	84.21%	13.16%	19.73	75.33	6
07	—	-2.52	7.34	97	26	18.92%	32.43%	83.78%	5.41%	17.75	75.11	7

表 3　八年级上学期期中数学指标

班级	任课教师	离均差（校均值）	最高分	最低分	高分率≥90%	优秀率≥85%	及格率≥60%	低分率<40%	标准差	平均分	校排名（7）
—	—	—	96	15	4.23%	12.31%	72.69%	7.69%	17.11	67.81	—
01	—	3.34	95	34	5.13%	15.38%	79.49%	2.56%	13.71	71.15	1
02	—	1.85	91	26	8.57%	14.29%	82.86%	5.71%	15.98	69.66	2
07	—	1.61	95	15	5.26%	10.53%	76.32%	7.89%	18.5	69.42	3
06	—	−0.81	85	15	0%	5.41%	70.27%	5.41%	16.09	67	4
04	—	−1.05	94	27	2.63%	13.16%	71.05%	13.16%	17.98	66.76	5
05	—	−2.01	96	28	2.78%	11.11%	63.89%	5.56%	14.7	65.81	6
03	—	−3.08	90	15	5.41%	16.22%	64.86%	13.51%	20.76	64.73	7

表 4　八年级上学期期末数学指标

班级	任课教师	离均差（校均值）	离均差（区县均值）	最高分	最低分	A率，前20%	B率，前40%	C率，前60%	D率，后40%	E率，后20%	标准差	平均分	校排名（7）
—	—	—	2.78	99	16	20.46%	42.08%	67.95%	32.05%	9.65%	14.14	65.69	—
2	—	4.22	7.01	99	37	36.11%	63.89%	77.78%	22.22%	11.11%	15.07	69.92	1
1	—	3.99	6.77	89	38	28.95%	55.26%	81.58%	18.42%	2.63%	11.01	69.68	2
4	—	0.81	3.59	84	23	18.42%	44.74%	76.32%	23.68%	10.53%	12.98	66.5	3
5	—	-0.44	2.35	94	44	17.14%	28.57%	57.14%	42.86%	5.71%	11.47	65.26	4
7	—	-2.69	0.09	81	31	10.53%	34.21%	60.53%	39.47%	13.16%	12.5	63	5
6	—	-2.9	-0.11	89	21	13.51%	27.03%	64.86%	35.14%	10.81%	14.64	62.8	6
3	—	-2.96	-0.18	93	16	18.92%	40.54%	56.76%	43.24%	13.51%	17.93	62.73	7

从以上各表可以看出，七年级上学期 1 班和 2 班数学学业质量位于年级中段，经过一个学期的发现课尝试，七年级下学期两个班级的数学成绩有了明显的提高，两个班的高分率和优秀率也在年级排名前列，1 班的低分率为 0。到了八年级，学生经历了一年的课堂改革，1 班和 2 班的数学成绩已经达到年级前列，并且能够和其他班级拉开较大距离。值得注意的是，发现课课程的实行对于前 20% 的学生有非常好的提升作用，不仅提升了成绩，还拓宽了视野，培养了能力。

发现课旨在培养学生的高阶思维。思维教学在当前的教育中还是一个全新的领域，培养学生的高阶思维是一个复杂而艰巨的过程。在今天的学科教学中，教学生记住学科知识已经是次要的了，更重要的是教会学生如何学习知识，如何应用知识去解决实际问题，从而培养学生的创造力和可持续发展的潜能。只有具备高阶思维技能的学生才是终身学习者，才有能力去分析新情况，将新知识与已知信息联系起来，批判性地思考和创造性地解决问题，完善过程，理解世界。

【案例 14】打开乔哈里窗，走进有效讲评课堂
——以八年级下学期末试卷（历史与社会部分）为例

试卷讲评课是基于考情，纠正学生的共性错误，夯实知识提升能力的一种课型。但一直以来如何上好一节讲评课是一线教师的困惑。乔哈里窗作为对话沟通、知识共享的理论模型，为打开讲评课的教学秘密提供了有力支撑。本案例从讲评课常见误区入手，围绕学生的四大视窗，探讨讲评前、讲评时、讲评后的有效教学策略，以助推"窗口转移"，扩大公开区，最终实现教学效度的提升。

试卷讲评课是历史与社会教学中的一个重要课型，也是提高教学质量的重要环节。通过讲评，可以纠正考试中存在的共性错误，弥补教学遗漏，深化学生对知识的理解巩固；帮助学生夯实所学知识，训练思维，提高解题能力，并在教师的指导下培养举一反三的迁移运用能力；还能揭示教与学双方存在的问题，从而优化教、学方式。但是在实际教学中，很多教师对其重视

不够，改完试卷就讲的模式贯穿始终，高耗低效的模式始终无法真正达到提高学生能力的理想效果。那么到底如何上好历史与社会试卷讲评课呢？乔哈里窗理论为窥探和打开试卷讲评课的教学秘密提供了有力武器。

以乔哈里窗理论为指导，教师结合自身教学情况，总结出试卷讲评课"三步走"的讲评模式：课前改析知学情、课中精析提实效、课后跟进促强化。

一、试卷讲评课误区重重

（一）缺乏目标，错失时机

出于对试卷讲评课的迷茫和轻视，很多人对这种课堂的准备方式就是写试卷对答案，一副"有答案在手此课无虑"的心态。课前不做准备，不确定教学目标，这样的课堂没有方向，也无法实现高效。还有一些老师由于各种原因没有及时批完试卷，批完之后又没有及时完成统计工作，等到讲评时，学生早已没了之前渴望了解成绩的欲望，试题也忘得差不多了。那讲评效果可想而知。

（二）平均用力，不分轻重

一些老师将讲评课上成核对答案课，从第一道题按部就班地讲到最后一题。要知道一套试卷中的题目的难度是各不相同的，学生出错数量和程度也不一致。不认真分析试卷数据、整合试卷资源，只靠这种没有重点、看似面面俱到的讲评，没有办法对学生进行针对性指导，学生疲倦的背后是效能的低下。

（三）单独讲评，不求拓展

单独讲评即顺着题目序号依次讲解，讲一题是一题，将这道题与别的试题孤立开来，仿佛它们之间没有内在的联系。单独讲评不利于学生全面地理解和掌握知识，也无法帮助他们形成一个完整的知识网络，学生看似理解了这道题，但换一个与之相关联的知识，他们可能又不会做了。

（四）师讲师评，独霸课堂

老师亲力亲为，题题主动分析，课堂变成了老师的独角戏，学生则变成了听戏人。这种单向的信息传递使课堂成了老师的"一言堂"，老师滔滔不绝、学生昏昏欲睡自然也就成了讲评课的常态。呆板单一的教学方法既不注意启发学生思考，也不注重引导他们积极参与，学生的思维和能力都得不到应有的提高。

这些现象某种程度上严重影响了试卷讲评课的有效性，那么如何使其更有效呢？下面我们来着重分析一下。

二、试卷讲评课的有效策略

要充分发挥试卷讲评课的功能，可落实在课前、课中、课后三个环节上。

（一）讲评前：数据分析，初识窗口

1. 独立研做试卷，把握考查内容

未知区是一个交流双方都充满好奇的区域，自己不了解，别人也不清楚。一场考试结束后，究竟学生的易错点在哪里，知识掌握程度如何，命题考查内容是什么，这些都是教师和学生在试卷批改和讲评之前所不知悉的。讲评课不能打没把握的"仗"。因此，在讲评课之前，教师应该脱离参考答案独立完成试卷，在做题过程中把握命题者的命题意图、考查的知识点，研究学生的解题思维，洞察其中可能出现的思维误区，从而走出未知区，为后续有的放矢地讲评和设计练习做好准备。

2. 大数据提取分析，准确把握考情

如果说之前的独立研做只是尝试发现学生可能出现的思维误区，那么基于试卷评改之后的大数据分析就为了解学情提供了准确的数据支撑。通过大数据把握总体考情以及学生的个性答题情况，进行针对性的定量分析，就能恰当定位学生的公开区、隐蔽区、盲区和未知区。因此，在考完试后教师要及时批改试卷，并做好以下两方面的统计工作。

统计成绩分布，肯定优秀进步。

表 1　成绩统计（历史与社会总分 50 分）

最高分	42	最低分	13
平均分	30.1	优秀率	18.4%
41～50	4	31～40	17
21～30	13	0～20	4

统计答题情况，明确讲评重点，各题得分率见表2。

表2　各题得分情况统计

选择题得分情况									
题号	1	2	3	4	5	6	7	8	9	10
得分率（%）	67	76	66	73	63	40	88	91	74	58

非选择题得分情况							
题号	11（1）	11（2）	12（1）	12（2）	12（3）	13（1）	13（2）	14
分值	4	4	2	4	4	4	4	4
平均分	1.97	1.71	0.82	2.52	1.18	2.6	2.18	1.04
得分率	49%	43%	41%	63%	29%	65%	54%	26%

在获得大量数据的基础上，对学生的答题情况进行分析，找出他们的能力点和出错的知识点，仔细分析其中存在的共性问题和个性问题。根据失分率、所考查的知识点和解题能力的异同，制定相应的析题策略，逐渐扩大公开区。

（二）讲评时：精准析题，移动窗口

1. 用数据说话，激励鞭策

教师向学生提供平均分、各分数段的学生人数等相关数据，简单分析试卷总体概况。与此同时，要及时进行肯定性评价，发挥试卷讲评课的激励功能。学生通过数据对比可以马上知晓试卷的总体情况，再比对本人试卷上的错题可以做出个性化的错因分析，而且还能做到知己知彼，以求激励鞭策。随着师生共享大数据，信息出现交换，学生对自我与他人的能力认知出现波动、变化，从而实现了未知区向其他视窗的转化，也为之后的师生、生生互动创造了有利的沟通情境。

2. 错题中"淘金"，精细化分析

根据考情、试卷命题特点和教学目标，可以确定以下几种操作：老师知道且学生知道的题目（公开区），不必再在课堂上分析；老师知道、部分学生知道的题目（隐蔽区、盲区），根据得分率高低，分别采取学生分析和教师分析的方法。这些盲区就是讲评课要抓住的重点。

(1) 针对性讲评，就重避轻

聚焦错题，归类分析。讲评时要注重典型题目中知识、方法的梳理归类，安排好讲评顺序。涉及相同知识点（或主题）的题目集中讲评，如选择题第6题、第10题和得分率相对较低的材料题第12题第一问、第14题，考查的是刺史制度、郡县制、行省制、制度与统一多民族国家的关系。这些题目之间存在内在联系，郡县制、刺史制度、行省制的改革加强了中央集权，有利于维护国家统一和社会稳定，为统一多民族国家的发展提供了保障。教师把这4道题归结在一起分析，从而加深学生对这些知识的理解，完善了"制度改革保障我国统一多民族国家发展"这一主题的知识网络。形异质同、形似质异的题目集中讲评。所谓"形"就是指材料情景，"异"就是指提问方式或解题技巧。对于形异质同的题目，要善于变通，找出问题的"质"，从而化难为易，举一反三，走出盲区。对于形似质异的题目可以利用比较法寻找题目设问的异同，从而解锁试题，避免思维定式下的负迁移。

(2) 拓展训练，锻炼思维

教师充分利用典型错题，展开试题分析，并进行变式训练，引领解题策略。

【例】 以"思想（或者制度、交融）与统一多民族国家"为主题，根据上述材料提炼一个观点并简要论述。(4分)（得分率26%）

教师可以直接给出"参考答案"：制度创革保障了我国统一多民族国家发展。秦朝郡县制、隋唐时期科举制度等加强了中央集权，有利于维护国家统一和社会稳定，为统一多民族国家的发展提供了保障。让学生结合材料分析：怎么得出这个参考答案？答题要点是什么？在此基础上，让学生任意选择思想或交融角度，继续补充其他参考答案。由此，通过一道题有效突破了一个微主题下的若干知识点，加强了知识的记忆理解，完善了知识结构，矫正了学生的思维误区，让学生深入体会历史的学习方法。

【例】 材料体现了北宋政治生活中的哪一规则？联系所学，分析其对北宋产生的影响。(4分)（得分率29%）

教师在分析好该题之后，可以补充有关崇文抑武消极影响的材料，进行"变题"：结合材料，分析崇文抑武对北宋产生的影响。答题结果就成了检测学生是否真正明白和掌握解题方法的有效工具。

不论是在原有题目上的借"题"发挥，还是拓展训练，都有助于将知识点扩展、深化，让学生在试卷讲评课中有所发挥、有所提高。

正如乔哈里窗所言，盲区是自我信息缺乏导致在与对方的交流中出现信息的不对称。讲评课的精讲精析使学生掌握尽可能多、完整的信息，不断改善学生的知识框架，提高学生的解题能力。同时这种学习模式也促使其在思考和实践中成长提升。

3. 调动学生参与，提升学习力

学生和教师是课堂活动开展的两大主体，双方的交流效果直接作用于讲评课的成效。由于信息不对称和心理接受等原因，每个人的四个视窗都一直共同存在着。以往教学更多的是依靠教师个人推动信息流动，这种低效的方式无法检测学生接受信息的程度。因此，只有充分调动学生积极参与，通过真诚交流和分享，才能试图打开这个隐蔽区，实现非公开区到公开区的转化。如何让学生积极参与讲评课呢？可以借鉴以下三种操作。

（1）学生说题，让教与学更明白

陶行知曾说："小孩子最好的先生，不是我，也不是你，是小孩子队伍里最进步的小孩子。"教师可以通过指导进步最快的学生，让他们担当说题小讲师，分析试题。而说题，就是让学生通过阅读题目，结合所学知识进行分析思考，阐述相关题目的命题意图、试题类型、审题情况、涉及知识点、答题规范等的过程。具体操作：在课前（或课中）确定人员，要求他们做好说题准备；课堂上完成说题后，可由其他学生补充、完善，最后教师点评。这类说题原则上选择得分率中等的题目，便于学生操作，比如材料题第 13 题第二问"运用孝文帝改革相关史实说明北魏统治者做出怎样的抉择"。

这种暴露学生思维的过程实现了信息分享，避免了以教代学，能有效地发挥学生能动性，使其在反思、分析、探究中提升思维能力。

（2）以学生答案为例，诊断归因

根据学生的答题情况，呈现学生的典型答案，让学生担当评分人，以促进学生的能力提升。

操作一：呈现学生答案，学生评分并说明理由。

原始评分	
最终评分	
赋分理由	
自我反思	

操作二：出示参考答案，师生共同解析，明确评分标准。还可以出示学生做的优秀答案，这种做法更能引起学生的关注和反思。

操作三：修正原答案，反思失分原因，总结提升答题策略。比如材料题第12题第三问是本卷失分较多的一道题，主要失分原因有历史知识掌握不扎实、学科语言不够规范严谨、历史解释能力不足等。只有让学生自己主动获知失分原因，才能明确自己的短板，形成克服错误的策略。

（三）讲评后：后续跟进，扩大公开区

1.注重反思矫正

反思是一种学习的智慧，题后反思的重要性一点不亚于做题析题本身。教师的试卷评讲是针对全体的，而个体的情况各不相同。因此，课后要引导学生及时积极进行自我错因分析。课后反思可以提炼解题思路和方法，防止"被同一块石头绊倒"。反思可以是自己的考试收获、答题不足、总结并拓宽的解题方法等，也可以制作自己的错题集。只有通过自我修正的过程，才能对自己的知识和能力有清晰的认识，形成积极主动的力量，跨越非公开区的障碍。

2.练习强化巩固

学生不可能在一次讲评中掌握所有重难点，因此，教师需要设计针对性的跟踪练习以帮助学生巩固强化所学知识，获得对同类题目的分析解决能力，形成持久的学习力；还要做好个别辅导和答疑工作，让落后的学生也"富起来"。

上好一堂试卷讲评课是一门技术，也是一门艺术。通过课前、课中、课后的精心设计，助推"窗口移动"，发挥"生之所能"，从而实现讲评课效度的提升。

第三节　指向学生生活状态的评价体系

一、劳动评价方式

教育部关于印发《大中小学劳动教育指导纲要（试行）》的通知（教材〔2020〕4号）中指出："劳动教育是新时代党对教育的新要求，是中国特色社会主义教育制度的重要内容，是全面发展教育体系的重要组成部分，是大中小学必须开展的教育活动。它具有鲜明的思想性，必须将马克思主义劳动观贯彻始终，强调劳动是一切财富、价值的源泉，劳动者是国家的主人，一切劳动和劳动者都应该得到鼓励和尊重；倡导通过诚实劳动创造美好生活、实现人生梦想，反对一切不劳而获、崇尚暴富、贪图享乐的错误思想。具有突出的社会性，必须加强学校教育与社会生活、生产实践的直接联系，发挥劳动在个人与社会之间的纽带作用，引导学生认识社会，增强社会责任感；同时注重让学生学会分工合作，体会社会主义社会平等、和谐的新型劳动关系。具有显著的实践性，必须面向真实的生活世界和职业世界，引导学生以动手实践为主要方式，在认识世界的基础上，获得有积极意义的价值体验，学会建设世界，塑造自己，实现树德、增智、强体、育美的目的。"

学校将劳动素养纳入学生综合素质评价体系，建立以学校为主导、家庭为基础、社区为依托的协同实施机制，形成共育合力。以劳动教育目标、内容要求为依据，健全和完善学生劳动素养的评价标准、程序和方法，利用"瓯外大脑"，开展劳动教育过程监测与如实评价，发挥评价的育人导向和反馈改进功能。

（一）点赞式过程性评价

要在平时的劳动教育实践活动中及时进行评价，以评价促进学生的发展。要覆盖各类型的劳动教育活动，明确学年劳动的实践类型、次数、时间等考核要求。关注学生在劳动教育活动中的实际表现，注重从行为表现中分析把握劳动观念的形成情况。以自我评价为主，辅以教师评价、同伴评价、家长评价、服务对象评价等他评方式，指导学生进行反思改进。要指导学生如实记录劳动教育的活动情况，收集整理相关制品、作品等，选择代表性的写实记录，纳入综合素质档案，作为学生学年评优评先的重要参考。

　　劳动教育开放式评价"自评、互评及他评相结合"的建议，针对人人都有评价，从学生、家长和教师三个角度出发，设计了劳动评价表。其内容包括学生的反思自我评价功能、生生交流式互评、家长的反馈式评价以及教师的综合式评价。从情感态度、活动能力、活动表现等方面进行多角度评价。

表 5-7　点赞式劳动评价表

评价角度	评价内容	自　评	同学评	老师评或家长评
劳动态度	喜欢劳动	☺☺☺	☺☺☺	☺☺☺
合作劳动	能和他人合作完成	☺☺☺	☺☺☺	☺☺☺
劳动方法	能正确使用工具进行劳动	☺☺☺	☺☺☺	☺☺☺
说明：☺一般，☺☺较好，☺☺☺优秀				

表 5-8　学生自我评价式

（　　）课堂表现自评表 队长：＿＿＿＿＿＿　日期：＿＿＿＿＿＿		
小组自评（打"√"选择合适的选项）	A. 先商量，讨论怎么做，然后分工合作	
	B. 沒有商量，所有人参与，但各管各的	
	C. 少数人参与，有部分人没事做	

（二）各类劳动小达人学段综合评定式评价

　　我是班级劳动小能手、家庭劳动小助手、开心农场小能手评选活动不以学业质量为评价标准，具体采用自评、小组评、师评等方式开展。劳动小达人申报表是劳动评价中的一大亮点，需要学生积极参与到劳动活动之中，学生通过平时的努力和不断地积累，完成本学期的所有活动后便可申请。教师再结合开放式评价进行审核，形成终结性评价。申报成功的学生便可获得各类"劳动小达人"的称号。

　　学段结束时，依据学段目标和内容，结合综合素质档案分析，兼顾必修课学习和课外劳动实践，对劳动观念、劳动能力、劳动精神、劳动习惯和品质等劳动素养发展状况进行综合评定。建立诚信机制，实行写实记录抽查制度，对弄虚作假者在评优评先方面一票否决，并批评教育，责其改正。学校将学段综合评价结果作为学生升学的重要参考。

二、社会实践

社会实践是全面落实素质教育的重要举措，是体现知行结合、手脑并用的重要途径，有助于帮助学生增长知识见识，有助于提升学生解决实际问题的能力，增强综合素质，有助于引导学生加强品德修养，培育和践行社会主义核心价值观，弘扬劳动精神，培养社会责任感。

为丰富学生"双减"下的课余生活，充分发挥"劳育"在人的成长过程中的多元智能作用，让学生习得劳动技能，提升劳动的兴趣，我们将社会实践纳入学校劳动课程，结合学校劳动教育的指导纲要，开展劳动教育周活动。在瓯外，劳动教育周贯穿学年始终，以课程化实施，从服务知文化、体验传精神、劳动励创新三个维度，开展"六个一"活动，即一次学农体验、一次职业体验、一次家庭劳动、一次创新劳动、一次社区服务、一次校园服务。

（一）一次学农体验

立足"亲自然、爱劳动、会创造、享丰收"的初心，让孩子们在实践体验中"知农事，探农知，体农艰"，成为合格的社会主义接班人。

图 5-6　学农体验

（二）一次职业体验

社会是一个广阔的天地，是一个大课堂，更是一个丰富多彩的世界，学生走进社会、接触社会，通过商业、服务业的职业体验的实习实践活动，让

图 5-7　职业体验

学生去体会别样的劳动，感受别样的教育。在职业体验中，感受劳动之美，树立远大理想。

图 5-8　家庭劳动

（三）一次家庭劳动

通过在家庭里开展家务劳动，并将洒扫、烹饪等劳动过程以文字与照片的形式记录下来，通过填写"榉园家庭劳动日体验单"留下美好的成长印记，体会服务家人，愉悦自己的劳动快乐。

（四）一次创新劳动

开展各类创新劳动活动，如学校特色的发现龙舟课程，将经典的"造船"课程演化为龙舟课程，从构造龙舟到设计龙舟，融入多种学科元素，为传统文化赋予新的时代特征。我们用各种各样的材质来智造龙舟，纸板、雪糕棍、彩纸、瓶子……都成为孩子们创作的素材。

图 5-9　创新劳动

（五）一次社区服务

走出家门，在自己所居住的社区里，开展公益活动，进行文明劝导、社区护绿等活动。

图 5-10　社区服务

（六）一次校园服务

在校园里，通过发现单带着任务的方式进行农场体验、美化教室与公共场地、整理书包、折叠衣服等服务性劳动。

图 5-11　校园服务

通过聘任"劳动教育指导师"开展"家长同学日""家庭劳动日""预备益"等活动，让家校社联为一体，成为学生成长的助推器。

第四节　指向学生能力发展的评价体系

一、关键能力评价

促进学生德智体美劳全面发展历来是党和国家教育方针政策的重要内容。2018 年全国教育大会提出，要努力构建德智体美劳全面培养的教育体系。2019 年 6 月中共中央、国务院印发的《关于深化教育教学改革全面提高义务教育质量的意见》提出，"要坚持'五育'并举，全面发展素质教育。……突出德育实效，提升智育水平，强化体育锻炼，增强美育熏陶，加强劳动教育"。这都为今后的人才培养指明了方向。

坚持"以评促改""以评促建"的原则，在教师队伍建设、课程管理等方面加强对音体美等薄弱学科的政策、资源倾斜。长期以来，语文、数学、英语等中高考科目都是中小学校重点关注的学科，这些学科往往在师资、课程建设、教学管理等方面比道德与法治、音乐、体育、美术等学科享有更多的优势资源。这也在一定程度上导致了德体美等方面成为学生发展的薄弱点。为此，在对学校进行评价的过程中，要坚持"以评促改""以评促建"的原则，对于存在困难的薄弱学科要注意补齐短板，在教师招聘、教师培训、课程管理、教学指导等方面向薄弱学科进行倾斜，为学生的全面发展创造条件。

《浙江省教育厅关于深化义务教育课程改革的指导意见》（以下简称《指导意见》）发布以来，全省各地纷纷取消一、二年级的纸笔测试，取而代之的是"非纸笔化"评价，期末测试的变脸成为时下热点。《指导意见》指出，要深化评价改革，要探索"推广过程性评价、表现性评价和发展性评价，探索形成多形式、人本化的学生发展评价机制，建立和实施九年一贯的学生综合素质评价制度"。我校是一所新办的九年一贯制学校，一、二年级如何进行评价？如何体现九年一贯的评价思路？如何在评价中尊重学生的个性差异？如何在评价中指向核心素养？带着这些问题，我们在小学低年级段"非纸笔化"评价方式创新中探索着、实践着。

（一）适切学校办学哲学的评价观

在学校开办之初，学校提出"向宽而行"的校训，择高而立，开创"宽教育"文化品牌，努力让学生"视野更宽，与世界更近"。

"宽教育"视野下的课程评价关注学生的全面发展，关注学习过程的成本与路径，关注学生学习品质的提升，关注学生的成长环境。这就要求我们要树立科学的教育质量观，重点研究学校教学质量管理问题，推进深化与课改相适应的中小学教育质量综合评价改革。我们要求"宽教育"下的宽课堂，教学目标明确、教学内容丰富、教学过程立体、教学方法灵动、教学评价多元、教学文化宽容。与之相适应的评价也将发生改变。

基于此，我们在小学低年级段推行了"乐评"评价体系，希望借助乐评的整体化构建，融合多种技术手段，让学生的综合素质评价实现评价手段多元、评价层次丰富、评价数据共享，让评价成为"宽教育"的重要一环。

（二）"非纸笔化"评价现状

目前，瓯海区一、二年级期末考试和考查，基本上都是采用非纸笔化评价，分项测试、模块游考、项目评价等各种低年级段学业评价方式丰富多样。其中模块游考方式因为趣味性强，符合低年级学生的发展特点而尤受推崇。我校在今年的一年级学业项目评价中，决定以游考形式构建我校低年级段"乐评"评价体系。但是经过对初步方案的充分论证，发现其中存在以下几个问题。

1. 数据零散化

游考的依托形式是游园，意味着每个模块都要对全年级段的学生进行考核，评价数据十分零散。有的学校给每个学生发了游园单，记录下自己的测评成绩，但是可想而知，由于数据十分零散，几乎不可能进行数据的收集。这就造成学校无法掌握整体的学生评价状况。

2. 评价过程破碎

作为一个学习阶段，必然要求教师在期末对学生进行学业评价，然后在学籍系统中录入。但是因为数据没有收集，任课教师无法获取所教学生的总体情况。这就造成有些学校在实际操作过程中，存在两张皮现象，游考之后，一切喧闹归于平静，依旧通过各教师分学科测试得出期末评价成绩，让游考失去意义。

3. 过程性评价缺失

游考模式因为采取的是游园形式，可能根据策划者的不同随意地设置栏目，同时数据也没有积累，无法形成对学生的过程性评价，达不到教育评价应该具有的调节功能。也就是说教育评价对评价对象的教育教学或学习等活动进行调节的功效缺失了，这让评价无法作为改进教师的教和学生的学等行为的参考。

（三）大数据视野下的"乐评"体系

当今社会已经进入数字化时代。在这种时代背景下，学校的管理必然从经验管理、行政管理走向现代化的科学管理。大数据是数字化时代的重要特征，在互联网环境下，信息化的高度发达和大数据的充分应用，让大数据视野下的数据挖掘和数据分析成为可能。基于大数据视野构建低年级"乐评"评价体系，是有着积极意义的。

1. 合理设置模块，凸显核心素养

低年级"乐评"，不仅要注重乐，更要注重评，那么如何评，考核模块的设置尤为关键，我校一年级组进行了多次的讨论评价，以核心素养为出发点，

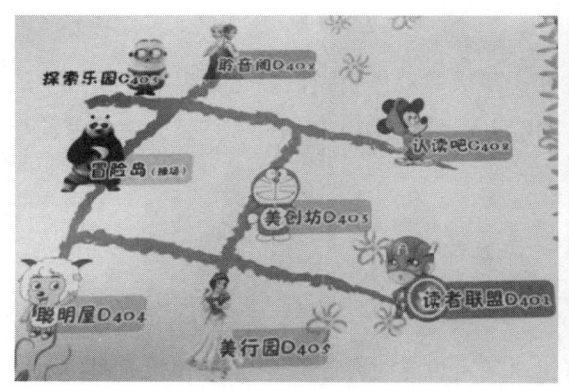

图 5-12　"乐评"发现卡单

将评价项目确定为美创坊、聆音阁、读者联盟、认读吧、探索乐园、美行园、聪明屋、冒险岛八个模块，包含了语文、数学、思维、体能、艺术、生活技能、文明礼仪等素养。根据低年级学生的心理特点，每个模块以动漫为主题来构建。

2. 课程理念导向，精心安排流程

在"乐评"中，每个模块都以课程理念为导向，以课程形式来设置考核项目，分模块评价，模块中又分项目考核，以课程理念来构建考核模块，让乐评指向性明确，更加扎实有效。

3. 应用科技手段，优化数据收集

为了收集数据，本次"乐评"采用了学校自主开发的"乐评"学生综合素质评价系统，在每个模块考核完成后都要录入对应的评价结果，形成整体的数据。学生的数据在后台一目了然。

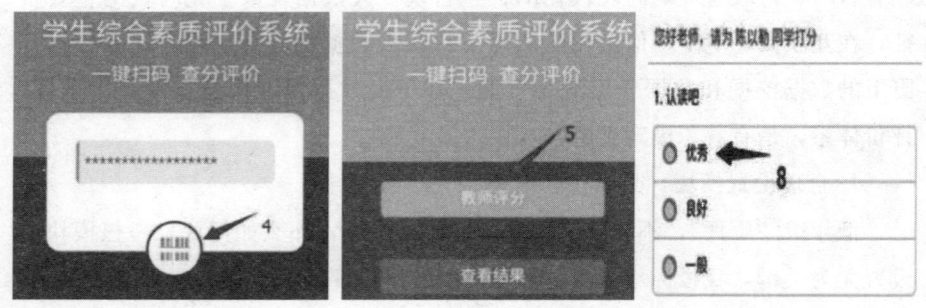

图 5-13　"乐评"系统数据界面

应用信息化手段，让学生在一年级起就体会到信息化在生活、学习中的作用，促使他们形成数字化生存能力，主动适应"互联网＋"、大数据等社会信息化发展趋势。

（四）基于大数据，"乐评"更有效

1. 数字化评价新奇有效

以条码为识别方式，能够快速地定位学生，进行评价和成绩查询。无纸化的方式，让师生体会现代教育技术带来的方便。学生完成所有模块的考核后，立刻可以得到一张直接生成的评价成绩单，反馈及时高效。

2. 评价过程动态掌握

由于实时更新，一方面，家长在手机上掌握学生的评价进度；而另一方面评价主考官也能够了解自己的评价进度，通过学生的考核进度，掌握模块项目的难易值。

图 5-14　"乐评"家长手册

3. 积累数据体现过程性

系统收集能够积累学生的评价数据，并进行数据挖掘，将教育对学生成长的影响清晰量化，不仅可以根据数据中呈现的实际情况实时调整教学活动，而且可以通过数据发现新的学习方式和学习模式，从而及时归纳总结。

教育评价是一个永恒的话题，我们要结合新技术手段，尊重学生的个性差异，指向核心素养，探索在新技术环境背景下的学生评价体系构建。

二、学科素养评价

（一）以小学道德与法治学科为例

"给我一个支点，我将撬动整个地球。"如果把道德与法治的学习内容比作一个地球，那么课程评价或许可被称作撬动这个地球的支点。小学道德与法治课程标准在课程评价目的中指出："本课程评价的主要目的是激励每个儿童的发展，促进每个儿童的品德发展与生活能力提升。"

在道德与法治课程评价中，我们面对的是一个个发展的学生，评价应从发展的角度去关注学生的未来。为了达成这种可能性，学科评价的实施需要形成系列性。为探讨如何制作一道学科味和素养味兼具的"评价大餐"，笔者与学科组老师形成合力，以我校全体学生为本，结合学科学习内容，进行评价设计与实施的大胆尝试，并以班级星星墙和期末成长树为学习评价载体，让学生的成长清晰可见。

1."四维"驱动，设计学科评价体系

道德与法治学科的生活性、活动性、综合性和开放性决定了学科评价的多元性和开放性。笔者认为，从学科教学内容出发，以教材内容编排来设计评价的维度，从学科要求到儿童能力养成，从教材主张到儿童实际生活，用评价来做桥梁，可真正实现在评价中全面展现学生参与程度和学习能力提升程度的目的。

课程标准指出，小学道德与法治课程主线是儿童与自我、儿童与社会、儿童与自然。我们应引领儿童在逐步扩大的生活圈中自主合作、交往成长、爱与担当以及社会责任。基于对教材与真实学情的把握，我们梳理出四个核心要素作为评价的维度。

（1）自主合作，做学习小主人

养成良好的个人生活习惯、学习习惯，提升自我保护能力，并能向内发展，积极乐观，敢于尝试，勤于思考，善于合作。

（2）交往成长，做班级小当家

在集体生活中能够做到友爱同伴，主动分担，乐于分享，学习交往，成为一个受欢迎的人。

（3）爱与担当，做生活小能手

对家庭生活和社会生活有正确的态度，热爱家人，热爱生活，学会关心，学会爱，学会担当，养成良好的品德和行为习惯。

（4）社会责任，做中国小公民

有对集体和社会生活的正确态度和责任意识，为成为社会主义合格公民打下基础。

从儿童自我，到儿童的班级生活和家庭生活，以及学校和家乡，再拓展到社会公共生活领域，以四个素养为评价维度，全方位引领学生成长。

2. 以生活与活动为本,"三种方式"构建评价体系

道德与法治学科的生活性和活动化特点,决定了评价应更加贴近儿童生活,尽量做到在生活中进行有效评价,在活动中进行发展评价。不同的评价方式将起到不同的功能和作用。基于团队近两年的研究,发现以"课堂学习评价+项目式学习评价+期末主题评价"的方式进行小学道德与法治学科评价,能够客观全面、温暖和谐地实现评价育人的目的。同时,这样的多元评价方式,强化了教育的回归,实现了"多一把尺子,多一个好孩子"。

我们以统编教材二年级上册为例,来看这三种评价方式的设计与设置依据。这册教育主题为"共有与共享",结合现代公共生活需要,引领学生在交往中学习成长,并扩展视野,学会责任与担当,促进良好的社会性发展。

表 5-9 小学道德与法治二年级上册评价设置要求

评价维度	主题单元	评价方式	评价设置依据
学习小主人(自主合作)	第一单元我们的节假日	课堂学习评价	本单元涉及的节日常识属于认知性内容,节假日的闲暇安排可以通过课堂学习活动让学习成果显性化,用常规课堂学习评价能够直观反映成果
班级小当家(交往成长)	第二单元我们的班级	课堂学习评价项目式学习评价	本单元的成长点就是引导学生深入理解班级的社会空间意义:从集体感到规则意识,再到集体责任。本单元内容和形式多样,教师可灵活整合自己的班级教育活动,除常规课堂学习评价之外,将积极参与集体建设做成项目式学习评价
生活小能手(爱与担当)	第四单元我们生活的地方	课堂学习评价项目式学习评价	本单元旨在促进学生对家乡生活的悦纳与责任。让学生认识家乡、了解家乡,以及感受家乡的自然美、物产美、人美。可以通过课堂学习评价反馈结果,以及利用项目式学习评价在生活中进行热爱家乡的教育
中国小公民(社会责任)	第三单元我们在公共场所	课堂学习评价期末主题评价	本单元旨在帮助学生养成公共场所所需要的文明行为习惯,并在其中融入社会主义核心价值观教育;作为整册书"共有与共享"主题的载体,除课堂学习评价之外,本单元适合作为期末主题评价单元

　　上面的评价设置中，四个主题单元分别对应四个评价维度，即评价的核心要素"自主合作""交往成长""爱与担当""社会责任"。每个单元设置了常规的课堂学习评价，再结合教材内容相对应的学习目标以及主题内容实施场域特点，针对第二、四单元设计了项目式学习（项目式学习小组活动）评价，第三单元涉及公共场所文明行为习惯，又是作为整册书"共有与共享"核心理念的载体，适合作为期末主题评价（主题式场景活动评价）。

　　由此类推，道德与法治教材每一册安排的几个主题单元都可以对应这几个评价维度，再整合三种评价方式，对学生进行全面的柔性的评价，并以评价为导向，引领学生在学习活动中扎扎实实快快乐乐地成长。

　　3."质量"结合，实施学科评价项目

　　所谓纲举目张，有了评价体系的架构之后，接下来就是具体实施学科评价项目。我们从"质"和"量"两个角度，结合扎实的自主评价和创意的活动评价来实施。"量"，将常规的课堂学习评价设置成评价单，一课一评，量化积分；"质"，设计富有创意的项目式学习活动和期末主题模块活动，以过程态度和活动成果来进行过程性综合性的质性评价。

　　（1）以评促学，课堂学习清单式评价

　　每个学期开学，学生会拿到一张本学科学习的目标及学习评价单，明晰一整个学期的学习内容，以及要达成的学习目标。这在很大程度上解决了学生觉得"本学科学习很重要但不清楚目标与方法"的实际问题。

表 5-10　小学二年级上册道德与法治学习评价单

班级：　　　　　　　　姓名：							
维度	单元	学习内容	评价标准	评价方式			
				自评	互评	师评	
学习小主人	我们的节假日	1. 假期有收获	① 合理安排自己的假期生活 ② 能够在大人帮助下制订自己的生活目标，并努力实现				
		2. 周末巧安排	① 合理安排周末生活 ② 能够在大人帮助下制订自己的生活目标，并努力实现				

（续表）

维度	单元	学习内容	评价标准	评价方式		
				自评	互评	师评
学习小主人	我们的节假日	3. 欢欢喜喜庆国庆	① 了解国庆节，为自己是中国人感到骄傲 ② 在大人帮助下组织开展联欢活动			
		4. 团团圆圆过中秋	① 了解我国的传统节日 ② 尊敬和关爱老人			
班级小当家	我们的班级	5. 我爱我们班	① 关心老师，友爱同学，喜欢班级生活 ② 懂得集体的事需要团结协作			
		6. 班级生活有规则	① 知道班级规则对于班级公共生活的重要性 ② 参与制定并自觉遵守班规，养成良好的行为习惯			
		7. 我是班级值日生	① 乐于为班级服务 ② 知道值日的职责，并积极履行职责			
		8. 装扮我们的教室	① 主动参与班级净化美化活动 ② 参与过程中懂得合作、共创的方法			
生活小能手	我们生活的地方	9. 我爱家乡的山和水	① 了解关于家乡的故事，感受家乡的美好 ② 在生活中爱护家乡环境			
		10. 家乡物产养育我	① 了解家乡的主要特产，感受家乡物产的丰富 ② 珍惜并热爱家乡的物产			
		11. 可亲可爱的家乡人	① 了解家乡人的生活，感受家乡人的可爱 ② 知道家乡名人，学习他们的优秀品质			
		12. 家乡新变化	① 了解家乡变化，为家乡进步感到自豪 ② 能主动关心家乡发展，为家乡建设出力			

（续表）

维度	单元	学习内容	评价标准	评价方式 自评	互评	师评
中国小公民	我们在公共场所	13. 这是大家的	① 知道什么是公物，并认识到公物是为大家服务的 ② 学会爱护公物的方法，有爱护公物的意识			
		14. 我们不乱扔	① 知道保护公共环境卫生人人有责 ② 懂得保持公共卫生的正确做法			
		15. 大家排好队	① 知道公共生活中的排队规则 ② 守规则，懂礼让，为文明秩序出力			
		16. 我们小点儿声	① 知道公共场所应低声说话，不要影响他人 ② 懂得安静的环境会带来身心的愉悦			
评价结果	自评		互评	师评		总评
评价说明	1. 每一课学完之后进行自评、互评和师评，学会客观合理地评价自己很重要哦！ 2. 每一个单元完成学习后，由组长统计星星数量并粘贴在班级星星墙上，加油！					

在学习评价单中，每一课题相对应的学习目标都清晰可见，学生在课后能够结合自己的情况对自己进行客观的自评。而评价主体还可以是同伴和老师，所以设置了互评和师评。为了让成长清晰可见，班级设计了一面星星墙，用于展示学习成果。老师要引导评价结果的公正性和激励性，根据评价结果对学生进行适当指导，并进一步改进教学，以促进学生发展和课程目标的达成。

（2）以评导行，学习活动项目式评价

学生的学习活动还包括学生直接参与的各种主题活动、游戏和其他综合实践活动。常规的课堂学习评价不能完全覆盖学生在整个阶段的活动表现。

为此我们设计了一系列项目式学习活动的评价，它属于质性评价，也是一种表现性评价，通过恰当的项目式学习任务，考查学生的情感、态度、能力、行为表现等水平，引领学生在活动中发展。项目式学习评价，主要依托实践项目来实施，重点考查学生在各个教育生活场景中的精气神，促进学生良好品德的形成和社会性发展。

①"我是班级CEO"项目式学习评价

学生学习"交往成长"的肥沃土壤应该是班级。二年级上册单元"我们的班级"教学时，教师与学生进行了共建自主文明的班集体的深入讨论。《班级生活有规则》《我是班级值日生》两课学习之后，有学生提出："如果我们实行班干部轮岗制，大家是不是都可以更多地为班级服务呢?"于是教师顺理成章地进行了一次项目式学习活动，学生从讨论"班干部的岗位设置""岗位细则"到"如何更加公平地让每个人都有事情做""怎样才能确保班级工作都做好"等，再到班级轮岗转盘的设计（外一圈为班干部岗位，里一圈为所有同学的姓名，岗位数和学生数相等）。在对这一次的项目式学习做出评价时，结合了学生在活动中的参与和思考表达，更是结合了学生在班干部轮岗活动中的实际表现给予了评价，并将此作为学期评价的一个重要内容。

②"邻里合家欢"项目式学习评价

学生的社会责任培养需要有更为广阔的天地。连接生活，在经历中体验，他们才能够获得真正的成长。三年级下册《我家的好邻居》一课，老师对学生生活的小区做了充分的调查，设计了"邻里合家欢，共建和谐园"的项目式学习活动，全班8个项目式学习小组基于实际调查，分别从小区垃圾分类、为社区人员送温暖、小区书屋建设等方面开展社会实践活动。

老师有意识地设计了项目式学习活动的多维评价。评价内容包括："活动态度""活动过程""活动成果成效"；评价方式包括：自评、家长评（大人评）和师评，全方位地评价学生在项目式学习活动中的态度与能力。

表 5-11　蒲公英中队三年级上册项目活动单

邻里合家欢　共建和谐园	
小组名称	**快乐种子小队**
小组成员	黄奕婷、翁欣珞
我们的发现	保洁阿姨很辛苦、保安叔叔指挥车子进出地下室很累、会所里的管理员很忙、监控室里的叔叔阿姨熬夜特别辛苦
活动计划	小组商量后，我们决定： 1.给每位叔叔阿姨送矿泉水和口罩 2.纸板、旧衣服送给保洁阿姨
活动过程	小组的行动过程和图片（可以附在后面）：
活动感言	每个人与自己的活动感受（可以附在后面）： 我们一致认为：做好事，帮助别人！让自己也变得很开心
活动评价	**自评：** 我们制订行动计划，准备活动物品，在活动中大家有商有量，这次帮到了许多人。**五星** **家长评：** 叔叔阿姨都给你们竖起大拇指！好棒！**五星** **师评：** 这次活动，你们团队合作、分工到位、不怕困难、任务完成得很好。**五星**

像这样的项目式学习评价，可以结合班级学情与教学内容进行合理设计，将评价也作为项目式学习活动单的重要组成部分。每个学期设计一到两次为宜。

（3）以评促享，期末主题模块评价

期末主题评价，一般是从本册知识体系中确定一个可促使学生综合运用所学知识解决实际问题的主题，设计让学生学以致用的综合性主题评价活动。因为是阶段性终结性成果，最好以小组合作的方式完成。活动后须由小组汇报分享，最终形成物化的成果，并在团队分享中巩固学习成果。两年中，我们设计了六个年级的期末乐评课程，举例如下。

① 精彩生活场：聪明小顾客

四年级下册"聪明的消费者"单元，可利用生活资源来灵活地检测学生的生活能力，适合设计成期末主题评价活动，引领学生共同演绎精彩的生活场。

表 5-12　小学四年级下册道德与法治期末主题评价单

【评价目标】
1. 考查学生是否能识别包装袋上的信息，根据保质期、价格等信息，购买合适的商品
2. 考查学生是否了解商品的生产过程，知道商品离不开哪些人的劳动
3. 帮助学生建立合理的购物观，懂得珍惜劳动成果
【评价准备】
相应规格的面包、牛奶等食品饮料十组，每组四样以上
【评价方法】
1. 态度评价：根据学生的课堂表现以及平时的学习态度来打分（1—5 颗星）
2. 成果测评：学生自主完成测评表，教师根据测评表上的题目完成情况来完成测评打分
第一题：看到包装袋上的信息，你知道了什么？学生能写出三条及以上得 2 颗星，写出 1—2 条信息得 1 颗星
第二题：该买哪个呢？学生能根据保质期和价格的不同做出选择，并说明理由，得 1 颗星
第三题：面包是怎样来的？学生能写出面包生产过程中的三个及以上的工序得 2 颗星，写出 1—2 个工序得 1 颗星
3. 总评：根据"课堂评价""学习态度""测评质量"这三方面，完成总体评价（分优秀、良好、合格三个等级）

（续表）

4.汇总：将学生成绩汇总成电子稿，以便后续操作

【评价内容】

1.能从包装袋上找到有用的信息，了解商品的厂商、生产日期、保质期等情况

2.能初步了解商品的生产、包装、运输等程序，知道商品离不开哪些人的劳动，懂得珍惜

【评价活动单】

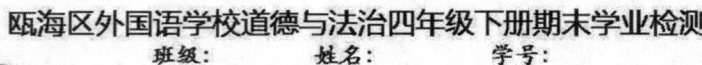

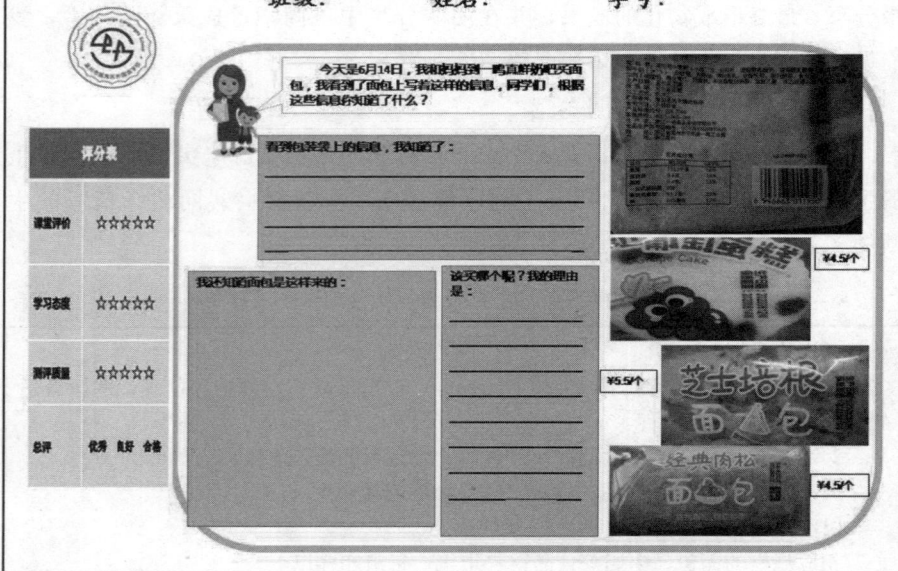

② 快乐嘉年华：游戏小达人

二年级下册"我们一起玩"单元，涉及健康游戏、传统游戏以及创意游戏等，深受学生喜爱。游戏是学生生活的重要部分，在平时的课余生活中，伙伴积极玩游戏，玩创意游戏，而游戏中体会的团队合作、想象创意恰巧非常适合作为期末评价主题。

评价目标包括以下三点：考查学生对传统游戏的了解，鼓励学生对传统游戏进行创意设计；引导学生结合传统游戏和日常游戏，发挥创意，自主设计游戏；培养学生文明玩游戏，从游戏中启发思维。同样，在评价方式上从态度和成果两方面给予打分。

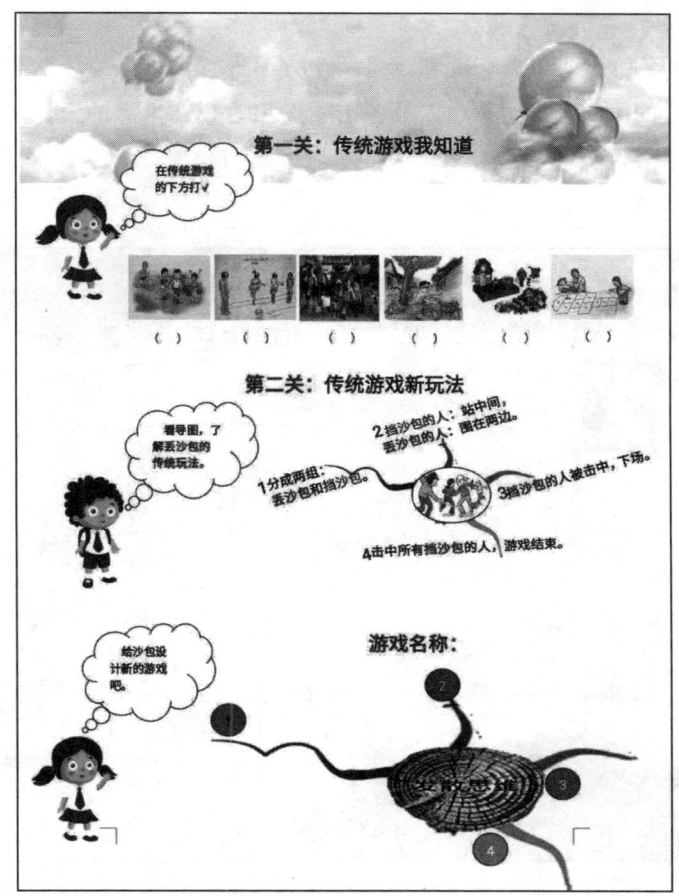

图 5-15　"我们一起玩"单元发现单

③ 合作创意秀：规则小标兵

设计文明规则棋，是三年级下册期末主题的评价载体，主要考查学生的公共意识、规则意识的养成；引导学生结合生活经历完成文明规则棋，明白规则的意义，将爱护公共设施落实到学生具体的生活中；培养学生形成讲文明、守秩序的公共生活观和生活方式。

在整个主题评价活动中，学生以小组为单位，根据"小区生活""社会之旅""校园生活"三大板块来设计文明规则棋，讨论确定小区内、社会中、校园里的规则，各填两项。遵守规则的内容则往前进，破坏规则的内容则往后退。

　　同样，测评老师根据态度和成果两个方面进行评价，关注学生在完成文明规则棋时的团队合作意识，以及各个站点相关公共生活的设计，一般内容符合实际生活，合理即可。

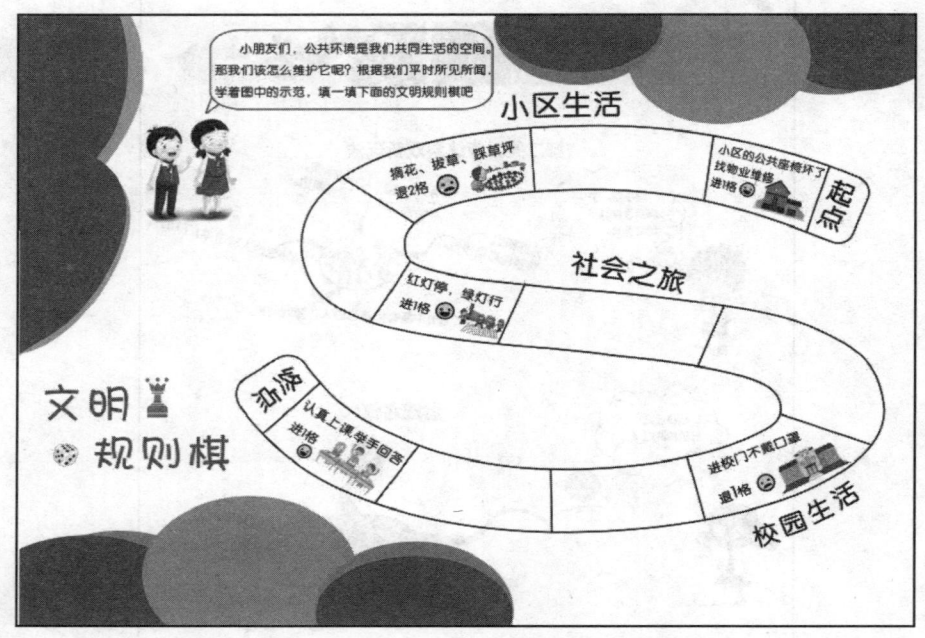

图 5-16　文明规则棋发现单

三、综合素质评价

　　我市初中生综合素质评价将主要从品德表现、运动健康、艺术素养、创新实践和科学实验 5 个维度对初中生进行评价，每一维度的最高评价均为 100 分。但每一维度的评估项目不等，不同项目所占分值比例也不等。

　　以品德表现维度为例，共设有社会责任感、诚实守信、合作友善、自尊自信、遵守纪律、人生态度和先进荣誉 7 个评估项目，前 6 项的最高评分均为 10 分，先进荣誉一项的最高评分为 40 分。

　　这样设定的目的是鼓励初中生争获各级先进荣誉，但学生要想在先进荣誉一项上拿到满分 40 分，须获得省级及以上各类先进、荣誉称号。另外，学生同时获得多级先进、荣誉称号，则取最高级计分，不累计得分。

　　启用综合素质评价最重要的一点是希望改变以往单纯以学生考试成绩来录取学生的倾向，要综合考查学生全面发展的情况。同时，转变以往很多学校只在初三最后阶段对学生进行素质评价的方式，更加体现和重视过程性的记录，提倡学生全面而有个性的发展，最终形成基于初中学业水平考试成绩、结合综合素质评价的高中阶段学校考试招生录取模式。

第六章　发现课课程管理与创新建设的保障支撑

第一节　基于发现课课程的管理模式

如果一种教育只是读书，只是在教材里打转转，如果一种教育只在校园里，只在教室里听讲、做题目，那就不能称其为教育。对一个人的成长来说，教育应该是广阔的田野、浩瀚的大海、无垠的沙漠，它是大气的、广袤的，给人以无穷的空间和想象……

一、"宽教育"的提出：以人为本的普通思考

（一）教育生活的理解与追求

我 18 岁走上教育岗位，一次偶然的机缘，26 岁时担任一所有 24 个班级的学校的校长。短短三年，学校依托科技教育校本特色课程的建设，走出了一条自己的办学之路，中央电视台三次专题专访。一次台风洪灾到来，因为学校抢险我从楼梯摔下，脊椎严重损伤。在居家养骨的那段日子，我深切体会到教育应该尊重生命，应该润泽生命。2006 年，我们开展系统化的"巴学园"课程研究。坚信教学不仅为了学生的成长，也是教师的修炼与成长过程。从此，"积极教育"让一批教师从此走上自我发展道路，同时培育了一届又一届全面发展的学生。

教育就是一项基于国家情怀，传承民族精神，拓宽生活视野，回归个体情趣生活的事情。一个心中装着祖国、积极生活、与世界友善对话的人就是暖心的、格局大的人。就这样一路走来，虽看似一路顺利，但曲折也不断。前些日子我在微信上发了一张讲学图片，一位曾经的学生留言："老师，仰望着，仰望着……脖子酸痛啊！"我很开心，因为学生依然与我们保持着这样幽默的对话。他们，也和我一路成长相伴。

几十年的来来回回，风风雨雨，"宽教育"的思想在 2016 年的暑假生成。

（二）地域文化的基础与特征

温州是一个独特的城市，没有很多的自然资源，历史上却形成了走出去看世界的风尚。因此，温州人的吃苦精神、世界眼光被大家津津乐道，特别是陈亮的事功哲学对浙江的文化产生了深远的影响。在这样的乡土精神传承下，温州的教育一直以来就被世界关注。全球素养、家国情怀与义务教育是融会贯通的，是顺应社会发展与温州城市实际的。

我们提出"宽教育"的办学思想始终致力于义务教育基础性的研究。拓宽学生的基础学习力，在国家课程的基本要求框架内尽可能丰富学生的视野。"宽教育"是"格局＋质量"的教育，一是解决中小学生接受普及教育时的基本素养建构问题，以便面向未来美好的生活；二是解决中小学生未来建设世界所需要的高质量的思维问题。

二、"宽教育"的特征：育人育分的现实联结

在"宽教育"设定的理念里，育人与育分这两者是密不可分的整体。育分是技术，育人是艺术。因此，我们寄希望通过"宽教育"的实践，找到一条可以两者兼顾的阳光之路。

（一）"宽教育"是心教育，直抵心灵深处

"宽教育"构建了宽容的生命理念。它尊重学生的学习者主体地位，培养学生的社会责任感、创新精神和实践能力。在这样多元的世界里，润泽一份

中国心是"宽教育"的首要特征。

（二）"宽教育"是暖教育，把握人性所需

"宽教育"营造了宽松的人性氛围。暖心的人才能爱世界，暖心的人才能向未来，暖心的人才能迸发蓬勃的生机与活力，暖心的人才是视野开阔的人。

（三）"宽教育"是广教育，集聚大千世界

"宽教育"搭建了宽广的课程生态，旨在发挥好基础性课程与拓展性课程的不同功用，处理好育分与育人的科学关联，走一条更加公平、更富活力、更有贡献力、更有竞争力的质量之路。

（四）"宽教育"是众教育，多维群体参与

"宽教育"注入了宽厚的文化熏陶。教师在教与学的实践中持续品味雅趣的愉悦和大度的从容，形成了善思力行、高雅大气的校风。

（五）"宽教育"是魅教育，大爱引导教育回归

"宽教育"倾润了宽心的教育引导。一直以来，我们的教育追求即"做学生生命中的贵人"，因为教育中有爱，才能让学生坦然和释然，才能使学生的心更宽。

"宽教育"是回到教育核心地带的教育，是为人的全面和谐发展、自由充分发展开展的广域教育。

三、"宽教育"的实施：理想与实践的磨合

（一）设计宽广的课程

1. 系统化，九年一贯制课程的体系设计

我们从九年一贯制的办学实际出发，站在立德树人这一根本任务中，将学校的育人目标确定为：树正气、透大气、露朝气、展才气、有志气、显灵气。通过丰富教学资源、扶持改革实践、推广研究成果等多种手段，为学校

教师的研究与实践提供咨询、服务及专业支撑。

依照课程目标生成了学校课程结构图，这是对九年一贯制学校课程建设的一大研究贡献，明确了瓯海区外国语学校办学体系下的课程建构。

2. 基础性，确保核心素养落地

"宽教育"视野下的学校逐渐形成了不同的活动空间，开展活动时的"宽课堂"是落实国家课程在我们学校个性化、创造性处理的新环境。它是着重于教师本身视野发展和智慧教学活动，以拓宽学生的视野为核心的一种课堂教学形态，是师生教学活动系统生成整合的充满教学智慧的课堂实践过程。

"宽课堂"具有以下特点：一是教学目标实行分层，二是教学内容追求饱满，三是教学过程走向立体，四是教学方法关注灵动，五是教学评价实现多元，六是教学文化形成宽容。

（二）营造宽松的氛围

校园有一棵榉树，那是 2016 年 3 月种下的。大家说，这树寓意好，好好养护。经历三个月，榉树却在一个星期之内落光所有叶子。花木专家斟酌一番后说，"过度照顾了"。时间到了 2017 年 3 月，只见榉树正冒着嫩芽。此时，笔者把育人与护树相提而论，思索瓯外校园，谓之"榉园"。

回望榉园师生活动场景，这树，便可品出坚韧与辛酸。世间万物，可临摹、可臆想，唯独教育是真真切切的，需要心心相传，师生共同努力的。所以，榉园留下的不光是光影，还有书香。

这样的故事每天在榉园发生，课程故事、课堂故事、研究故事、育人故事，促进了教师在研究的状态中工作。

1. S＋H 课堂魅力无限

杜威说，家庭教育与学校教育的分离是教育中最大的"浪费"。如果学校真正考虑的是"教育效益"而不仅仅是形式存在，或智力发展的工具，那么家庭教育就会成为高度重视的领域。家庭教育是根，不在根上破题，学校教育再用力，也可能是舍本求末的徒劳。《教育部关于加强家庭教育工作的指导意见》强调，家长在家庭教育中的主体责任，同时指出，"强化学校家庭教育工作的指导"，"推动形成政府主导、部门协作、家长参与、学校组织、社会支持的家庭教育工作格局"。

现实中，孩子每天带着家庭的烙印走进学校，又带着学校的烙印走向家庭。我们不清楚那个世界发生了什么，但是我们知道，有一双无形的手在改变着我们的孩子，让他们对我们绞尽脑汁设计的课程、苦口婆心的劝解，甚至我们苦心孤诣传播的道德与价值观产生轻视，甚至逆反。在这个教育走向精致化的时代，家长也应该成为我们的课程资源，家长也应该参与课程活动。

那么，家庭教育中我们做了什么呢？课程化修炼。

学校在管理上实行校级、段级、班级三个层级的家委会机制，每一个学期每一个层级的家长按照设定的课程进行选课学习，实施学分管理。学习板块为半塘视野讲坛、三方会谈、户外拓展、职业体验、家庭学习单、亲情故事集等六项内容。在整个课程实施过程中，我全程参与设计、研讨、评价，经过三年的实践，形成了"细化、实践、改进、反思、互助"的瓯外家长研修五环节体系。

2. 校外实践日，让拓展多元

"嘣巴巴，嘣巴巴，这就是我的逐梦 S1 线！"动听的歌声从首次载客试运行的温州轨道 S1 号线的车厢里传来，唱歌的孩子们来自瓯海区外国语学校。作为试乘的体验客，孩子们显得异常兴奋。登上列车，孩子们似乎对一切都是好奇的。S1 是"独行侠"吗？它怎么有自己的专用车道？它和动车、地铁比赛哪个更快？孩子们脸上写满了问号。发现孩子们旺盛的求知欲，我坚持"资源立地发掘、课堂现场打造"，让班主任薛可鹊老师以及随行家长一起创设"S1 轨道交通小课堂"，为孩子们上本学期的第 18 次发现课，现场展开 S1 轨道小知识教学和文明乘车养成教育。教学目标问需生成、教学内容立地发掘、教学形式不拘一格，老师们讲得随性，孩子们听得认真，孩子们体验了一次不一样的"发现之旅"，此次出行的确不愧为孩子们的逐梦之旅。

这样的校外实践活动课程每天都在我校发生，并成了大家共同遵守的教育策略。

（三）形成宽厚的文化

温州是一个文化浸润深厚的地方，依山带水的独特地域造就了温州人独有的坚忍与毅力，让植根在温州的学校将乡土文化与家国情怀结合深化是我们办学人的追求。在活动课程化日益被重视的今天，我们站在时间的节点上审视传统与现代、继承与创新的对接。

1. 融合的家国文化

2016 年，由我作词、徐向晔作曲的《向宽而行》校歌诞生，标志着学校的校训与办学理念真正落地在师生生活中。"昭昭半塘园，悠悠上河乡；美丽的瓯外榉园，飘满书香。让视野更宽，与世界更近；阳光少年，肩负民族希望。啊，瓯海外国语，花季的时光；啊，瓯海外国语，温馨的陪伴。向宽而行，文美行雅；向宽而行，博观约取。" 2017 年 5 月校歌发布会在榉园书院举行，校歌与班歌同台、爱校与爱国同频、心声与歌声同欢。

学校榉园书院开设"半塘视野"讲坛，每周至少进行一场富有见地的思想分享，以"活水半塘但究源本，榉园后学唯爱书香"作为引领，以实现思辨性的学习与交流。

2. 分层的成长文化

一种机制塑造一种人生。教师文化是引领性文化，是学校文化内涵发展的主要推动力。教师是培养优秀学生的根本，学校坚持把教师队伍建设作为基础工作。

习近平总书记同北京师范大学师生代表座谈时说："一个民族源源不断涌现出一批又一批好老师则是民族的希望。"在北京师范大学师生座谈会上，习近平总书记指出教师要时刻铭记教书育人的使命，甘当人梯，甘当铺路石，以人格魅力引导学生心灵，以学术造诣开启学生的智慧之门。

我们按照教师专业成长的规律，对新入职教师的"规"与"范"、名优教师的引领辐射与突破做出高要求。《新教师入职前十条法则》在《名师在线》杂志上广为传播，即成为一名职场教师前，必须成为视野宽阔的人、熟悉育人环境的人、有规矩的人、能够自我规划的人、教学基本功扎实的人、学会管理的人、具有课程意识的人、具备研究基本功的人、满满正能量的人、有发现创意的人。名优教师实现了浙江省特级教师网络工作室、温州市名师工作室、瓯海区名师工作室、学校名师工作室四级联动与辐射。

学校以发现单和习题库为载体进行校本研修，探索国家基础课程的校本化处理，逐步提高教研组、备课组的教研实效性。以撰写中考分析报告这一实践培训活动为载体，加强考试研究、让教师从纵横两个维度梳理知识点，明确中考方向、要求，知识点的考核情况，以及题型、类别等，提高教学的有效性。围绕发现教学"四环节"开设论坛，组织教师就教学各环节的有效管理进行专题研讨和交流。建立假期"发现之旅"学习手册设计，依据目标、需求、方式，开展相关培训活动。同时，将家长分成三个区域，以校级、年级、班级家委为依托，开设家长课程学习活动。

3. 暖心的活动文化

学校管理的目的是走向优质，而一所优质的学校有坚定的学生立场、丰富的课程体系、浓厚的学术氛围、舒适而友好的人文氛围、成全每个人以及一直都在成长等特点。每一个教师节我们都组织全体教师相聚，校长为每一位教师准备了一张"美丽心情卡"，作为请假"代课单"，使用与否由教师个人决定。一个学年之后，校长再次为每一位教师赠送一份个性签名的"感谢卡"，并配置一份带有教师肖像的钥匙扣。这些措施让教师感受到"向宽而行"的真正要义，真正体会到他们是在一所有安全感、不媚俗、求实求真、有责任感与使命感的学校工作。

四、"宽教育"的追求：完成一段快乐的生命旅程

让孩子们经历丰富的生活世界是倡导"宽教育"的初衷，是坚守人本位的普通思想。

（一）"宽教育"引领学生丰富的学习经历

校园生活是学生成长的一份经历，也是学生接受教育的一种体验，更是师生成长相伴相生的一个生命印记；体现了学校在"宽教育"办学理念指导下为学生提供的更全面的教育服务、推进素质教育的决心，以满足学生个性

化发展的需求。在很大程度上，学校为学生提供了选择性、适应性、发展性学习的机会和载体。我们引导学生珍惜师恩，常怀感恩，做一个有担当的人；珍惜亲情，理解扶持，做一个有责任的人；珍惜知识，开阔视野，做一个爱祖国的人。这就是职业和这个时代赋予我们教育人的担当，也是"宽教育"引领学生提升格局的重大契机。为此，我们利用大数据与发现式学习单的设计，居家研究、倡导创意、联通生活，实现课程资源的全域化，从而让学习变成生活的需要。

（二）"宽教育"即浓缩的世界图景

世界是哲学研究的一个很重要的概念，"世"是时间性的，"界"是空间性的。"图景"就是对一个事物的描述，即关于该事物的"知识"。世界图景就是关于世界的科学描述。别具一格的课程是学生潜移默化接受教育的一种途径，它承载着学生童年、少年的生活方式。学生在这种方式中发生着与教师、同伴的交往，发生着与环境中事物的相互作用，于是逐渐形成独特的人格结构。学习的目的不仅仅是考个好分数，学习其实是为了尊重生命，是为了善待大自然，学习也是为了敬畏未来。"幼习业，壮致身。上匡国，下利民。""宽教育"的最终目的在于应用，在于实践，在于家国担当。

（三）"宽教育"是活跃的生命旅程

从生命角度看，教育不只是满足于教会学生什么，还在于生命中的体验。以活动为载体，用智慧与行动引导、促进学生在耳濡目染中不断成长、提升自己的生态素养，从而成为一个健康快乐的人。促进学生珍惜每一个重复的白天黑夜，珍惜电话那头熟悉的声音，珍惜每一口轻松咀嚼的饭菜，珍惜每一个万物生长的季节，珍惜校园里冉冉升起的五星红旗，珍惜曾经的牵挂、记忆。

我更希望自己是学生的朋友，我要求自己在学生成长的过程中，做一个真实的摆渡人。教育是民生，不要漠视教育的价值，也不要扩大教育的功能。沧海桑田，绵延不息的是中华文脉。为此，我相信"宽教育"下学生会发现完整的生命视角、在场的生命体验、深刻的生命内涵、向上的生命姿态。

第二节　发现课课程体系建设的资源配置机制

一、 发现时光，美好校园

作为九年一贯制学校，我校的课后托管实现全覆盖，包括暑期托管、放学后托管及晚间托管，学生可以自愿参加。学校放学后托管实施"发现时光"模式，小学部是高能时刻、自主时刻、弹性时刻、能量时刻的组合。

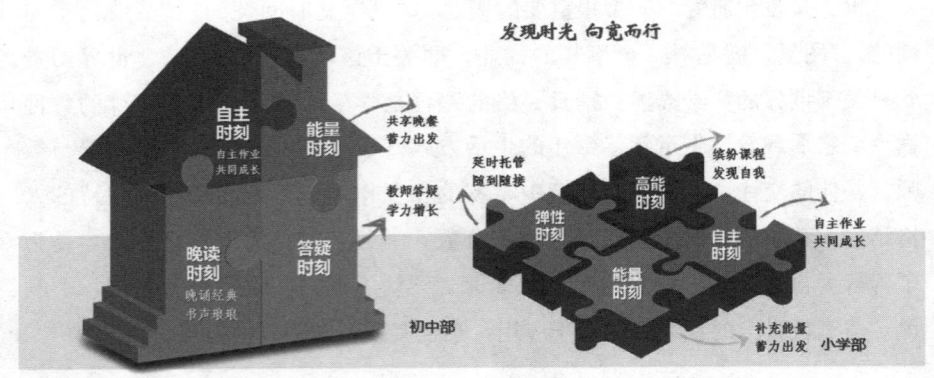

图 6-1　瓯海区外国语学校放学后托管实施模式

在校内托管活动中，学校将放学后的托管变为师生共同的"发现时光"。在小学，高能时刻点亮潜能，学校安排了缤纷日、创新日、活力日、劳动日、阅读日等，让每一天都有意义；能量时刻的点心给学生补充能量，让其蓄力出发；自主时刻让学生通过自主完成作业，发现学习的奥秘；弹性时刻为有需要的学生提供延时托管，家长可自主申请随到随接。

具有瓯外特色的"发现时光"形成了"一段一课表，一班一特色"，各年级段在学校设置的课程日基础上，商讨年级课表设置。各班级根据年级课表结合本班学生的实际情况，发挥学生的自主选择权，将五个课程日和四个时刻内容进行整合编排，形成了班级特色。学生自主参与，自己设置，自己编排，享受属于学生自己的"发现时光"。

二、 高能时刻，发现自我

"每一个人都有自己发展的优势。"这是我们学校的座右铭。在课后托管，我们思考着学生发展的途径。我们让高能时刻带给学生发展的空间。高能时刻由班级根据本班特色来安排时间，每天不重样，班班有特色。

（一）缤纷日：成长更多元

每周一为缤纷日，全校小社员们根据自己参加的社团，到指导老师指定的场地进行相关社团活动。开学初小社员们会制作社团的招生简章，放置在操场面向全校公开招聘成员，流程是"学员自主报名—社长审核材料—邀请指导老师参与考核—确认入围名单—校园公示"。每周一，在指导老师的引领下，小社员们有序地进行社团活动，学校为学生们开设了航模、小学合唱、趣陶社、拾梦篮球社等多个社团，每一位学生都能找到自己的组织，感受不一样的校园生活。这一刻，学生有志同道合的同伴，有着共同的目标，校园生活丰富多彩。

（二）创新日："TID"展示会

TID 是 Technology Interesting Discovery 的缩写，由技术、兴趣、发现三个单词的首字母组成，我们定义为"传播一切发现的精彩"。在创新日当天，各班级自主安排，学生走上讲台，成为传播者，小小演说家、榉园才艺秀、实验小操作、五分钟演讲等节目纷纷涌现。

（三）阅读日：正是读书时

每一个年级的阅读日都有自己的实施路径。一、二年级的小朋友在阅读日前一天带上一两本喜欢的图书到学校，阅读日当天大家一起阅读，也可交换轮流阅读；三至六年级的小朋友单周单数班级到图书馆四楼、五楼进行课外阅读，双数班级派代表在阅读日当天中午 12:10～13:10 之间到图书馆借书，下午在教室进行阅读。双周则双数班级到图书馆阅读，单数班级在教室阅读。

每周一次的阅读日，是小朋友们畅游书海的日子，在这一天，大家都会早早地准备，轮到借书的班级都会满心欢喜地到图书馆借阅。阅读日当天，老师们走进孩子中，与孩子们共读，并在班级群里进行每周阅读推荐，学生、老师、家长都投入阅读的队伍中，让阅读成为生活的一部分。

（四）活力日：练个小技能

一、二年级，在教室或公共场地进行 TABATA 练习、泡泡操、大梦想家、颈椎操、相关带动操等活动，让学生活动身体，健康成长；三至六年级，各个班级在活力日时将学生带到操场，根据体育老师安排好的场地进行身体锻炼，提高运动技能。

阳光下挥洒汗水，运动中获得快乐。瓯外的活力日，同学们可以在操场上体验丰富多彩的运动项目，从小养成运动的好习惯，强身健体、增强体质，让我们跟着瓯外的同学们一起运动起来吧！

（五）劳动日：学会劳动

在榉园农场，学生根据发现单以带着任务的方式进行农场体验、美化教室与公共场地、整理书包、折叠衣服等劳动。如四年级学生在科学老师的带领下，根据科学教材中"观察了解植物的一生"这一单元的内容，结合学校特色课程——农场 STEAM 课程，设计项目式学习方案，梳理罗列种植任务单，结合实践，让知识与情境结合。

三、自主时刻，同成长

学生在托管时间的自主时刻中，完成自主作业。每班配有一名指导老师，学生在碰到难题时，可以随时请教指导老师，老师则耐心地解答学生的困惑。

四、 弹性时刻，随到随接

在弹性时刻，为了满足无法及时接送孩子的家长的需求，学校为每个班级配备了固定教室，每个教室配备一名任课教师。每天放学后，自主时刻管理老师将参加弹性时刻的学生送到教室。任课教师提前在教室等待学生到来，课堂上为学生设置发现学习单，学生可自主阅读、画画、做作业等。在管理上将学生的课堂表现与原班级评价体系相结合，由相应的班主任对本班学生进行评价。弹性时刻为了方便家长接送，学校规定了随到随接，学校还配备了保安参与安全管理，保障学生的安全。

第三节 发现课课程体系建设的协力推进机制

一、 来自各教研组发现课的探索，基于发现课的主题研修

主题确定方向，研修主题是教研组活动的"眼睛"和"风向标"。经过一年对实验班级和实践教师的研究，取得成效后，2019学年第二学期，全校各教研组全面推进基于发现课的主题研修，发现单应用于各学科课堂。

小学科学教研组研修主题为"科学前置性学习活动设计"。通过发现单深度挖掘学生的前概念，暴露学生的学习盲区，精准设计前置性学习活动，为学生搭建合适的"脚手架"，提高学生学习的效率，利用发现单进行公开教学12节。小学英语教研组活动主题为"发现单在小学三年级英语拓展性课程中的设计与应用"，在发现单的设计和应用的实践过程中来改进拓展课教学中教与学的方法和策略，并利用发现单引导学生进行前置性学习，促进他们参与课程建构。学生在发现单的前置性作业中，"最近发展区"更明确，思维生长力更强，统整学习性更高，拓展延伸度更广，利用发现单进行公开教学9节。小学语文教研组活动主题为"发现单在小学语文阅读课中的应用"，着重"复述策略的研究"，从"课内阅读研究"和"课外阅读课程"两个维度开展研究，并利用发现单进行公开教学28节。小学数学教研组活动主题为"基于发

现单下的学习活动设计研究"，结合发现课的理论，从学习内容的选择、学习单的设计、作业的探索三个维度对低年级的数学课堂进行研究。本学期在之前课题的基础上，着重基于发现单设计学生的课堂学习活动，以期来改进课堂教学模式。

各教研组全面推进发现课改变了教师的课堂行为，提高了学生的学习深度。首先，教师教学行为的改善，教师在发现课的实践过程中，从乔哈里窗的视角审视自己的课堂，不断改善自己的课堂，教师不再是知识的传授者，而是学习活动的组织者、指导者及学生活力和生命的激发者。其次，发现课的课堂强调学生的参与性、主动性、实践性，对知识的深度学习，是融入元认知结构的深层次学习。为此，教师有意识地改变着自己的课堂教学行为，在课堂中最大可能地为学生个性发展提供机会，让学生得以多样化发展。

二、 新的课堂模型的构建，创生了基于发现课的优秀课例

在新的课堂模型的构建中，我们创生了基于发现课的优秀课例，如《我国公民的基本权利和基本义务》（蔡琼雯）、《学会依法行使权利和履行义务＋权利和义务相统一》（蔡琼雯）、《科学技术是第一生产力》（徐琦环），八上《全等三角形的基本图形探究及应用》（陈利静），八下《共端点等线段的半角模型》（袁苗），七下《3.4　乘法公式（1）》（胡亨），八上《平行线间的等积三角形的应用》（陈忍），八下《空气与氧气》第一课时（林萍），七下《日食》内容的课例（王思思），九下《遗传与进化》（李律）、《一方水土养一方人》（陈倩倩）。

发现课旨在培养学生的高阶思维。思维教学在当前的教育中还是一个全新的领域，培养学生的高阶思维是一个复杂而艰巨的过程。在今天的学科教学中，教学生记住学科知识已经是次要的了，更重要的是要教会学生如何学习知识，如何应用知识去解决实际问题，从而培养学生的创造力和可持续发展的潜能。只有具备高阶思维技能的学生才是终身学习者，才有能力去分析新情况，将新知识与已知信息联系起来，批判性地思考和创造性地解决问题。

三、 发现课在后勤精细化管理中的推进

后勤线运用发现课理念，在后勤管理上努力扩大公开区、减小其他三个视窗，让后勤服务向精细化迈进，提高服务质量，提高服务效益，让学校放心，让教师安心，让学生舒心。一是梳理公开区，降低沟通成本，理清常规财务、资产管理等后勤工作；二是叩击隐蔽区，信息化推动后勤服务精细化，适时改进服务流程，分析总结，自我改进；三是扫除盲区，收集各方合理建议，让后勤服务精准对接需求；四是窥探未知区，开拓视野，前瞻设计，超前谋划，拓展服务项目，提升服务质量。后勤线以学校工作计划为指导，在校长室的指导下，运用发现课理念，进行了以下精细化实践。

（一）梳理公开区，理清我知你知的常规后勤服务工作

1. 制订、公布学期后勤线工作计划、总结

学期工作计划指导后勤线全体工作人员按既定的方向和目标努力奋斗，增强自觉性，减少盲目性，懂得做什么、何时做、怎样做、做到什么程度，防止慌乱现象，增强主动性和有序性，提高后勤服务工作的效率。制订、公布学期后勤线工作计划、工作总结也是后勤线与全体师生的一次公开沟通，既让大家对后勤服务有明确的预期，也能监督后勤工作的开展和实施，有利于实行标准化、正规化管理，有利于督促、检查与指导，也有利于考核评比和总结提高。

2. 严格执行制度，做好日常报账、资产管理服务

严格按照财政国库管理制度有关规定执行，各支出事项的开支范围和开支标准要符合相关规定。严格按照区教育系统报销制度进行支出报销，实行月报月结。学校资产管理由各使用人负责，后勤保障处负总责。资产管理明确负责人，做好资产日常管理、清单管理、报修和交接。后勤保障处做好日常用品的及时供应，做好日常用品的集中采购与按需领用，做好物品入库出库的登记，仓库做好一月一盘库。严格按制度办事，以堵塞漏洞，节约资金，最大限度地提高各项资金的使用效益，使学校各部门真正做到少花钱、多办

事、办好事、办实事。

（二）叩击隐蔽区，用信息化推动我知你不知的后勤服务精细化

1.应用钉钉 App，先让后勤工作数据化

随着学校的不断发展壮大，师生达四千多人，学校建筑面积达十二万平方米，教室、功能室有三百多个，每学期举办、接待各类会议、活动等百余次。服务对象多，需求差异化、复杂化，学校后勤管理工作不能再是传统的"随意性管理"和"人治"，需要在发现课理念下做好精细化的后勤服务。数据化是管理细化的基石。数据化促使我们在管理活动中去记录、分析、存档数据。应用钉钉 App，建立报修、文印、采购、借用等流程，让后勤工作数据化、信息化。数据是一种资源，为后勤管理进一步作业提供真实依据，为后勤管理改进与创新提供第一手资料。

2.边用边优化服务流程，让后勤工作更有效率

数据化管理推崇以事实为依据，从基本层面上减少或杜绝管理失误，同时也适宜于后勤服务工作各个层面的量化管理，可以优化流程，建立标准，改善结构。钉钉 App 的数据化应用，使我们对报修、文印、借用等各类后勤服务指标了如指掌，有助于我们理清管理思路，边服务边整理总结、提高。结合"数字校园"建设，加快推进"数字后勤"建设，不断丰富后勤服务和管理手段，改善师生的体验方式，提高师生的满意程度，为学校教学、科研工作和师生生活提供坚实、可靠、经济、环保的后勤保障，实现良好的经济效益和社会效益。

（三）扫除盲区，让后勤服务精准对接你知我不知的需求

1.膳食管理委员会专业参与，精准对接师生的美好膳食需求

为了加强学校食堂管理，进一步改善师生营养状况，督促师生食堂饭菜质量、安全、卫生及服务再上一个台阶，后勤线特成立膳食管理委员会。膳食管理委员会由家长代表、教师代表和学校食堂托管方代表组成，设办公室及安全卫生组、质量服务组、定价定量组等三个小组，处理膳食管理委员会日常事务。膳食管理委员会委员们不忘初心，一切为了孩子；抓准定位，提

高营养膳食的水平；家校统一，专业参与膳食管理。

2.校园文化精细化传播，精准对接社会对学校美誉度需求

学校传统的后勤服务，往往只关注校内师生的需求，没有考虑社会各界对学校美好教育的需求。我校校园文化的建设，吸引兄弟单位的参观访问，也引起各级领导的重视，学校的美誉度不断提高。2021年4月1日，瓯海区政协李芍副主席等到访参观我校民俗文化馆等校园文化场所。大家边看边讨论，对藏品的珍贵性、稀缺性及教育作用交口称赞。李副主席充分肯定了学校民俗文化馆的建设，并希望学校能继续发扬继承传统的良好习俗，在后期瓯海区政协出版民俗书籍事项中与学校有更多的合作。我校民俗文化馆的建设，是对瓯海古时民俗用具的保护。开设校本课程，让榉园学子纵向了解科技的进步，感受生活习俗的变迁，真正做到榉园学子视野更宽，文化底蕴更深。

（四）深挖未知区，探索后勤路上我不知你不知的精进

1.组织学校后勤人员专业化培训，推进管理向标准化、专业化转变

为提升我校后勤管理水平，更好地服务于学校教育教学活动，学校不定期组织后勤人员参加专业化培训，如基建副校长参加浙江省中小学教育基建会议、后勤保障处主任参加中国教育装备展、食堂经理参加区食堂安全培训、电工参加高低压电培训会议等各类活动、培训等。没有后勤保障现代化，就没有教育现代化，学校将不断进行"服务主体专业化、后勤服务制度化、后勤安全科学化、后勤监管多元化、行业管理规范化、队伍建设长效化"的管理和培训制度。

2.开展集团校后勤线工作交流，推进集团化后勤服务新尝试

教育集团下辖六所成员校，高起点、高标准地向全社会展示特色品牌和领先文化，体现集团学生"眼观世界、心系东方"的本土情结。集团各校后勤线，通过清廉学校建设、校园十景打造、集团统一的文化设计等多种途径，传递教育正能量，引领集团师生拥有积极向上的精神。开展集团校的后勤交流会，各成员校互相学习，互通有无，既谈工作中的特点和优势，也直面存在的问题，将共同提升后勤保障工作质量和服务水平作为主要目标，共同协助集团做好教育教学工作。

学习是一次又一次的发现，后勤精细化管理实践，也不能在一次发现中

全然完善，我们还将运用发现课理念继续下一轮的实践。本轮的隐蔽区、盲区、未知区，经过梳理进入后勤制度汇编，成为下一轮实践的公开区；继续叩击隐蔽区，利用后勤大数据完善服务流程，为全校师生提供便捷、无忧的保障；继续扫除盲区，更精准对接师生、社会的需求；继续深挖未知区，不断探索后勤路上的精进，真正做到服务育人。

第七章　未来展望

发现课是我们学校的教育改革与追求。

一是宽厚的基础。通过乔哈里窗理论重组包括教材在内的各方资源，经过贯通、重构、增补、赋境等处理，帮助学生建构属于自己的认知世界。

二是宽阔的视野。通过课程、教学与评价的探索与改革，"把教育做宽、把人字写大"，培养具有"世界眼""地球脑"的现代人，为学生的幸福人生奠定宽厚坚实的基础。

三是建构性学习。创设结构化的问题平台。根据教学情境，结合教学内容、教学实际和生活实际，多角度、多层次、多维度提出具象性的真问题，培养学生宏观把握事物的能力、发现提出问题的能力、透过现象认识本质的能力。同时，形成问题链、问题域，让学生在学习中通过对问题的追问，逐步形成知识的跨越式、迁移式建构。发现课的学习方式有归纳式、类比式、实验研究式、讨论式、叙述讲解式、探究式、调查研究式等。

任何一所学校的创办都需要一群人不断地辛勤付出，再好的资源，再优质的生源，都需要学校做好规划设计并持之以恒地付出。努力，是学校向好的唯一路径。恰逢新时代的大发展，我们更应该站在时代的前沿，撸起袖子加油干。在未来的日子，瓯外将继续秉持着更高的追求、更宽的视野、更大的气魄，让"宽教育"生根发芽，让每一位瓯外人都具有自己的发展优势。

我们始终坚信，对一个人的成长来说，教育不只是教书，不只是在教材里打转。教育应该是广阔的田野、浩瀚的大海，它像一片草原、一垠沙漠、一汪海洋，它大气而又广袤，给人以无穷的空间和想象。而瓯外边思边行，带领桦园学子向更"宽"处漫溯，"让每一个学生都成为学校的骄傲"。

第一节　项目式：实现课堂学习重构

发现课从单一走向整合是发展的必然，在坚持模块化教与学的进程中，我们发现一个规律，当知识变得越来越整体的时候，我们的课堂教学与活动设计就会越来越整体化、序列化、跨学科化。所以，发现课的未来研究我们坚持以优化设计、单元整组、项目式推动为方向。以教材内容为载体，主题项目为支架，整合真实的情境，通过项目群的形式推进，使学生在持续的联结、拓展、创新实践和过程性评价中，寻找真我的表达。

一、 设计整组教学，实现模块整合学习

以统编语文教材四年级下册第五单元为例，探讨单元习作项目式的开发与设计，证明基于项目式的发现课的未来推进。

把优化作业融入语文学习活动中，"控量"不忘"增效"，是对课堂教学改革强有力的"倒逼"，力求"教学评一致"，让作业优化成为提升课堂教学效率的重要抓手。项目式学习作为"双减"下减负提质的重要形式。项目群更是统一协调管理以获得效益最大化的多个项目的组合，将项目群与单元习作教学相结合，以单元习作为核心，主题项目为支架，深度学习为目标，保证习作的有序性和渐进性，实现学生习作水平的提升。

（一） 以主题为圆心，定点项目群蓝图

统编语文教材四年级下册第五单元的习作内容是《游_____》。本单元的习作要素是"学习按游览的顺序写景物"。习作项目群基于本单元习作要素，结合真实生活需求，通过解决生活中的真实问题来提升核心素养。

1. 联系生活，确定主题

项目式习作教学对话学生实际生活，以真实任务为目标，在教学中设定贴近生活的项目主题，让课堂习作向解决问题转型，让课堂习作从训练走向真实。

从教材编排和语文要素的设定看，本单元习作《游_____》要求学生选择一处景点，借助游览路线图，抓住景物特点，用上过渡句，按顺序把游览的过程写清楚。项目转换中，可根据习作要求创设以下项目情境。

同学们：

为庆祝中国共产党成立100周年，我们准备以温州著名景点为背景，拍摄一部介绍温州著名景点，推广温州红色旅游的微电影，于7月1日供全校师生欣赏。

你们是欣赏的群体之一，且具有很高的鉴赏水平，所以希望你们能为微电影出谋划策，为制作影片提供想法。

微电影策划部

2021.3.1

该习作项目群就是在真实的项目情境下，为学生搭建主动创作的平台，让学生在主题创作的同时，深入了解党史，增强国家使命感，汲取前进的力量，培养家国情怀（见表7-1）。

2. 挂钩实践，明确目标

学校教育的最终目的是让学生更得心应手地生活，语文课程恰是一门学习语言文字运用的综合性、实践性课程。我们认为学习目标的制定要与生活实践挂钩，制定真实的目标和相对严格的情境才能激发学生拓展知识、结构与现实的想象力。

项目设计挑战性问题已经明确——拍摄微电影，学生具体的学习目标由挑战性问题决定。挑战性问题中对语文要素的迁移运用、综合能力的培养应作为项目式学习要达成的目标。因此，学习目标应指向对概念的迁移运用，注重高阶思维的养成。

"童心向党献佳作，致敬百年庆华诞"项目式学习中的学习目标是：通过红色研学活动，采取项目驱动、小组合作的方式，完成游记撰写和微电影拍摄，从而体会革命前辈不怕艰苦、不怕牺牲的精神。项目目标要明确、清晰，以体现高阶思维能力为主。

3. 参照目标，设计项目

围绕项目式学习的目标，以项目主题为核心，在真实的连续性问题的驱动下，将项目分解成多个小项目，组成一个前后呼应、结构有序的项目群，引导学生在学习中自主、合作、探究，循序渐进地开展学习和评价，通过项目群的落实完成单元习作。

在四年级下册第五单元的单元习作学习中，我们创设了"童心向党献佳作，致敬百年庆华诞"项目式学习活动，围绕内容和主题大致设计了多个子项目，每个子项目内容紧扣主题，习作题材丰富多样，任务循序渐进，能激发学生的习作创造性。

表 7-1　"童心向党献佳作，致敬百年庆华诞"项目式学习群

序　号	项目名称	习作目标	思维能力
项目一	绘制旅游图	1. 学习资料整理的方法 2. 设计研学参观旅游图	创造
项目二	研学公约	1. 能尊重不同见解，梳理、总结班级意见，制定"研学公约" 2. 通过小组交流，分享遵守纪律的方法，养成自觉遵守公约的习惯	评价
项目三	导游词	1. 能借助游览路线，梳理写作思路，并能运用过渡句自然转换景物 2. 学习按游览顺序写景物的方法，能把印象深刻的景物特点写清楚	评价
项目四	最佳镜头评选	1. 在研学中初步培养鉴赏美的能力，捕捉美的画面 2. 初步学习动态描写和静态描写，将美的画面定格	分析
项目五	拍摄《家乡的一抹红》微电影	1. 通过"让情节真起来""让景物动起来""让主题亮起来"等妙招修改导游词 2. 能借助视频软件，简单修剪视频资料，并给微电影进行配音 3. 学习创作海报的方法，自主设计海报进行宣传	展示

项目式学习给学生提供了一个竞争与合作并行的环境，让学生深度学习、自主探究。围绕项目主题，从创造、评价、分析、展示等四种思维能力出发，设计了绘制图文结合的旅游图、制定"研学公约"、创作导游词、最佳镜头评选、拍摄微电影等五个项目，一个个项目串成群，每个项目既独立又关联，五个项目由浅入深，相互联系，螺旋上升，构成孩子的习作成长圈。

（二）以"X"为直径，点燃项目群活力

题材丰富、深度实践的习作项目群，应基于单元整体教学，在单元教学内容的基础上，依据学情，借助习作支架，有序联结、拓展和创新，呈现"1+X"模式。其中，"X"是指与主题相关的已学知识和将学知识。作为习作项目式学习的活力因子，它能一定程度地激活单元教学的活力，让相关内容优化拓展重组，极大地激发了学生写作的动力。

1. 联结"X"，助力项目推进

在习作项目群教学中，每个"微项目"的内容都有内在逻辑，学习活动是基于单元教学内容，再联结习作项目来推进单元教学的，将单元学习融入项目式学习，项目的学习也伴随着习作能力拾级而上。通过一个个项目的落实来完成整个单元的学习，在真实情境中，高阶思维的助推下，促进学生深度学习。

表 7-2　单元教学安排

教材内容	项目安排
单元起始课	组建项目合作小组，确定项目研究内容
《海上日出》	1. 发现动态变化，了解写景物的顺序，为项目四做准备 2. 确定红色旅游任务，小组成员分工收集资料，为项目三做准备
拓展阅读《鸟的天堂》	学习聚焦与表达"最美镜头"的方法，为项目四做准备
表达与创作（一）	1. 小组合作分工，完成资料的整理与补充 2. 聚焦游览点，完成项目一温州红色旅游地图绘制

（续表）

教材内容	项目安排
《记金华的双龙洞》	1. 学习游记表达，完善游览路线，为项目三做准备 2. 学习有重点地观察与表达，培养"最美镜头"意识
"交流平台"与"初试身手"	1. 回顾交流、梳理撰写导游词的方法 2. 通过读图、说图、写图等方法，模拟导游讲解
拓展学写"研学公约"	学习公约制定的目的和方法，形成"研学公约"，倡导文明游览，完成项目二
习作例文学习	1. 研学前，组织"红色景点抢鲜看"活动，评选组内"五星导游" 2. 研学时，各组交换导游，评选班级"五星导游"
表达与创作（二）	1. 小组评选"最佳镜头"，尝试用动态描写和静态描写撰写，完成项目四 2. 小组成员修改导游词，完成项目三
拓展学写脚本	1. 学习海报设计方法，设计《家乡的一抹红》微电影海报进行宣传 2. 各小组在家长指导下整理、合成、修剪视频资料，完成《家乡的一抹红》视频初稿 3. 班内发出"微电影导游召集令"，再次向师生介绍红色基地 4. 班内合力修改视频资料，增加配音，完成项目五
单元总结课	回顾单元学习，总结评价学生和项目的达成情况

从单元教学安排看，教学内容从固定的课文内容到指向表达的多元习作内容转变，教学内容与同主题不同单元习作、不同年级习作、不同文体习作、不同类型表达相联结。联结内容旨在实现表达的多元训练，回归真实的生活表达需求。

2. 重整"X"，实现项目优化

习作项目群中"X"的有效选择和融合，能够极大程度地激发习作的活力，那么如何将课文内容和"X"进行有效重整，实现项目式学习的最优化呢？

首先看选择。在"童心向党献佳作，致敬百年庆华诞"习作项目群的推进中，围绕主题"前延后拓"，延续四年级上册"连续性观察"，本单元学习要求学生更加细致地观察事物的变化，同时把统编五年级上册课文《鸟的天堂》，口语交际"班级公约""海报设计"前置到四年级下册，让导游词的撰写有方法可循。

其次看融合。铸魂育人，立德树人。育人是教育的根本，"制定研学公约"针对的是学生在研学过程中可能出现的不文明现象，让学生通过表达个人观点，承担有实际意义的交际任务，在交际中达成共识，形成大家共同认可和遵守的公约，培养学生的优良德行，唤起学生对建设美好中队的向往。因此将这一课前置到本单元，能在真实的情境中发挥口语交际的作用。

把《鸟的天堂》前置到本单元学习，可以帮助学生在学完《海上日出》后，更深入地体会景物的动态变化，感受景物的动态美和静态美，将本单元中按照变化的顺序写的目标做实，为导游词中"最佳镜头"的讲述添砖加瓦。"海报设计"的前置学习则利用打动人的宣传语和好看的图画，激发观众的好奇心和参与的欲望，让微电影制作项目内容更加丰富完整。

3. 创新"X"，搭建项目支架

单元习作在习作指导上有具体的"习作指引""写法指导""评鉴标准"，习作项目群中"X"的创新可以新在习作支架上，根据学情和教学需求，搭建新的支架系统，帮助学生有序、有趣、有效地完成任务。

（1）可视化支架，学习资料梳理

本次项目式学习中，前期有较多的资料搜集，小组内大量杂乱无章的资料如何归类和整理呢？在学《海上日出》时，我通过"作者为什么认为这是伟大的奇观呢"这一问题，和孩子们一起梳理课文的思维导图，既发现了是通过时间变化、颜色变化、形状变化、光亮变化写了日出的变化过程，也发现了作者之所以写得那么好，是因为他把变化的过程分类写好了。

随后，引导学生制作直观的图表支架，如思维导图支架、对比表格支架、组块支架。在支架的运用中要提示学生对重复信息和无关信息的筛查。

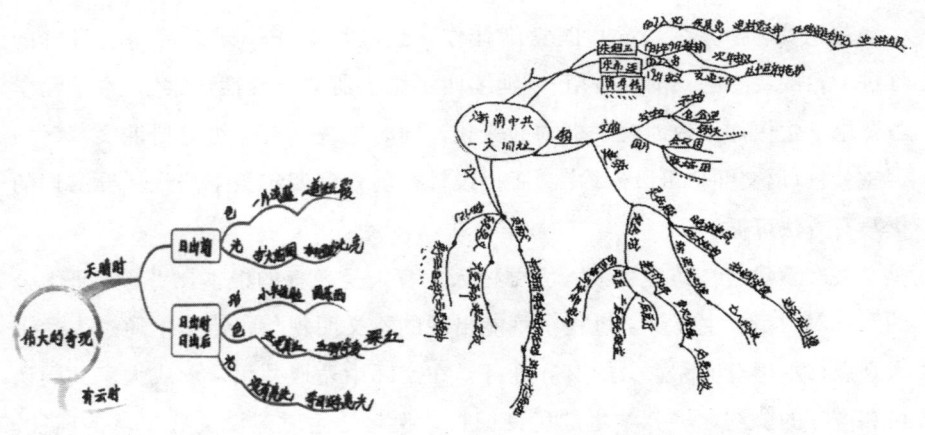

图 7-1　思维导图支架 1　　　　　　图 7-2　思维导图支架 2

表　对比表支架

人物	时间	事迹	贡献
朱名五	1927年入党	建立村党支部任瑞安县专书记	为浙南沿海根据地的建立奠基
朱希近	1929年入党	负责对外交通	冒死设联络站
黄寿钱	1929年入党	多次被敌人抓去严刑拷打出狱后仍坚持斗争	作风坚定，不怕牺牲的精神

瓯海红色研学景点

【中共浙南一大纪念馆】
　　1930年5月，中共中央委派王国桢同志筹建浙南特委，他回温后在此主持召开了中共浙南第一次代表大会，这次会议统一了浙南的革命力量，是浙南革命斗争史上具有里程碑意义的重大事件。
【温州和平解放谈判旧址】
　　温州和平解放谈判旧址位于瓯海郭溪镇岭头村景德寺。1949年5月1日和5月4日，浙南游击纵队代表与当时国民党中军二OO师师长第五区（温州）专员兼保安司令叶芳的代表，总共9人在该寺进行谈判，签订了"关于叶芳将军率部反正起义协定"以及"浙南游击纵队5月6日进驻温州城的有关协议"，使温州避免了一场战火。1949年5月7日，温州获得和平解放。
【燎原社史纪念馆】
　　燎原社史纪念馆坐落在任桥村老虎山公园内，纪念馆建于1998年3月，于1999年10月正式对外开放。

图 7-3　对比表格支架　　　　　　图 7-4　组块支架

（2）创意评鉴支架，营造口语化输出场

在研学前，组织"红色景点抢鲜看"活动，评选组内"五星导游"，其实就是一次模拟导游活动，目的是让学生将书面导游词进行口语化输出，营造表达情境，训练信息提取能力，形成观点导向能力。话题支架为真实导游讲解预演，可以提高学生习作的兴趣，有效地监控学习的过程。

（3）驱动任务支架，建立学习场效应

项目式学习就是学习能力动态生成的过程，教师主要根据学习进程，使项目实施过程成为学生发展的学习场，满足学生的学习需求。任务支架旨在为学生建构对知识的理解提供一种框架，把复杂的学习任务加以分解，以便于把学生的理解逐步引向深入。项目中，以驱动问题"组织剧组，拍摄微电影《家乡的一抹红》"为起点，并将驱动问题以微项目的形式进行分解，整个项目就是建立在任务支架上，产生学习场效应，实现学习项目的增量。

表 7-3　镜头取像卡

摄影师：_____　　　拍摄时间：_____　　　自荐指数：☆☆☆☆☆

取景点	拍摄景物	特　点	镜头选择
			静态（　　）动态（　　）
			静态（　　）动态（　　）
			静态（　　）动态（　　）
			静态（　　）动态（　　）

（三）以过程为轨迹，圈画项目群评价

习作项目群倡导多维度、多元化评价，重视将评价置于目标和学习过程之中，让评价在项目式学习中上承目标，通过多维细化量表评价，让评价目标更加多元；下启学习过程，在教学过程中更注重学习过程，培养学生的习作兴趣。

1. 关注"做了什么"，激发习作兴趣

（1）多维评价。项目式学习的评价应该关注儿童多方面的表现。评价量表的设计要避免结果论，要有意识地去关注学生做了什么，突出学生在项目中的态度和努力，尊重学生的个体差异，尊重学生的主体地位。因此本项目中的评价量表都做了细致的维度分化，如班内组织的"五星导游"评选，量表里的评价维度分为学科素养和学习表现，评价既关注学生项目式学习中习作与表达的学科素养，又关注学生在活动中的参与度，实现从识记到实践的转变。

表 7-4　"五星导游"评选评分表

				自我评价	小组评价	同学评价	老师评价
"五星导游"评选评分表　小组名称：_____　　导游姓名：_____							
评价维度	项目		评分标准	自我评价	小组评价	同学评价	老师评价
学科素养评价	语言表达	A	有导游情境感，语调语音把握得体，语言自然流畅，用词准确，无明显错误				
		B	有导游情境感，个别语句语调语音有错误，语言基本流畅，用词基本准确				
		C	整体介绍不流畅，背诵感很强，忘词严重				

（续表）

评价 维度	项目		评分标准	自我评价	小组评价	同学评价	老师评价
学科 素养 评价	介绍内容	A	能借助游览图，运用过渡句，结构严谨、层次清楚地介绍景点，并能抓住特点把印象深的景物介绍清楚，或者有独特的发现				
		B	介绍内容完整，但结构、层次上不够清晰，不能突出印象深的景物的特点				
		C	介绍内容不完整，前后不连贯				
	表述技巧	A	善于运用表格、手势，增加欢迎词和送别词，语音语调富有感染力，能调动游客的情绪				
		B	表情、手势比较生硬，不能随介绍的变化而变化				
		C	讲述平淡，缺乏一定的介绍技巧				
	仪表形象	A	仪态端庄大方，神采飞扬，具有亲和力				
		B	仪态比较大方，具有一定的亲和力				
		C	仪态不够大方，精神状态欠佳				
学习 表现 评价		A	注重组内活动的纪律性，积极参与小组讨论，发表独立观点，公平公正地评价小组成员，选出组内"五星导游"				
		B	注重组内活动的纪律性，能比较积极地参与小组讨论，公平公正地评价小组成员，选出组内"五星导游"				
		C	纪律性较差，小组讨论不够积极，评价小组成员比较被动，没有见解				
总　评							

（2）多元主体。评价量表的设计中，不仅安排了师评，还有自评、组评、生评，考虑到微电影面向的是全校师生，这里的生评是指其他班的学生。评价主体从传统的师评向多元化、团队化评价转变，实现了更为丰富的反馈，加深了对团队文化的理解，把学生的习作热情逐步点燃。

表 7-5　微电影展示活动表现性评价表

评价项目	评价等级			自我评价	小组评价	同学评价	老师评价
	A	B	C				
成果总体印象	十分符合宣传温州景点的主题	基本达到宣传温州景点的效果	没有达到宣传效果				
成果内容	内容丰富，有吸引力，有较高的文学涵养	内容略显不足，或文学涵养不高	内容老套，表达存在明显缺陷				
知识的运用情况	能很好地运用动静结合等习作表达方法，体现知识性、探究性	能较好地体现语文学科的知识性和探究性，知识面展现得较开阔	成果展示流于形式，没有体现语文学科的知识				
成果的形式	有很好的创意，微电影制作精美，有很强的感染力	微电影创意有所欠缺，感染力不足	形式粗糙，没有一点创新				
价值观发展	在爱家乡、爱祖国情感上有明显提升	可以看出一些对家乡的热爱	没有明显提升				

2. 关注"收获了什么"，寻找真我表达

项目式习作是以解决真实问题为目标，要打破唯结果论的评价方式，教师更应对学生参与过程的态度、学到的习作方法、学习成果达到的影响等进行评价，从多个维度促进学生的成长。如"研学公约"得到了同学们的支持，这就是优秀的习作，对"最美镜头"有独特的发现，这就是孩子自己的最美镜头，班级微电影能够得到全校大部分师生的肯定，这就是一次有意义的项目式学习。教师可以将作品的影响力作为评价的重要依据，让学生卸掉习作的功利性压力，找回真实的自我表达。

二、寻找驱动问题，实现发现式探究

在设计与实施小学道德与法治学科基于项目式的发现课学习过程中，我们发现驱动性问题不仅推动整个学习过程，还从根本上决定了发现课学习的研究内容与学习成果。基于单元主题，契合学生需求，指向真实生活，立足素养提升，是设计对学生富有黏性的驱动性问题的基本路径。由驱动性问题的"1"衍生出有逻辑关系的问题链"N"，依托推进式、联结式和导向式问题链，可以推动学生的高阶认知，促进发现课深度思维的发展，引导学生发现更广阔的探究空间，真正实现问题引领下的真实学习。

（一）解决什么是基于项目式的发现课学习中的驱动性问题

发现课学习活动设计中，设计者首先要提出本质问题，而本质问题有时候比较抽象和庞大，这就需要将其转化为驱动性问题，更好地激发学生参与的积极性。驱动性问题通过有趣的、与学生亲和的方式驱动学生投入项目式学习，同时也促使学生自主寻找信息、学习关于此问题的知识以及寻找解决问题的方法。

以三年级《邻里合家欢》学习活动为例。在和谐价值观和共建良好的邻里关系等核心知识的导向下，我们最初设计了以下两个问题：

你能为小区环保设计宣传标语吗？

我们该如何参与和谐家园的建设呢？

第一个问题是事实性问题，它指向的是封闭性答案，就是宣传标语的设计，类似于一个指令型的学习任务。而第二个问题是一个开放性问题，它不仅需要学生搜集信息——小区还有什么实际的问题存在；还需要项目小组展开讨论：我们小组可以做哪件事？我们应该怎么做？这一过程中，学生自主地提出观点，小组设计方案，实施行动，并反馈成果。很显然，我们会选择第二个问题作为驱动性问题。

再来看一个四年级的案例。团队根据真实生活场景和学科核心知识，拟设计一次关于低碳生活的项目式学习活动。在入项活动时，学生提出：最近为什么会频繁拉闸限电？我们为什么要减少碳排放？怎么减少碳排放呢？……这一系列从生活和教材内容出发的真实但零散的问题，还不能够作为比较精准概括本质的问题。于是在此基础上，我们将这些零散问题进行升维："我们可以为2030年碳达峰、2060年碳中和做些什么？"这就将事实性问题转化成概念性问题，从而更具有包容性，更具有研究的张力以及任务的驱动力。

由此可见，发现课学习中的驱动性问题不仅应契合学科知识，符合年龄特征，更应该是能引发高阶思考、对学生有吸引力的本质性问题。

（二）从"0"到"1"，如何设计富有黏性的驱动性问题

好的驱动性问题既能激发学习者学习的内在动力，也能提纲挈领地引领学习者持续思考、自我探索的方向。那么，如何从零散的、浅层的问题中，梳理出"1"个对孩子具有强烈的黏性的本质问题作为项目的驱动性问题呢？

1. 基于单元主题设计驱动性问题

小学道德与法治教材有"主题式编排，生活化取材"的特点，其内容设计本身就与项目式学习的特点有着某种契合度。所以依据教材特点，从单元核心知识出发，将零散的指向具体内容的问题梳理成一个聚合的概念性问题，进而由问题驱动，开展项目式学习，是一条非常通达的路径。

三年级上册"我们的学校"主题单元，涉及"说说我们的学校""走近我们的老师"等内容，我们在整合学习的基础上，设计了驱动性问题："怎样让学校因为我们而更加美好？"将活动引向对老师工作的了解，对校园环境的了解，并在此基础上开展负责任、有担当的校园文明好少年的行动。各个项目小组从驱动性问题出发，确定的子项目分别是给老师设计温情小人书；绘制校园十景明信片；成立校园纠查小队，发现问题及时反馈给大队部……基于单元主题设计的驱动性问题立足大单元视域，让实践活动内涵更加丰富。

2. 契合学生需求设计驱动性问题

真正能够激发自驱的驱动性问题应该源自学生真实的需求。二年级上册《我是班级值日生》内容涉及班级的岗位和职责。学生在相应主题的学习中，对班级的不可或缺的工作岗位进行交流，一边交流一边自然就产生了一个强烈的想法——我们需要制定属于自己班级的独一无二的班级规则与岗位，于是就提出非常棒的驱动性问题："怎样设计一份人人有岗的蒲公英班独一无二的班干部轮岗制度？"

于是班级顺理成章地设计了一次发现课项目式学习活动，学生从讨论"班干部的岗位设置""岗位细则"到"如何更加公平地让每个人都有事情做""怎样才能确保班级工作都做好"等，再到班级轮岗转盘的设计（外一圈为班

干部岗位，里一圈为所有同学的姓名，岗位数和学生数相等）。自发的源于自身需求的问题，在学习实践中散发出源源不断的能量；学生在活动中参与、思考、成长，并依据自己的构思设计出"班干部轮岗转盘"。这个轮岗转盘成为实现班级自治的一项有分量的项目成果。

3. 指向真实生活设计驱动性问题

学生的社会责任感需要在真实的社会生活中培养。好的驱动性问题，会指向学生的真实生活，引领他们走向广阔的多向度的学习空间。问题联结生活，让学生在经历中体验，他们才能够获得真正的成长。

设计三年级"邻里合家欢，共建和谐园"发现课学习活动时，老师对学生生活的小区做了充分的调研，发现学生居住的小区相对集中，在了解每个小区的公共空间都比较安全的前提下，引领学生在生活小区中开展学习实践。老师以"我们该如何参与和谐家园的建设呢？"为驱动性问题，设计了指向真实生活的子项目，全班 8 个项目式学习小组基于实地调查，分别从小区垃圾分类、为社区人员送温暖、小区书屋建设等方面开展社会实践活动。

4. 立足素养提升设计驱动性问题

驱动性问题直接影响项目式学习的实践过程与项目的成果，而基于提升学生学习素养提出的驱动性问题能够较好地保证项目式学习的整体质量。

以《中国有了共产党——红色主题项目式学习》为例。本次学习以中国共产党成立 100 周年庆活动标识和习近平总书记关于新时代红色精神的发言视频合辑为引，并结合校园文化生活的实际，提出一个驱动性问题——"如何设计校园'建党百年'红色主题墙？"。其核心知识是中国共产党的诞生是历史和人民的必然选择以及红色精神——红船精神、井冈山精神、长征精神将在中国人身上的传承。这样的驱动性问题，将学科的本质知识融于学习实践，并关注学生的调查能力、提取信息能力、典型故事收集能力、辨析能力、合作能力以及演讲能力等，立足学生素养的全面提升。

（三）从"1"到"N"，如何实现从问题到问题链的设计来推动项目式学习

驱动性问题是学生思维发展的触发器，是开展基于项目式学习的发现课

的根本要素。但我们发现，学习活动中不仅要设计有思维力度的、有思维张力的驱动性问题，还需要由驱动性问题出发，衍生、倒推、分解出若干个子问题，形成具有逻辑关系的问题链，才能够真正推动学习实践的全过程。那么，如何以驱动性问题为基点，实现从"问题"到"问题链"的设计？

1. 推进式问题链，助推高阶认知策略

依据核心知识、学生需求、真实生活三者有机融合设计驱动性问题，并以此作为主问题，根据实际任务倒推出符合逻辑的问题链，能够助推学生的高阶认知策略。也就是说，以问题为纽带、以知识形成发展和培养学生思维能力为主线、以自主研究与项目小组合作为基本形式，开展项目的实践活动。

二年级"传统游戏，乐满校园"课程设计缘于学生在学校课间游戏中的发现："陀螺"怎么会有那么多不同的"版本"？在入项活动中，我们将一系列的问题进行了梳理，确定了基于真实认知需求的驱动性问题："传统游戏怎么才能更好地传承？"因为是学生真实生活中产生的问题，对学生来说就极富黏性。紧接着，我们就以驱动性问题为纽带，依据学科核心知识和学生能力特点，整理了一系列的问题，作为项目小组活动推进的起点。具体的问题设计及其触发的子项目如下：

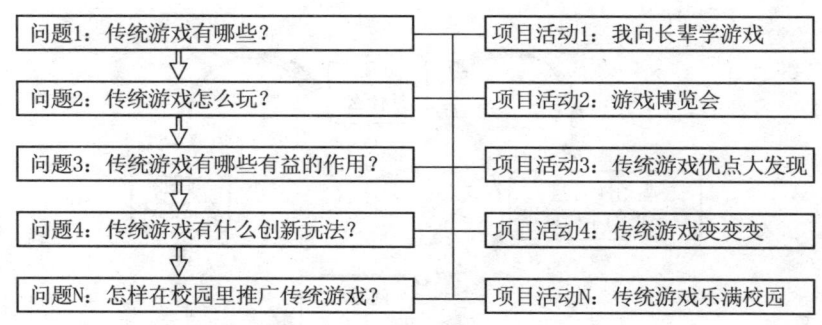

图 7-5　驱动性问题：传统游戏怎么才能更好地传承

基于驱动性问题衍生的这一连串问题，存在着比较严谨的逻辑关系。传统游戏有哪些？—传统游戏怎么玩？—传统游戏有哪些有益的作用？—传统游戏怎么创新？—传统游戏如何传承？由现象到本质，层层推进，形成了推进式问题链。

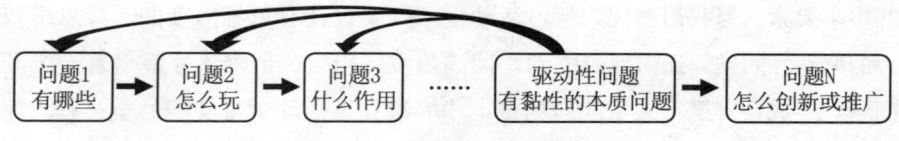

图 7-6　推进式问题链

　　而这一问题链范式，对内涵与主题相对聚合的项目式学习设计，是很有借鉴价值的。第一个问题，一般指向相关的主题内涵的信息收集与存储；第二个问题，指向比较、分析，发现该主题内涵的特征与实质……第 N 个问题，指向的是问题解决、创见，也就是主题的创新以及推广等。由收集存储等低阶认知策略转向创新与推广等高阶认知策略。

　　2. 联结式问题链，促进深度思维发展

　　问题链的设计注重建构一个深度学习的过程。而在建构过程中，我们需要注重知识、方法和研究视角的关联，问题链设计立足思维型教学理论引领下的情境设计，为训练学生思维能力提供情境的场域。

　　如何设计出不断引导学生进行深度思维的问题链？最好的路径应该是从教学内容的记忆、理解类浅层学习，逐渐过渡到评价、创造类深层学习，让问题不断地与真实学情、现实生活以及创造解决产生联系。

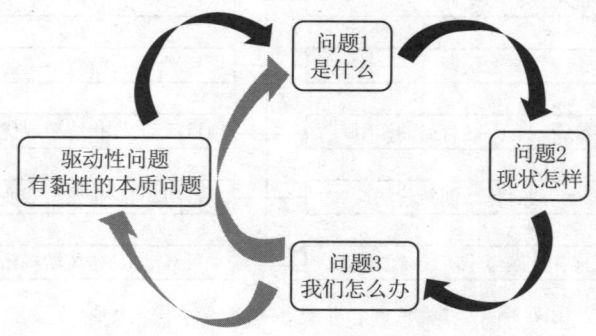

图 7-7　联结式问题链

　　以四年级上册"低碳生活每一天"学习活动为例。老师依据学生真实的生活和教材"让生活多绿色"单元的核心知识，设计本次活动。在入项活动时，从身边真实的拉闸限电引入，结合新华社文章《我国力争 2030 年实现碳达峰 2060 年实现碳中和》展开讨论，引出驱动性问题"我们可以为 2030 年碳达峰和 2060 年碳中和做什么？"为了实现 1＋N，从驱动性问题到问题链的设计，我们遵从"问题—联结—实践—问题—联结……"的螺旋演进的联结式问题链的设计原则。

表 7-6 "低碳生活每一天"发现式学习项目驱动性问题链

"低碳生活每一天"项目式学习活动"驱动性问题＋问题链"设计		
驱动性问题：我们可以为 2030 年碳达峰和 2060 年碳中和做什么？		
问　题	联　结	实　践
1. 什么是碳达峰和碳中和？	关联学习起点	背景知识的学习与整理
2. 为什么我们迫切地需要节能减排？	联结真实生活	调查与分析
3. 怎样在使用家用电器的舒适和节能减排中找到平衡？	联动问题解决	类比与分析
4. 生活中还有哪些碳排放？	联结真实生活	倾听讨论，信息整理
5. 我们怎么减少衣食住行中的碳排放？	联动问题解决	合作实践
6. 为什么中国不能马上实现碳达峰和碳中和？	联合高阶认知	预测调研，有说服力地表达见解
7. 为实现碳达峰和碳中和，我们青少年可以做什么？	联通综合素养	富有表现力和有效的方式报告

联结式问题链的设计，其核心目的是通过有逻辑结构的问题群，引导学生进行逻辑思考、高阶思维，促进学生深度理解。从上面的项目式学习案例中我们不难发现，设计问题链时，从有黏性的本质问题出发，做到"一问一联"，并让这种"联结"形成一个不断推敲真实生活和真实问题的思维深度卷入的循环，以此不断建构思维和学习的过程。同类的项目式学习活动如"邻里合家欢"中，问题链的设计也是这样不停地让问题本身与学生的知识储备、真实生活以及学习素养产生联结，不断地引导学生从现象到知识，从知识到方法，从方法到素养，逐渐提升能力。

3. 导向性问题链，引领广阔探究空间

导向性问题链，重在引领学生走向更加广阔和多向度的探究空间，最终指向的是学生的素养提升。问题链中会有一问或者多问是指向多维空间的，类似并列式解构问题，实现认知结构的重构，从"是什么"到"做什么"，再到"怎么做"，最后"共同行动"，构建"整体—探究—综合—提炼"的学习实践。

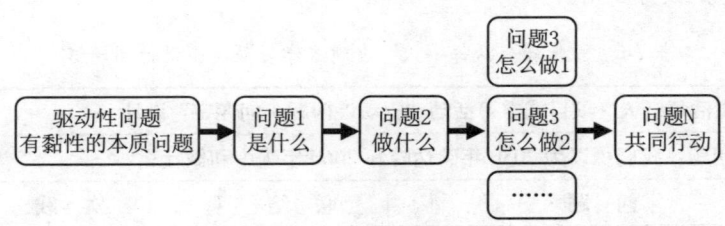

图 7-8　导向性问题链

　　四年级"喜迎亚运，做文明有为的温州人"学习活动，我们按照这一问题链范式进行了设计。本项目是从真实生活出发，结合"关心家乡发展"单元的学科核心知识，以及温州作为亚运承办城市之一的真实情境而设计，驱动性问题是："喜迎亚运，我们怎么做文明有为的温州人？"各个项目小组进行基于背景知识的调查与收集。

　　由驱动性问题出发，在学生有了充分的知识储备之后，设计了"我们怎样当好温州的主人，向参加亚运会的国际友人展示温州特色？"这个问题，另有多个维度的并列的子问题：

我们怎样推荐温州美景？

我们如何向客人介绍温州地域文化？

我们有哪些非物质文化遗产？

温州特色美食有什么，独特之处在哪里？

　　各个项目小组在充分的调研和实践之后，绘制温州美景地图、温州美食地图、温州非物质文化遗产名录等，再通过子问题——"小小宣讲员，如何讲好温州故事？"引出学习成果汇报活动，学生通过富有表现力和有效的方式进行展示。这一案例中的导向性问题链，巧妙地铺设了序列化的子问题，其与主问题关联的核心观念的发展与生成脉络，深入揭示了其背后蕴含的知识，让学生在学习实践的过程中，实现学习素养的提升。

第二节　学习支架：实现思维可视化

学习支架是展开发现式学习活动的凭借和载体，是连接学生现有水平与目标水平之间的桥梁，它将学习过程变得具体化、可视化、可操作化。所谓学习支架就是学生在学习中遇到一时不能解决的问题，教师提供的"脚手架"。它指的是教师的"教"为学生的"学"提供的扶持，它帮助学生攀爬，最终达成学习目标。学习支架是发现课在实践过程中的重要抓手。从学科教学内容出发，依托合适的学习支架，设计以学生生活经验和认知为基础的学习活动，通过学生乐于和适于接受的生动活泼的学习活动，让学生深入体验、发展思维、自主学习、深度学习，助力课堂从教的结构向学的结构转化。依托有效的学习支架，可实现思维可视化，为课堂促学助力。

一、细化应用价值，梳理支架体系

学习支架遵循适时性、适度性、适量性等原则，其形式随任务不同、目的不同而变化，其类型和作用也多种多样。

（一）向导型支架

向导型支架多数是以言语内容为主，或是用语言的方式来引导学生学习，或者通过书面的意见、建议来传达主题要求，引发学生思考。以"道德与法治"课程为例，为了联结课堂与生活，可以使用向导型支架唤醒经验，例如导语、建议、范例等，在课堂教学中激发学生的学习动力，聚焦学情视点，引导学生与生活对话。

六年级上册《感受生活中的法律》一课中，探讨"法律是什么"这一问题时，主持人提出：作为一名小学生，我们在家庭、学校和社会中有哪些权利呢？引导学生联结生活经验。在本课活动园中，主持人建议：采访家人或亲戚，了解他们的工作和生活中都涉及哪些法律。又如《请帮我一下吧》，在栏目一"大家都会有困难"中分别呈现了学生在学习、生活、游戏过程中常遇到的困难，通过学习伙伴的提示"我也遇到过困难……"将本内容与学生的生活相联系，教学中可以设计向导型支架，引导学生关注、反思自己的生活经验。

（二）工具型支架

工具型支架具体指有形的物化的学习载体，比如课堂常用的发现单。小学生的综合能力和思维迁移能力是比较薄弱的，面对这样的高阶思维困境，教学中可以使用工具型支架，例如图表、学习单、实物、视频音频资料等，帮助学生整理知识概念，使思考、表达可视化。小学生已经具有了一定的生活经验，比较擅长形象思维，但不擅长抽象思维。

在执教六年级上册《感受生活中的法律》之前，老师对学生进行简单的学情调查，发现学生对法律的认识是模糊的、支离破碎的，为了让孩子更理性地、更全方位地了解什么是法律，笔者设计了课前调查单。这一工具型支架帮助学生在正式接触文本前，对生活中的法律有比较系统、清晰的认识，养成调查信息、简单处理信息的学科素养。在课堂教学活动中，学习单帮助学生将思维一步一步拆解，更加直观、迅速地找到拓展思维的途径；在整理中产生问题，学习思考，设法找到解决问题的方法，提升学习效率，优化学习成果。

图 7-9　法治生活小记者采访单

（三）体验型支架

体验型支架则是指游戏、模拟场景等类型的体验活动。小学生的生活阅历少，对于社会生活的方方面面和许多领域都感到陌生而新鲜。针对这样的话题，设计体验型支架可以有效突破学生的经验盲区，是丰富学生生活经验的有力抓手。

以一年级下册《分享真快乐》为例，第一课时话题是"分享更有趣"，从分享的角度入手，让学生体验分享阅读、分享美食、分享心情、分享才艺的快乐。本课最大的困境是学生年龄较小且性格迥异，他们有的羞于分享、有的不愿意分享。为了让学生更深刻地体验分享的快乐，我们设计了学习活动"美食分享会"，要求每个学生带一份最喜欢的零食来学校，与同组同学分享；"比比谁的纸条撕得最长"，分组比一比在活动中撕的纸条长度，分享好方法、好经验。这样多角度多形式的活动分享，让体验叠加，让学生进一步懂得了分享的快乐，丰富了学生的独家经验。

（四）驱动型支架

驱动型支架一般是指以任务为主的大情境、驱动型问题和项目式学习活动等，相对来说这一类支架会让学生具有比较大的实现目标的主动性。例如情境、测评、问题、项目式学习活动任务等。课堂教学中设计驱动型支架可帮助孩子解决生活中真实的困惑，提升生活能力。

如五年级上册《中国有了共产党》，以时间为脉络，以精神为核心，呈现了近代以来中国人民实现民族复兴走过的历史进程，又以重大历史事件、历史人物为主线，进行国情教育、革命传统教育和爱国主义教育。需要学生对关键知识点和大量历史事件有一定了解，但学生没有合适的生活经验与本课历史对接，很难从情感上对这段历史产生共鸣。因此在执教本课时，可以设计系列化的项目式学习活动，把各种相关的真实问题转换成几个驱动性任务，整合在"红色研学之旅"的情境之下。通过课前"走进红色记忆"和"一大"档案等研学活动，让学生在参观、观影中知道中国共产党建党的历史背景，为本课学习做好知识储备和背景铺垫；课中"井冈山史料馆"活动，引导学生通过课堂合作、自主探究、小组汇报的形式，明晰三次武装起义事件的基本概况；课后"探寻长征路""新时代的红色精神""追寻红色记忆，传承红色精神"等系列活动通过采访、表演的形式，帮助学生系统地了解中国共产党艰辛而又伟大的历程。

项目学习活动 1

走进红色记忆

项目学习要求：

1. 参观活动：项目学习小组查找温州革命纪念馆的位置，项目学习小组设计参观活动单，并选择一两个纪念馆参观。

2. 观影活动：自主观看三部推荐影片，做一个简单的观影图表。

★ 温州革命纪念馆导览：浙南"一大"旧址、温州革命烈士纪念馆、温州革命历史纪念馆等等。

★ 推荐电影：《建国大业》《建党伟业》《建军大业》。

建党、建军和建国的时间图谱

我印象特别深刻的人物或事件

与项目小组的伙伴交流感受

自主评价 ☆☆☆☆☆
项目小组评价 ☆☆☆☆☆

项目学习活动 2

"一大"档案

项目学习要求：

1. 自主研读书本第 60 页相关内容，完成"一大"档案。

2. 小组内交流困惑，可以解决的打"☆"，未解决的打"？"。

中国共产党第一次代表大会	
时间	（　　　　　　　）到 1921 年 8 月 3 日
地点	
参会人员	（　　　）人，代表着全国 50 多名党员。
大会内容	1. 宣布中国共产党正式成立。 2. 大会通过了（　　　　　　），确定了党的名称为（　　　　　），党的奋斗目标是推翻资产阶级政权，建立无产阶级专政，实现共产主义。
我的困惑	

自主评价 ☆☆☆☆☆
项目小组评价 ☆☆☆☆☆

图 7-10　驱动型支架发现单

当然，支架的类型繁多，所属也并不是非此即彼，将其归类仅仅是为了相对清晰地说明其价值，便于在教学活动中更好地设计与运用。真实的生活是丰富多层次的，生活中遇到的问题也常常不是简单的选择题，而是一些综合性问题。我们道德与法治课关注的就是儿童的生活，指导孩子如何更好地生活，是我们重要的目标。基于这些真实的生活问题，基于学生学情，选择合适的学习支架就尤为重要。

二、 聚焦学生学情，选择学习支架

学习活动具有累积性和动态生成性特点，为学习活动搭建支架，要把学习时间与实践机会交给学生，使教学空间成为学生发展的"活动场"，呈现其适用性和有效性，以满足学生的需要。因此，支架式学习活动要基于学情设计结构模型。

了解学情，要针对课程核心素养，根据学生的年龄特点和真实生活去探测学生的学习经验——哪些是未知的，是生活中不常见、缺乏经验的；哪些是已知的，是学生可以联结生活、有体验的；哪些是新知的，是学生可以通过自主学习和课堂活动获得的。明晰学生学情是课程设计的出发点，根据学生学情选择合适、有效的学习支架。

课堂教学由教师、学生和教材三要素构成，在课堂教学中要注重知识结构向认识结构的转化，即"教"的结构向"学"的结构转化。通过教师对教材结构深度、广度的把握，以及对教学过程的科学设计，把静态的知识转化为动态的探索对象。要把这一过程转化好，应基于学生的真实学情设计适用的学习支架，助推由未知到已知，由已知到新知的转化。

如工具型支架（图表统计、游戏等），还原生活的真实状态，让学生思维可视化，感知公共设施无处不在。在三年级下册《大家的"朋友"》一课中，由工具型支架设计学习活动群，用游戏、图表构建起了一个富有趣味和"生活味"的导学系统，为学生开展真实的有质量的学习活动提供了保证，进而激发学生的学习兴趣，联结真实的生活，让整个课堂"活"起来。

表 7-7　《大家的"朋友"》学习支架

学习活动	依托支架	选择原则	目标指向
"新朋友"见面会	工具型支架（图表）	还原生活真实状态	感知公共设施 无处不在
公共设施大转盘	工具型支架（游戏）	让学生思维可视化	体验公共设施的便利
新型公共设施 设计大赛	驱动型支架（情境）	培养自学、协作能力， 帮助目标推进	形成爱护公物的 公德意识

三、 优化学习支架，组织学习活动

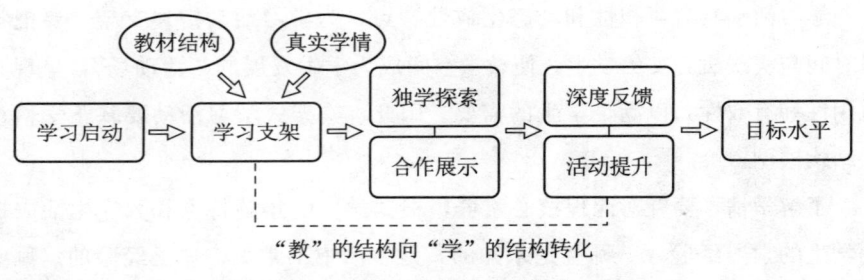

图 7-11　"教"的结构转向"学"的结构

明确"学生需要学什么"之后，需要确定"学生怎样学才好"，这就关乎学习活动的路径设计了。借力于学习支架，其意义便是试图扭转课堂教学中教师"教"有结构而学生"学"处于"无结构"的现象，使学习真正活动化。我们尝试搭建一些向导型支架，唤醒学生真实的经验，帮助他们有序地思考。

如，在二年级上册《我是一张纸》课例中，根据教材中的两个话题"你找到我了吗？"和"我从哪里来？"，结合二年级学生生活经验较少，对纸没有深入的认知这一学情，通过"找出学习单上的纸"这一范例，引导学生发现生活中纸无处不在；小组共同学习"给纸宝宝分类"，体会纸的用处；合作探究"纸是怎么来的"，提升认知，感受纸的来之不易，进而达到活动目标。

又如，《小水滴的诉说》这一课，教学时摆脱单一的说教式授课，引导学生走出课堂，调查身边的水资源情况。从真实的学情出发，引导学生发现"水污染"及"水浪费"情况，通过自行探索"寻找身边水资源"，小组合作"寻找节水小妙招"等方式进行深度学习。这样的学习支架能够更有效地组织学习活动，让学习活动更真实高效地开展。

要把刻板的教学结构转化为富有生命力和驱动力的学习结构，让自主学习成为课堂持续变化的主要方式，必须为儿童开展自主学习搭建"脚手架"。以儿童生活为基础进行深度学习，构建真实有效的课堂活动，是学生自主学习发生的保证。

四、路径探寻：建构有效的策略

学习支架在发现课课堂教学中的应用缘于学情基础，有效度如何，路径选择是关键。以语文阅读教学为例，学习支架的作用在于让名著阅读教学既贴合教材逻辑，又切实提高学生的阅读品质和能力。

（一）紧扣要素，可视化导学

教师作为阅读引领者，教学中要聚焦单元的阅读要素，通过发现导读单等方式将隐含在整本书中的关键信息抽拣出来，整合加工，进行可视化导学，帮助学生理解阅读内容，习得阅读的方法。

以五年级下册名著导学为例，"快乐读书吧"推荐了"中国古典四大名著"，这是对单元所学内容的延续。中国古典名著，多以长篇章回体的形式呈现，独特的"回目"是学生首先要感知的文化元素。结合"快乐读书吧"的"阅读小贴士"，我们就可以以发现导学单的形式启发学生重点关注"回目"这一特点，并结合单元要素，引导学生预测、猜读小说的情节，获得阅读能力。下面以《西游记》发现导学单为例：

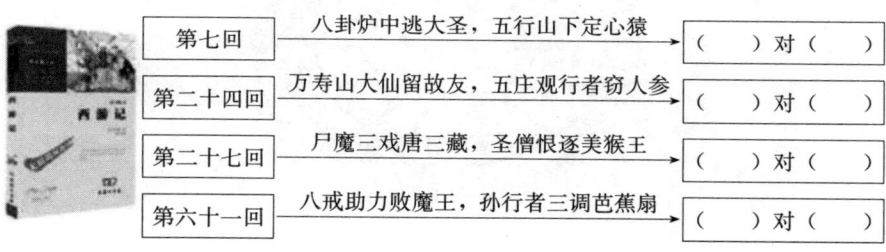

图 7-12　《西游记》"回目"阅读发现导学单

从"快乐读书吧"的"阅读小贴士"入手，利用发现导学单，引导学生发现《西游记》回目对偶的特点，地点对地点，人名对人名，事件对事件，并由此迁移，引导发现像《水浒传》《三国演义》《红楼梦》等古典名著，都可以通过关注回目，猜读情节，了解故事内容，获得关键阅读信息。在此过程中，还可进一步引导学生关注《西游记》回目中的隐藏信息，如小说中人物称谓的变化，木母（八戒）、心猿（悟空）等，还有故事中孙悟空的名字变化（心猿、美猴王、行者、大圣……），充分调动学生的阅读期待。如此，便能由一生发，触类旁通，从而获得阅读古典名著的"阅读钥匙"。

再比如，中外经典名著中，塑造了许多鲜活的人物形象。但小说篇幅长，人物繁多，且关系复杂，我们便可通过设计发现导读单，引导学生梳理人物关系图，将人物、关系、情节等信息拆解，进行可视化分类，帮助学生走近作品中的人物。

六年级上册"快乐读书吧"，推荐了高尔基的《童年》这一成长小说。教学中，老师引导学生在阅读的过程中，边读故事边梳理人物图谱，并通过导读课，示范小说人物关系梳理的几种样式，如环状图、发散图、树状图等，启发学生在人物梳理的过程中，将自己对小说内容及人物的认识与感受可视化，更深入地走进小说。以下是学生梳理的几份人物关系图。

当然，在阅读的过程中，这幅图并不是一成不变的，学生可及时记录，并随着情节推进，不断地对图进行修正、完善，学生的思维也逐步走向清晰。

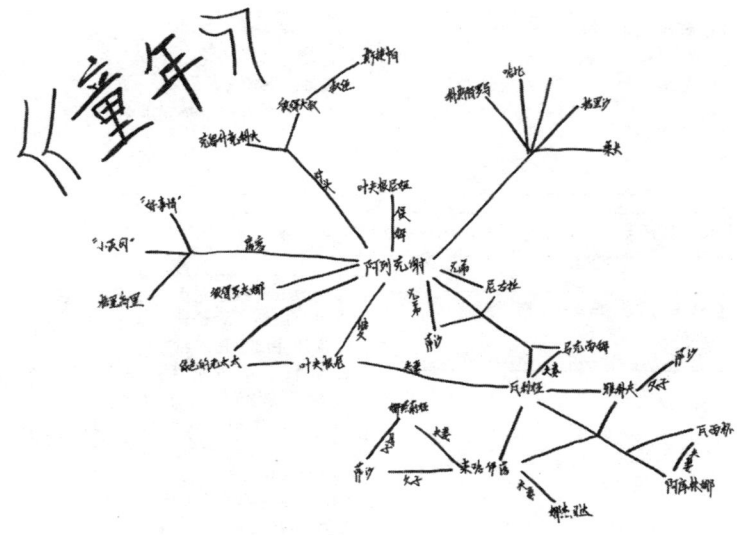

图 7-13　学生梳理的《童年》人物关系图

（二）项目驱动，助力持续阅读

以项目式学习方式，开展名著阅读探究，可以改变以教师"教"为主、学生被动"学"的传统阅读指导方式。通过创设真实的、熟悉的问题情境，促使学生在任务驱动下，积极自主阅读，在阅读的过程中，不断提升思维能力，并从浅层、表象的阅读思维转向纵深发展的高阶思维，有效增加阅读的收获。

以六年级下册"快乐读书吧"《鲁滨逊漂流记》为例，设计项目式阅读的大体框架如下：

以上活动中，通过搭建项目式学习的教学框架，以"如何设计'鲁滨逊漂流主题公园'的旅游方案"这一项目进行任务驱动，引领学生完成《鲁滨逊漂流记》阅读的学习旅程。相较传统的导读教学，项目式阅读活动中，教学内容发生了改变，以任务完成的方式提示学生内化阅读、输出阅读。将对作品梗概的学习、作品主要内容的了解、作品插图的关注，融合在了海报设计这一学习活动中，且通过绘制"孤岛求生指南"引导学生在阅读的过程中，重点关注并梳理荒岛环境，留意鲁滨逊的求生经历；在此基础上，输出阅读核心知识：
1. 借助作品梗概，了解名著内容
2. 鲁滨逊的人物形象及荒岛经历
3. 全面看待个人与名家对整本书的评价及影响。

本质问题：
1. 通过鲁滨逊的荒岛经历，多元感知鲁滨逊的人物形象
2. 学习全面看待书籍评价及影响

驱动性问题：如何设计"鲁滨逊漂流主题公园"的旅游方案？

形成高阶认知策略：问题解决认知策略

确定学习实践：完成"鲁滨逊漂流主题公园"旅游方案设计
1. 设计公园宣传海报
2. 绘制"孤岛求生指南"
3. 确定旅游特色项目
(1) 手工体验馆（关注关键情节）
(2) 欢乐剧场秀：小组剧本创作（关注人物形象）
(3) 经典档案馆（整理经典评价、设计书籍腰封）

选择成果公开方式："鲁滨逊漂流主题公园"最佳旅游方案评比，年级长廊展出

图 7-14　六年级下册《鲁滨逊漂流记》项目式阅读框架

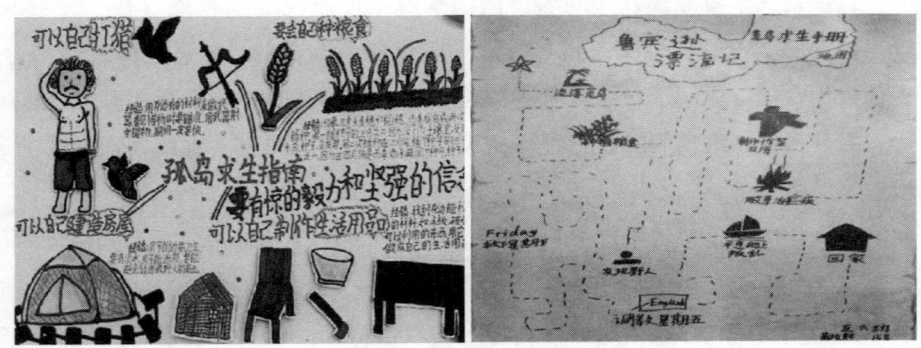

图 7-15　学生绘制的鲁滨逊"孤岛求生指南"

体验，选择关键情节，"搭建"手工体验馆，关注人物形象进行剧本创作，并结合作品评价设计书籍腰封。

　　这一系列的阅读活动中，教师和学生的角色都发生了转换，成为名著阅读的探索者、课程的共同研究者。因此，可以说，项目驱动下的名著阅读，不仅促进学生完成了整本名著的阅读，更自然地带动了阅读课堂的转型。

（三）多维比读，发展审辨思维

每本书都有其独特的内涵和创作意蕴。多维度的对比阅读，在丰富阅读感受的同时，能启发学生在阅读中确认重要的信息并建立关联，并在阅读过程中产生自己的疑虑和思考，在反刍理解中将思维引向纵深，提升思辨能力。

1. 联读比对

五年级下册古典名著单元《草船借箭》一文，选用的是原著的现代文改写，课后"阅读链接"里编者特意安排了第四十六回的原文，引导学生进行与课文的联读比较，感受古典名著语言的特点。再如，六年级下册"快乐读

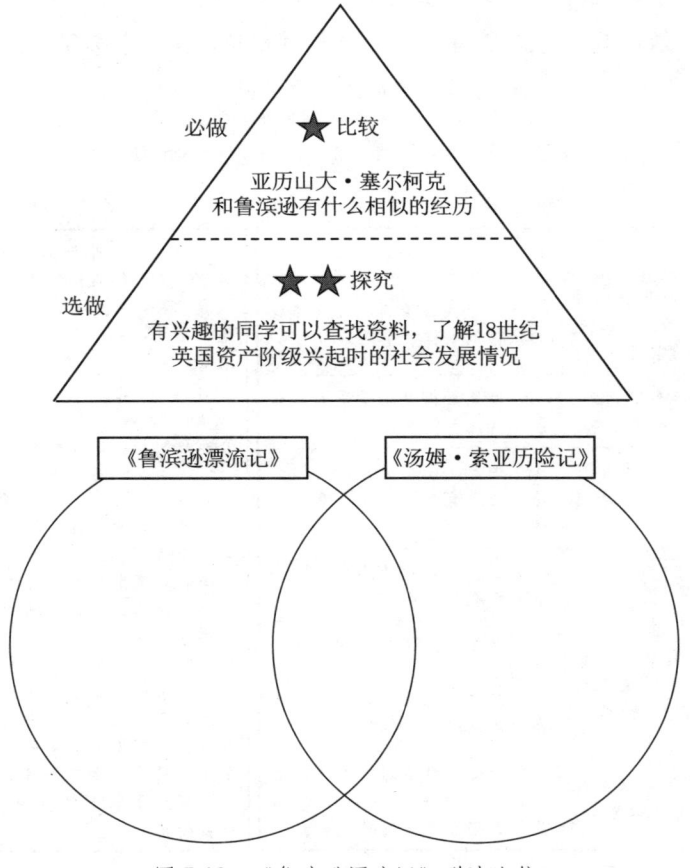

图 7-16　《鲁滨逊漂流记》联读比较

书吧"推荐了《鲁滨逊漂流记》《汤姆·索亚历险记》等四部外国游记和冒险小说。这一类作品学生喜闻乐见，教学中，可以借助塔状图、韦恩图等形式，做好创作背景、阅读经验等的联结，使学生在感受小说曲折的情节之外，进行深度的思辨。

2. 译本比读

六年级下册"快乐读书吧"推荐了一组外国经典名著。"语文园地"以《汤姆·索亚历险记》为示范，带领学生比较三种不同译本。同样，丹尼尔·笛福的《鲁滨逊漂流记》也被翻译成不同版本，教学中，可以以鹿金和叁壹翻译的"好坏清单"为例，引导学生深入对比阅读。

在不同译本的比读中，学生既获得多元的感受和体验，又学会了审视和鉴赏。开放的比读系统，为学生带来建构性视角，让学生感受不同译本的语言风格，学习在阅读过程的监控中形成自己的阅读判断。

表 7-8　《鲁滨逊漂流记》不同译本比对

鹿金 译		叁壹 译
坏处	好处	**祸与害**
我被抛弃在一座可怕的荒岛上，没有重见天日的希望。	但是我还活着，没有像我的伙伴们一样被淹死。	流落荒岛，摆脱困境已无希望； 仅我独存，孤苦伶仃，困苦万状； 与世隔绝，犹如一个隐士、一个流浪者； 没有衣服； 无法抵抗人类或野兽的袭击； 无人可交谈，也没人能解救我。
我被单独剔出来，与世隔绝，受尽苦难。	但是，我也免于死亡，而船上其他人员都已丧命。	**福与利**
我被从人类中分离出来，成为一个孤独的人。	但是，我在这片荒芜的土地上既没有挨饿，也没有奄奄待毙。	仅我独生，船上同伴全都葬身海底； 在全体船员中，我独免一死； 既然上帝用其神力救我一命，也一定会救我脱离目前的困境； 小岛虽荒凉，但我还有粮食，不至于饿死；
我没有衣服穿。	但是，我身处热带，即使有衣服也不用穿。	地处热带，即使有衣服也穿不上； 在所流落的荒岛上，没有我在非洲看到的那些猛兽。如果我在非洲沿岸覆舟，那又会怎样呢；
我没有任何防御力量或者手段来抵抗人或野兽的侵袭。	但是，在这里我看不见会伤害我的野兽，在非洲海岸上，我却看见过。要是我的船在那儿倾覆，该怎么办呢？	但上帝魔术般把船送到海岸附近，可以从船上取下许多游泳的物品，终身受用不尽。
没有人可以同我说话，或者宽慰我。	但是，船漂到了离岸很近的地方，我取出了很多必需品，有些甚至够我用一辈子。	

3. 文影对读

许多经典名著已被改编成影视作品，如 86 版《西游记》、87 版《红楼梦》、94 版《三国演义》等，都是名著改编成影视的经典之作。

名著阅读中，通过影视作品和文字作品的交替展示、对比解读，可引导学生关注小说与影视的独特表达。如五年级下册"快乐读书吧""成长小说"主题推荐的《小英雄雨来》，讲述了少年英雄雨来智斗鬼子的故事。由于作品的历史背景年代较远，学生很难有代入感。补充影视片段对比阅读，在重现历史场景的同时，更让学生身临其境，拉近了学生与作品的时空距离，有效推进文字阅读，丰富了学生的阅读体验。

统编版教材"名著阅读"体系的编排，搭建了小学高年级学生与名著阅读间的桥梁。只有明晰编者的意图，充分利用课程资源，借助丰富而多元的阅读策略，以一篇带动多篇，一篇引向一本，一篇辐射一类，才能有效实现课内外阅读的相辅相成、融合共生，学生的阅读思维才能得以向更深处漫溯。

第三节　问题导向：优化发现课路径

在探索发现课未来发展的道路上，我们始终坚持"以学生为中心"的发展理念，以"宽教育"特色铸就教学共同体（以下简称"教共体"）的品牌。在实践与探索中，我们坚持以问题导向，创新融合型的教共体理念；坚持以五"同"聚能，探索"教育共富"的路径；坚持实干笃行，奠定教共体未来的发展，为发现课的长足发展奠定扎实的学校基础。

一、坚持问题导向，寻找管理中的差异

发现课的长远发展立足辐射与共享，我们基于集团学校与教共体的实际，实现了由点上的破发到面上的联动；坚持问题导向，以"伙伴发展"为准则，辅以条块结合的工作思路，不断发现办学改革过程中出现的新矛盾和新问题。

在探索融合型教共体这条道路上，我们建立起一个无障碍沟通、资源共享的平台，把原本没有关系的组织整合成一个利害相关的共同体，形成协同

发展的完整体系，实现教共体学校高效率的同频共振，以期达到教共体内教育内涵和发展水平的整体提升，缩小校际差距。这就是我们从事发现课研究最终要达成的目标。

（一）同理念，向宽而行

教共体成立以来，全面推进"宽教育"办学哲学，助推各校区高质量发展。同时，注重发挥两所学校的特色和优势，结合"以学生为中心"开展教共体常态工作，研究制定新的教共体章程，形成了契合教共体办学实际的条理式样本，确保让全体师生、家长感受到融合型教共体办学带来的联动发展。

（二）同课堂，链式联动

借助发现单开展发现学习活动，以"'互联网＋'环境下双师'发现'课堂的实践研究"的区级课题为载体，精心设计双师发现教学设计，重点聚焦发现学习链、学习研讨链、主体评价链的链式联动，创新教共体同步课堂，让基于技术的教与学进发出无限活力。比如，小学数学组在 2021 年 5 月 27 日开展了单元整合的教共体线下研修，详细介绍了发现课的推进经验以及"课前导学发现单""课中探究发现单""课后实践发现单"等的应用。

（三）同活动，齐育共创

首先是师生互动，展开发现式学习研修。如期末低年级的乐评活动、暑期开展的以"基于教—学—研一致性的大单元"为主题的集体备课活动，以"赓续百年初心，担当育人使命"为主的师德培训，依托本部校的《发现之旅论坛研习会》、命题培训等一系列丰富多彩的活动，都为教共体双方的发展打开了新视角，有力促进了我校本部区域和瓯外山水居校区（瓯海区艺术实验小学）的教学共研、资源共享、师生互动、差异互补，初步实现了优质教学资源的共享。

然后是生生互动，发现伙伴成长圈。各校区和本部一样通过开展开学第一课、心理健康教育、艺术节、篮球赛、法制教育、国防教育等学生主题活动，以及艺术类、体育类、益智类等社团活动，构建了宽容的生命理念；利用"榉园宽评、榉园晨晖、红领巾微舞台"等阵地，营造宽松的人文氛围；将"劳动、研学、社会主义核心价值观、主题班会"等活动课程化，搭建了宽广的课程生态，通过家委履职、学生维权中心、榉园家长成长学院、家庭教育掌上课堂等系列载体，加强家校共育，注入宽厚的文化熏陶；通过班主任例会、班主任培训、班主任戍长，实现倾润宽心的教育引导。

（四）同管理，发展共促

2021年，教共体开展了"互比互学，优化治理"以学生为中心提升行动，制定了详细的方案与清单。

真正做到即知即改，有效提升。通过研讨交流、师生座谈、深入课堂等方式对各校区展开全方位调研，通过找亮点、谈不足、解困惑，开诚布公地与瓯海北校区师生、家长面对面交流，真正做到工作过程清单化、关键事件案例化。

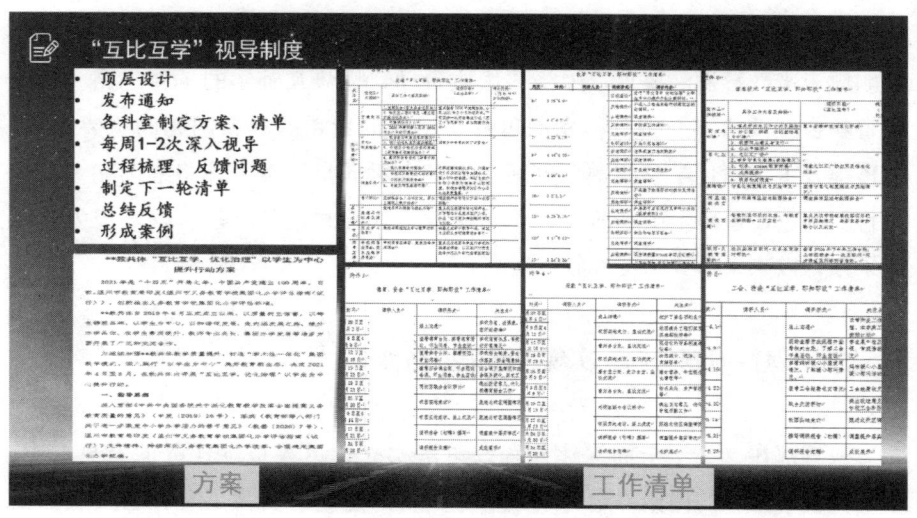

图 7-17　发现管理互学互比工作清单

（五）同文化，同频联创

追求安静校园，力求内生的活力；规范文化融合，引领创新未来。校园随处可见或大或小、或圆或方点缀在校园每个角落的教育宣传标语，校园里的每块墙面和每寸地方都透着浓浓的育人气息：有学校主题图的引领、樊高之地的展望、雅艺舞台的震撼，有科技长廊的渲染、阅读火车的牵引、休闲书吧的惬意……北校区的师生正在沐浴着向宽而行的校园文化，感受着"宽教育"理念的博大，体验着校园文化带来的巨大教育魅力。

五"同"聚能的融合型教共体模式，实现管理者对学校主流价值观的引领，实现干部管理水平的提升。融合型教共体的办学模式探索中，我们致力于培养管理团队在工作中善于发现问题的能力。如"互比互学，优化治理"行动领衔的都是教共体内全体中层以上的干部，而发现问题、解决问题的过程就需要发挥主观能动性，对提高干部的管理水平非常有效。另外，融合型教共体的模式探索中，我们统一认识的过程，也不断在解决生成性的问题。以常规教学期中调研为例，指导各校区开展基于云阅卷的数据收集和分析，从软件的安装、系统的使用、操作的规程进行全方位的指导，从而让北校区迅速进入了数据时代，真正实现基于数据的滚动式教育教学质量改进。

以管理推进发现课的发展，以课堂落点向全面开展。发现课的研究是我们顺应未来教育发展要求，围绕"优质带动，优势互补"的工作思路，有效化解融合型教共体办学改革发展过程中出现的新矛盾和新问题的重要举措，整体提升了集团化学校的融合创新水平和办学质量。教共体将继续在"未来教育"的建设道路上砥砺前行，共同探索"教育共富"路径，以发现力量赋能未来，以未来模式为美好教育增亮。

二、 坚持问题导向，实现教学策略转变

教育部在《关于全面深化课程改革落实立德树人根本任务的意见》中，明确把核心素养的内涵界定为"学生应具备的适应终身发展和社会发展需要的必备品格和关键能力"，引导学生遇到真实的问题并进行决策、思考和解决。过程中蕴含的关键能力主要是阅读能力（提取）、思考能力（分析）和表达能力（沟通）三种。发现课将乔哈里窗理论的沟通技巧和理论与教学实践相结合，帮助学生发现未知、发现自我，培养学生通过真实情境中知识的提

取、获得、转化和评价，顺利地将知识内化，促进学生对知识的综合应用，进而提升关键能力。

以"物质的比热——做一个高效率的热水袋"为例，探究在发现课中实现教学目标策略的改变。

策略 1　利用公开区——真实情境，驱动性问题

公开区，是一个信息公开的区域。在公开区中交流的师生，或生生间都对信息完全掌握，并且双方对活动的开展抱着积极的态度。所以在公开区中，学生可以通过自由的讨论实现项目背景知识的逻辑整合，并将驱动性问题拆分成多个子问题，找出解决问题的多个途径，在后续的方案设计中能针对性地解决问题。

冬天，很多人都会使用电热水袋取暖。通过驱动性问题"做一个高效率的热水袋"，激发学生解决问题的主观能动性。在导引课中，利用发现学习单在公开区鼓励学生调动已有知识经验去沟通和发现，有效提升学生的思辨能力。

驱动性问题"做一个高效率的热水袋"是一个具有挑战性的问题，在公开区的讨论中我们先将问题拆分为两个子问题：①什么是高效率的热水袋；②什么会影响热水袋的高效性。通过讨论问题①来明确学生对电热水袋的了解和背景知识的公开区；并通过学生间的沟通和讨论，形成图 7-18 的子问题的逻辑分析思路，对问题②进行解析。

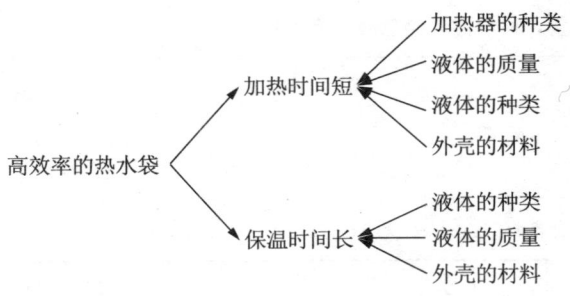

图 7-18　高效率热水袋的特征与影响因素

在公开区中对驱动性问题进行拆解和讨论，增进师生间和生生间的信息互通，将已知的信息进行整理，为之后课堂环节的有序进行打下基础。

策略2　窥探未知区——指向问题解决的探究实践

未知区，表示交流双方都还未发现的信息。面对真实的驱动性问题，学生会如何去解决，在解决问题的过程中会遇到什么困难，可以从教师处获得怎样的帮助与指导，是课堂中的未知区，也是课堂最精彩的实践部分。明确具体的项目问题后，学生根据项目任务，以小组为单位，充分利用信息与材料，进行探索创新和实践体验，并能在过程中时时分享与评价，主动建构概念知识，提升关键能力。

明确核心知识导向下的具体问题：液体的种类对电热水袋的高效性（①加热时间短，②保温时间长）的影响。换言之就是：吸（放）热多少与液体种类的关系。学生通过自主设计实验方案，探索变量的影响，在可选仪器一定的情况下，提出可操作的实验装置，完成方案测试并能优化方案，实现关键问题的解决。

表 7-9　窥探未知区：热水袋里的储热液的选择

窥探未知区：热水袋里的储热液的选择				
1. 设计实验，科学比较储热液的高效性				
2. 设计实验装置，科学比较储热液的高效性				
3. 实验分工与合作				
分工	1 号	2 号	3 号	4 号
任务				

（续表）

4. 收集事实与证据： 探究液体种类对加热时间的影响			
物质			
水			
酒精			
煤油			

探究液体种类对保温时间的影响

物质			
水			
酒精			
煤油			

　　探究性实践应用于未知区，学生在实践过程中，会调动与问题相关的各种知识，设计解决问题的途径，发现问题并突破难关，为解决问题建立模型等，实现真问题、真解决、真学习，达成从未知区到公开区的转化，以及知识信息的内化。

策略 3　叩击隐蔽区——成果展示，思维碰撞

　　隐蔽区主要是指自己知道、别人可能不知道的信息。学生在未知区进行探究性实践，实现驱动性问题的顺利解决，获得学习历程与项目成果。项目成果大多数以学生小组形式展示，可以以作品、产品、报告等形式。成果展示的过程恰恰可以将个人或者小组的隐蔽区分享给其他同学，实现教学相长，促进项目要素的深度实践，达成知识到能力和素养的转化。

　　本项目指向的核心知识是"探究不同物质的吸热能力"，学生在实施方案时，收集数据并积极运用所了解的知识进行分析和解释，实现从解决驱动性问题过渡到核心知识的学习，是主动建构概念知识的过程。

表 7-10　叩击隐蔽区：热水袋里的储热液的选择

叩击隐蔽区：热水袋里的储热液的选择 　5. 项目评价：你们组选择的液体是_____，理由：_____ 　6.【阅读卡】 　大量实验表明，质量相同的不同物质，升高相同的温度，吸收的热量并不相同；降低相同的温度，放出的热量也不相同。物质的这种特性在科学上叫作比热容（specific heat capacity），简称比热。 　质量相同的不同物质升高（或降低）相同的温度，吸收（或放出）热量较多的，比热较大；吸收（或放出）热量较少的，比热较小。 　由此可知，不同的物质比热是不同的。 　试比较：水、酒精、煤油的比热容的关系是_____ _____

　学生通过比较"水、酒精和煤油"这三种物质的吸热能力，发现相同质量的物体，吸热能力越好，升温慢，降温也慢（图 7-19）。选择"吸热能力好"的水作为"保温时间长"的储热液，迁移出：某种液体是否比水更适合做储热液，可以通过相同的探究方法和实验仪器进行实践比较，实现知识的再构建。利用核心知识"探究不同物质的吸热能力"的学习，引出"物质的比热"这一概念性知识的构建。

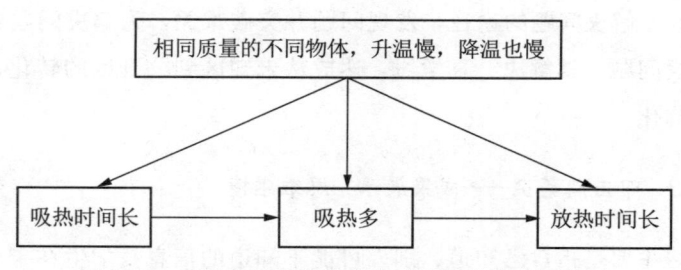

图 7-19　不同物质吸热能力在温度变化上的逻辑图

　学生可以将自己获得的知识和习得的能力分享给其他同学，实现师生和生生间的有效沟通，多层次扩展师生和生生间的公开区。

策略 4　扫除盲区——能力迁移、评价反馈

　盲区，表示只有对方给予评价与反馈时才能有效获知的信息。课堂核心知识是否得到落实，学生的理解是否符合逻辑，通过课堂检测和学生反馈知

悉课堂效果，可以缩小教师与学生间的盲区。项目式学习的本质目标是要学生具备实现知识的再建构的能力。知识的再建构是指从项目中获得的成果能够在新的情境中迁移、运用，能解决新的实际问题。

当学生运用课堂所得能分析解释相同环境下沙石和水的温度变化差异时，就意味着迁移的发生和能力培养目标的实现。

表 7-11　扫除盲区

扫除盲区：
1. 试解释：为什么在盛夏炎日之下，河滩上的沙石灼热难熬，而河水却清爽宜人？
_____
2. 试比较：沙子和水的比热容
_____

在盲区对当前项目式学习的核心知识进行评价反馈，学生有机会将习得的知识在新的情境中进行迁移应用，可以深度拓展学生的思考能力，激发学生持续性深入探究的兴趣。

在科学发现课的课堂，探究性实践的运用就显得更加突出了。探究性实践的组成包括提出问题、建立知识联系、设计与实施探究、分析和解释数据、运用数学和计算思维、发现解释和设计方案、基于证据的评论等，很好地契合了发现课四个窗口的课堂环节设置，如图 7-20 所示。

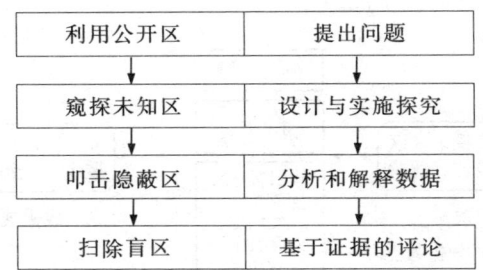

图 7-20　发现课与项目式学习探究性实践应用关系图

以"电能——做一个高效率的热水袋"为例，简单应用在发现课中落实项目式学习的教学策略，如表 7-12 所示。

表 7-12　在发现课中落实项目式学习教学策略的教学环节设计

策　略	环节设计
驱动性问题	做一个高效率的热水袋
核心知识	在具体情境中应用电功率的公式进行简单的计算
1. 利用公开区	讨论：电热水袋的工作电路
2. 窥探未知区	探究：设计电热水袋的工作电路 实施：利用电学元件，搭建电热水袋的工作电路 对比：与电热水袋的真实工作电路图对比
3. 叩击隐蔽区	分享：提高效率，缩短热水袋加热时间的方法
4. 扫除盲区	检测：电热水袋的电路图分析与电功率的公式应用

　　通过多个发现课项目案例研究，简单归纳在发现课中落实项目式学习教学策略的教学设计思路。

　　在发现课中落实项目式学习时，课堂活动设计基于乔哈里窗的四个窗口，对项目式学习中的探究性实践活动落实更有条理，问题解决针对性更强。每个教学环节的设计环环相扣、层层递进，使学生在真实问题下体会到把复杂问题简化的方法，构建能有效解决真实问题的分析模型，能有效达成驱动性问题的解决，并配备学生知识再建构和能力检测的环节，确保核心知识的掌握。四个区的教学设计理念也能够帮助教师合理分配课堂重心，使得课堂安排合理有效。同时发现课教学模式为学生搭建了切实可行的思维支架，将盲区、隐蔽区和未知区向公开区转化，获得沟通效果的最大化，提高了课堂的有效性，培养了学生的思维能力。

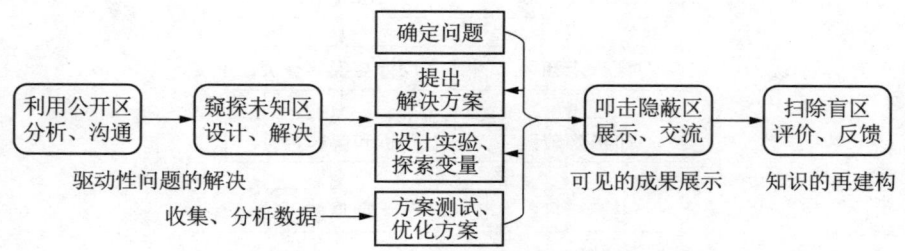

图 7-21　在发现课中落实项目式学习教学策略的教学设计思路图

　　从整体上看，发现课作为学校自主研发的一种课程体系，是学校校本课程和校本研修活动的重要组成部分。探索在发现课中落实项目式学习的教学策略，使项目式学习更多地进入课堂中，多途径地实现素养目标的达成。

发现课关注课堂的深度拓展，教师通过对学科核心素养、学情和学习策略的研究，站到学生中间去共同探索真实的情境任务，改变学习的碎片化、被动化、片面化、机械化，使知识趋于系统、趋于整体。学生通过真实情境中信息的提取、获得、转化和评价，顺利地将知识内化，提升了关键能力。在发现课中落实项目式学习更好地把课堂"还"给学生，课堂设计的每个环节都立足于学生角度，给予学生课堂主体地位，满足学生展示和评价的欲望。教师通过创设情境与驱动性问题，利用有效的师生和生生沟通，落实课堂目标，实现教学有效性。

参考文献

The OECD Programme for International Student Assessment. PISA 2015 Results—Students' Well-Being ［R/OL］. （2023-05-16）［2017-04-19］. http://www.oecd.org/pisa/publications/pisa-2015-results-volume-iii-9789264273856-en.htm.

博耶尔. 基础学校：学习的共同体 ［M］. 北京：北京师范大学出版社，2006：233.

蔡清田. 透过"核心素养"因应中小学课程的"共同性"与"差异性" ［J］. 苏州大学学报（教育科学版），2016（3）：117—128.

陈菲菲. 把握课程内涵，探索课堂变革：云南大学课程与教学模式方法改革优秀论文集 ［M］. 昆明：云南大学出版社，2021：665.

陈静静. 学习共同体：走向深度学习 ［M］. 上海：华东师范大学出版社，2010.

陈晓端，斯蒂芬·基思. 当代西方有效教学研究的系统考察与启示 ［J］. 比较教育研究，2005（8）：56—60＋71.

陈佑清. 体验及其生成 ［J］. 教育研究与实验，2002（2）：11—16.

陈镇遽. 谈谈中小学数学教学的衔接 ［J］. 教学与研究，1986（2）：20—21.

崔允漷. 有效教学：理念与策略：下 ［J］. 人民教育，2001（7）：42—43.

丁晓然. 中小学数学教学衔接问题的研究 ［C］//教育部基础教育课程改革研究中心. 2021年课堂教学教育改革专题研讨会论文集，2021：

1818—1819.

冯建军. 内涵发展：推进义务教育优质均衡的路向选择［J］. 南京社会科学，2012（1）：119—125.

付钰，刘莹. 中小学高质量课后服务的顶层设计［J］. 中国教师，2022（2）：26—29.

耿剑峰. 创新教育理念下的体育课程建设与教学管理研究［M］. 北京：新华出版社，2020：205.

国家教育发展研究中心专题组. 实现基础教育均衡发展的现状分析及对策选择［J］. 人民教育，2002（05）：8—11.

国家中长期教育改革和发展规划纲要（2010—2020 年）［Z］. 北京：人民出版社，2010：3—4.

国务院办公厅. 关于开展国家教育体制改革试点的通知［EB/OL］.（2023-05-16）［2019-02-18］. https://baike.baidu.com/item/关于开展国家教育体制改革试点的通知/3039150，2019-02-18.

胡虹丽. 传统文化融入中小学课程的模式与原则［J］. 当代教育理论与实践，2014（7）：1—3.

蒋艳红，陈琳，李凡. 英国中小学教育改革最新动向：《教学重要性》白皮书解读及启示［J］. 外国教育研究，2012（2）：83—89.

教育部等九部门. 中小学生减负措施的通知. 教基（2018）26 号［EB/OL］.（2023-05-17）［2019-02-26］. http://www. moe. gov. cn/srcsite/A06/s3321/201812/t20181229_365360.html，2019-02-26.

教育部发布《关于"十三五"期间全面深入推进教育信息化工作的指导意见（征求意见稿）》［J］. 中国远程教育，2015（9）：50.

教育部关于印发《大中小学劳动教育指导纲要（试行）》的通知［EB/OL］.（2023-05-19）［2020-07-09］. http://www.moe.gov.cn/srcsite/A26/jcj_kcjcgh/202007/t20200715_472808.html.

金传宝. 美国当代中小学教育改革的主题与趋势［J］. 当代教育科学，2010（5）：42—46.

柯严. 要重视对课程教材评价的研究：全国中小学课程教材评价研讨会

综述［J］. 课程·教材·教法，1996（3）：10—12.

孔企平. 小学数学课程与教学［M］. 上海：华东师范大学出版社，2016：57—78.

李广耀. 未来科学家素养课程基地实践实录［M］. 苏州：苏州大学出版社，2021：245.

李佳，高凌飚，曹琦明. SOLO 水平层次与 PISA 的评估等级水平比较研究［J］. 课程·教材·教法，2011（4）：91—96.

李荣华，田友谊. "双减"，让教育回归育人本质［J］. 教育家，2021（36）：19—20.

李英. 我国教育学者对体验问题的研究述评［J］. 上海教育科研，2002（3）：36—39.

李正风，王硕. 数字素养、数据权利与数字伦理［J］. 科普研究，2022，17（6）：8—14.

林崇德. 21 世纪学生发展核心素养研究［M］. 北京：北京师范大学出版社，2016：29.

林莹. 数学学科中小衔接常见的问题及策略［J］. 教育导刊，2011（11）：86—87.

林永柏. 布卢姆掌握学习理论学生观评介［J］. 外国教育研究，1993（2）：21—24.

刘汉义. 抓好中小学数学教学方法衔接的几点体会［J］. 中学数学教学参考，1996（Z1）：17—19.

刘全国，张赵清. 公费师范教育的制度逻辑与改革路径［J］. 西南大学学报（社会科学版），2020（6）：91—100＋212—213.

刘影，程晓亮. 数学教学论［M］. 北京：北京大学出版社，2009.

吕春枝. 中国近代教学方法史论［D］. 保定：河北大学，2011.

罗荣轩. 搞好小学、初中数学的衔接［J］. 人民教育，1988（Z1）：48.

马斯洛. 马斯洛人本哲学［M］. 成明，编译. 北京：九州教育出版社，2003：13—39.

马云鹏，李哨兵. 德智体美劳培养体系下的教材体系建设［J］. 教育研究，2019（2）：25—28.

倪娟，沈健. 中小学课程评价改革：主要问题及可能对策［J］. 教育发展研究，2011（8）：18—23.

牛震乾. 论乡村小规模学校的内生发展及路径选择［J］. 现代中小学教育，2021（2）：72—75.

彭敏，郭梦娇. STEAM 教育的基本内涵与发展路径研究［J］. 教育理论与实践，2018（25）：14.

单兆麟. 初一数学与小学数学衔接问题的教学体会［J］. 中学数学教学，1984（4）：14—15.

沈友娟. 初小数学衔接现状分析与对策研究［J］. 教育评论，2016（8）：149—151.

宋晓乐，吕立杰. 传统文化校本课程学生满意度调查研究［J］. 教育理论与实践，2019（35）：36—40.

孙俊三. 从经验的积累到生命的体验——论教学过程审美模式的构建［J］. 教育研究，2001（2）：34—38.

田雅慧. 浅析我国 STEAM 教育发展存在的问题与对策：评《中国STEAM 教育发展报告》［J］. 高教探索，2019（10）：135.

万生更，陕西学前师范学院省哲学社会科学重点研究基地核心价值观培育与红色文化基因传承协同创新研究中心. 构建以社会主义核心价值观为引领的大中小幼一体化德育体系研究［M］. 西安：陕西人民出版社，2020：393.

汪立爱. 中小学数学教材衔接的点滴做法［J］. 数学教师，1995（7）：16—18.

王言根. 学会学习：大学生学习引论［M］. 北京：教育科学出版社，2003.

王永春. 小学数学与初中数学衔接问题的思考［J］. 课程·教材·教法，2009，29（7）：42—46.

王远，陈时见. 中小学数字素养教育的动因、目标与路径：加拿大的改革探索与发展经验［J］. 教师教育学报，2023（3）：33—43.

吴亮奎. 文化变迁中的课程与教学［D］. 南京：南京师范大学，2011.

吴增生. 数学思想方法及其教学策略初探［J］. 数学教育学报，2014（3）：11—15.

徐玉庆. 中小学数学课程标准衔接的现状、问题及对策：基于学科核心素养的视角［J］. 教育与教学研究，2018（8）：75—81.

薛二勇. 区域内义务教育均衡发展指标体系的构建：当前我国深入推进义务教育均衡发展的政策评估指标［J］. 北京师范大学学报（社会科学版），2013（4）：21—32.

杨欣，于勇. 非正式学习研究现状综述［J］. 现代教育技术，2010（11）：14—18.

游宪龙. 培养数学素养　顺利衔接初小：浅析提升小学毕业班数学核心素养教学策略［J］. 华夏教师，2017（7）：29—30.

余靓. "双减"政策之育人新要求、新挑战、新格局［J］. 新智慧，2022（13）：4—6.

余文森. 核心素养导向的课堂教学［M］. 上海：上海教育出版社，2017.

喻平. 数学核心素养评价的一个框架［J］. 数学教育学报，2017（2）：19—23＋59.

张福生. 深化课程教材改革　积极推进素质教育：上海市中小学课程教材改革的实践与认识［J］. 课程. 教材. 教法，2001（11）：1—4.

张俊珍. 基于学生核心素养的中小学数学课程衔接研究［J］. 教育理论与实践，2016（22）：56—60.

张民生. 在中小学课程改革中，要重点关注跨学科、实践与创新：由STEM教育引发的思考［J］. 上海课程教学研究，2016（1）：3—4＋60.

张绍军. 我国新世纪基础教育课程改革从课程到课堂走向研究［D］. 长沙：湖南师范大学，2016.

张释元，谢翌. 课程与教学论［M］. 南昌：江西高校出版社，2019：222.

赵健. 学习共同体的建构［M］. 上海：上海教育出版社，2008：24.

中共中央　国务院关于全面加强新时代大中小学劳动教育的意见［EB/OL］.（2023-04-15）［2020-03-20］. http://www.moe.gov.cn/jyb_xxgk/moe_1777/

moe_1778/202003/t20200326_435127.html.

中华人民共和国教育部. 义务教育数学课程标准（2011 版）［M］. 北京：人民教育出版社，2012：2.

中国教育现代化 2035［EB/OL］.（2023-04-16）［2019-02-23］. http://www.moe.gov.cn/jyb_xwfb/s6052/moe_838/201902/t20190223_370857. html.

中国学生发展核心素养总体框架［EB/OL］.（2023-05-16）［2019-05-20］. https://wenku.baidu.com/view/0143bf04941ea76e59fa04b3.html.

钟启泉，崔允漷. 从失衡走向平衡：素质教育课程评价体系研究［M］. 北京：经济科学出版社，2014：36—53.

钟启泉. 信息社会与教育革新：兼论国外中小学教育改革的若干趋势［J］. 华东师范大学学报（教育科学版），1984（3）：1—12.

钟启泉. 学习环境设计：框架与课题［J］. 教育研究，2015（1）：113—121.

钟志贤. 论学习环境设计［J］. 电化教育研究，2005（7）：35—41.

朱祥，张钰明. 优化建构策略，提升九年一贯制学校教学效益："农村九年一贯制学校教学建构的实践研究"研究报告［C］//新课程研究杂志社. "双减"政策下的课程与教学改革探索论文集（二十五）. 2022：3. DOI：10.26914/c. cnkihy. 2022. 077157.

后 记

近日，教育部印发《基础教育课程教学改革深化行动方案》，要求"教师教学行为和学生学习方式发生深刻变化"，强调要"尊重学生的主体地位，发挥教师主导作用，注重启发式、互动式、探究式教学，克服单纯教师讲学生听、教知识学知识等现象，引导学生主动思考、积极提问、自主探究"。而我们的"发现课"正是基于这样的教学原则，构建的具有强劲生命力的，充分发挥育人功能、释放育人动能的课程改革方案。

课堂是学校育人的最基本的途径，是课程教学改革最基本的支撑，承载着课改的全部理念与精神。温州市瓯海区外国语学校于2016年9月创办，在短短的七年时间迅速崛起，成为温州市优质学校。正是"发现课"的六年实践，促进了学校的高速发展。学校"发现课"的课程体系建设，推动了瓯外教学方式的变革，牵动了教学评价的改革，强化了课程教学的专业支持，促进了科学素养体系的建构。

天道酬勤积聚底气，责有攸归知责奋进。瓯海区外国语学校办学七年的前进路上，每个人都是追梦人、奋斗者，每一个足迹都扎实有力，每一份成绩与收获都凝聚着大家的共同努力与付出。我希望向读者展示"发现课"是如何带领一所全新的九年一贯制学校走向成功、赢得口碑的，同时传达出我们全体瓯外人的教育初心与使命。本书的成书过程中得到了瓯外全体教师、家长、学生的大力支持和用心付出。本书书稿以2020年的课题报告为蓝本，在此感谢叶怡妲、陈乘风、朱蕾、姜如意等老师于2019年对《"发现课"课

程研发的实践研究》课题的参与和倾力付出。同时，本书也得到了校内外诸
多专家的指导与帮助，比如北京师范大学董艳教授的多番提点，在此深深地
表示感谢。同时，感谢广西师范出版社的大力支持，感谢编辑认真细致的工
作。此书成书过程中，我们还特地邀请了马金秀、张虹等老师参与书稿的校
订，在此谨致谢忱。

　　未来，我们将坚持守正创新，赓续前进，奋楫争先，继续探索"发现课"
的实践，探索基于学科的课程综合化教学，以项目式学习为重要抓手，落实
学科实践、跨学科主题学习、大单元教学、大概念教学等实践样态，从而更
加有效地培育面向未来、走向未来的时代新人，为区域教育注入创新活力，
为教育改革提供新样本。

　　最后，恳请读者对本书中的不足之处予以批评指正。

潘春波

2023 年 7 月 7 日